清华大学文科出版基金
QINGHUADAXUEWENKECHUBANJIJIN

新时期中国国家经济利益导论

Introduction to China's National Economic Interests in the New Era

雷家骕　胥和平　张俊芳　编著

清华大学出版社
北京

本书封面贴有清华大学出版社防伪标签，无标签者不得销售。

版权所有，侵权必究。举报：010-62782989，beiqinquan@tup.tsinghua.edu.cn。

图书在版编目（CIP）数据

新时期中国国家经济利益导论 / 雷家骕 , 胥和平 , 张俊芳编著 .
北京 : 清华大学出版社 , 2024.9. -- ISBN 978-7-302-67330-9

Ⅰ. F120.2

中国国家版本馆 CIP 数据核字第 2024AE6423 号

责任编辑：朱晓瑞
封面设计：何凤霞
版式设计：方加青
责任校对：宋玉莲
责任印制：沈　露

出版发行：清华大学出版社
　　　网　　　址：https://www.tup.com.cn，https://www.wqxuetang.com
　　　地　　　址：北京清华大学学研大厦 A 座　　　邮　　编：100084
　　　社　总　机：010-83470000　　　邮　　购：010-62786544
　　　投稿与读者服务：010-62776969，c-service@tup.tsinghua.edu.cn
　　　质　量　反　馈：010-62772015，zhiliang@tup.tsinghua.edu.cn
印　装　者：三河市东方印刷有限公司
经　　　销：全国新华书店
开　　　本：170mm×240mm　　　印　　张：17　　　字　　数：234 千字
版　　　次：2024 年 11 月第 1 版　　　印　　次：2024 年 11 月第 1 次印刷
定　　　价：98.00 元

产品编号：092047-01

序言
Prologue

1. 国家安全的本质是国家利益问题

党的十八大后，以习近平同志为核心的党中央提出总体国家安全观。党的十八届三中全会决定成立中央国家安全委员会，提出以人民安全为宗旨，以政治安全为根本，以经济安全为基础，以军事、文化、社会安全为保障，以促进国际安全为依托，走出一条中国特色国家安全道路；强调既重视传统安全，又重视非传统安全，构建集政治安全、国土安全、军事安全、经济安全、文化安全、社会安全、科技安全、信息安全、生态安全、资源安全、核安全等于一体的国家安全体系等。在此背景下，搞清总体国家安全观下我们应予维护的国家经济利益的范畴、范围是一个基础性问题。

2. 从学理上界定国家经济利益是研究国家经济安全的前提

20世纪90年代以来，国内外关于国家经济安全的研究日益兴盛。经济安全是总体国家安全的重要组成部分，也是总体国家安全的经济基础。国家经济安全是指一国国家层面最为根本和极端重要的经济利益处于不受伤害的状态，且一国具有持续维护这种状态的能力。关于国家经济安全的这个概念界定，目前国内已基本达成共识。

但值得关注的是，一旦讨论国家经济安全的某个现实具体问题，常常可以看到研究者对于同一问题难成共识的激烈争论。问题很快被引导到"这属于国家经济安全研究值得关注的国家经济利益问题吗"或者"这是维护国家经济安全必须确保的国家经济利益吗"。

围绕国家经济安全相关问题的这些争论，本质上是关于"国家经济利益"的争论。换言之，如果某个人认为某个经济问题不属于国家层面的经济利益，则在他看来，这样的问题不宜纳入国家经济安全的范畴来关注、研究和维护；反之则适宜纳入。基于此，从学理上界定国家经济利益的概念、范畴及范围，即成为研究国家经济安全问题的基本前提。

3. 从理论上搞清国家经济利益问题是政府制定诸多政策的基础

既然从学理上界定国家经济利益的概念、范畴及范围，是研究国家经济安全问题的基本前提，故从理论上搞清国家经济利益问题，也就自然而然地成为政府制定国家经济安全相关政策的基础。特别是，很难有一部国家法律或是政府政策，将维护国家经济利益的所有思考和思路囊括其中。无论是市场经济国家还是转轨国家，无论是早期工业化发达国家还是新兴工业化国家，都只能将维护国家经济利益的系统的政策安排（法律、法规和政策）分散地融入诸多具体政策之中。于是，从理论上搞清国家经济利益问题，即成为政府制定诸多领域多种政策的基础。

典型的是，我国的产业安全政策主要分布在产业投资政策、产业贸易政策，以及产业技术政策之中。相应地，要使这三方面的政策制定能够有效地维护我国的产业安全，即需要从理论上搞清产业领域的国家经济利益（或者称"国家在产业领域的经济利益"）究竟有哪些。十分相似的是，要制定与维护国家经济利益相关的财税政策、金融政策、科技政策、生态环境政策等，也需要从理论上搞清相应领域的国家经济利益究竟有哪些。

4. 从理论上搞清应维护的国家经济利益是企业战略选择的依据

国家经济利益本质上是"全体国民共同的经济利益"。政府要担当维护"全民共同经济利益"的责任，即必须致力于提升国家维护这类利益的能力。一国维护国家经济利益的能力是该国在科技、经济、军事、外交、文化、法律诸方面能力及努力程度的综合反映。现阶段我国这方面能力的提升，需要将央企和重要民企等作为基本力量。

在我国，央企指由国家资本独资或控股的实业企业和金融企业。央企有四大基本职能，即"两个基础"与"两个保障"。"两个基础"是我国社会主义政治制度的经济基础和社会主义市场经济制度的产业基础。若无这两个"基础"，则中国特色的社会主义即沦为空谈。"两个保障"：一是国家经济社会发展战略得以实施的基本保障力量，国家相关经济发展战略特别是国际拓展战略有赖于央企凭借强大的实力付诸实施；二是全民共同福利的重要来源保障，央企资产是真正的全民资产，其利润自然应更多地用于提升全民福利，特别是用于社会保障制度的完善。基于此，要维护我们的国家经济利益，就必须充分发挥央企的作用。

重要民企在搞活国家经济方面发挥着独到的作用。广义民营企业指非国有独资企业和民营资本组成的股份制企业。狭义民营企业仅指私营企业和以私营资本为主体的联营企业。改革开放40多年来，我国民营企业蓬勃发展，在推动发展、促进创新创业、增加社会就业、改善民生和扩大开放等方面发挥了不可替代的作用。中国经济能够创造持续快速增长奇迹，民营经济功不可没。习近平总书记明确指出，"我国民营经济只能壮大、不能弱化"。进一步激发民营企业的活力和创造力，充分发挥民营经济在推进供给侧结构性改革、创新驱动发展、高质量发展、建设现代化经济体系中的重要作用，是搞活国家经济的理性选择。

但在实践中，我们尚未从理论上明确界定"国家层面的经济利益的恰当内涵是什么、具体范畴有哪些、范围边界在哪里"，这就导致前述企业很难根据维护国家经济利益的"战略需求"来设计和选择企业层面的战略。换言之，只有从理论上搞清我们应维护的国家经济利益，并把它转变为中央政府的战略思路，企业才可能据此为维护国家经济利益作出恰当的选择和贡献。

5. 大变局下更需在清晰界定国家经济利益基础上维护国家利益

我们正面对着世界百年未有之大变局。科技革命迅猛推进，科学革命引领技术革命，科学技术日益走向一体化，全球多个新的科技中心正在形成；新一轮产业革命如火如荼，美德日英将在2030—2035年完成这次产业革命；基于科学的产业正在加速形成，科学家成为推动新兴产业形成与发展的重要力量。同时，世界格局正发生剧烈变化，发达国家和新兴国家皆在进军常规市场与网络市场，国家间围绕市场主导权的竞争、科学发展主导权的竞争、产业链竞争及供应链的竞争、产业集聚竞争等成为新的竞争形式；发达国家群体性焦虑，美国焦虑（全民性"修昔底德焦虑"）、欧盟焦虑（担心中国竞争力过快提升），这些"焦虑"是"二战"之后从来没有过的。正因为焦虑，它们就力图重构全球投资与贸易规则。

所有这些，对中国既有机遇，也有挑战。中国在这世界百年未有之大变局中怎样刻画、塑造并保护自己的国家经济利益，以期使自己发展得更好一些，其中有诸多国家经济利益问题需要深度思考与研判。

6. 本书将从多个层面回答国家经济利益相关理论与政策问题

鉴于从学理上、理论上、战略上回答国家经济利益问题的重要性，本书将依次从多个层面展开讨论。鉴于国家经济利益是国家利益的重要组成部分，本书首先从论述国家利益入手，在解读"国内外关于国家利益的认识"的基础上，对"我国的国家利益"作出恰当的认识（见第1章）。在梳理"国内外关于国家经济利益的认识"基础上，对我国的"国家经济利益"形成初步的认识（见第2章）；并对新中国历代领导集体关于中国国家经济利益的认识进行梳理（见第 3 章）。

借鉴前文相关思想，本书提出了界定新时期我国国家经济利益的依据，包括中国国情、国际环境、不同发展阶段的国家战略诉求（见第 4 章）。进而，对新时期我国的国家经济利益进行了理论性界定；并对当下我国的国家经济利益进行了"分级分组"。在此基础上，就维护我国各级组国家经济利益提出了应有的原则思路（见第 5 章）。

为有效维护我国的国家经济利益，有必要借鉴国际上其他国家的有益经验和做法。基于此，本书梳理了各国维护国家经济利益的基本考虑、各国维护国家经济利益的体制机制建设，以及各国维护国家经济利益的战略及政策安排（见第 6 章）。

本书提出应有效构建维护中国国家经济利益的"国家能力"。这包括：要高度关注世界百年未有之大变局中的机遇和挑战；为维护新时期的中国国家经济利益制定恰当的战略、政策和策略（见第 7 章）；有效发挥产业央企、开发性金融央企、民营企业在维护国家经济利益中的作用（见第 8 章）。

最后，本书梳理、分析了开发性金融央企之一的国家开发银行在维护国家经济利益中的成功实践。诸如创造性地开发"政策性金融"的国际业务；规划先行；在重点领域发挥骨干作用，在薄弱环节发挥引领作用，在关键时期发挥逆周期调节作用（见第 9 章）。

期待本书能够给读者一些有益的启示，并期待读者的批评和建议。

雷家骕

2024 年夏

目录
Contents

第 1 章 国内外关于国家利益的认识 ········· 1

1.1 国际上关于国家利益的认识 ········· 2

1.2 国内关于国家利益的认识 ········· 20

第 2 章 国内外关于国家经济利益的认识 ········· 41

2.1 国外学界关于国家经济利益的认识 ········· 42

2.2 国外政界关于国家经济利益的认识 ········· 47

2.3 国外相关观点评述 ········· 56

2.4 国内学界关于国家经济利益的认识 ········· 66

第 3 章 中国共产党人关于国家经济利益的认识 ········· 73

3.1 以毛泽东同志为主要代表的中国共产党人的国家经济利益观 ········· 74

3.2 以邓小平同志为主要代表的中国共产党人的国家经济利益观 ········· 80

3.3 以江泽民同志为主要代表的中国共产党人的国家经济利益观 ········· 87

3.4 以胡锦涛同志为主要代表的中国共产党人的国家
　　　　经济利益观 ··· 94
　　3.5 以习近平同志为主要代表的中国共产党人的国家
　　　　经济利益观 ··· 102
　　3.6 历代中国共产党人关于国家经济利益认识的比较 ····· 110

第 4 章　界定新时期中国国家经济利益的主要依据 ············· 119
　　4.1 中国国情 ·· 120
　　4.2 国际环境 ·· 127
　　4.3 国家战略诉求 ·· 135

第 5 章　新时期中国国家经济利益的界定与分级 ················ 139
　　5.1 对中国国家经济利益的基本界定 ··························· 140
　　5.2 中国国家经济利益的解构：分级分组 ···················· 147

第 6 章　维护我国经济利益可借鉴的国际经验 ··················· 159
　　6.1 各国维护国家经济利益的基本考虑 ························ 160
　　6.2 各国维护国家经济利益的两大基石和三根支柱 ········ 163
　　6.3 各国维护国家经济利益的战略、政策及方法 ··········· 167
　　6.4 国外经验对我国的启示 ·· 180

第 7 章　积极构建国家经济利益维护能力 ························· 183
　　7.1 百年未有之大变局下的机遇和挑战 ························ 184
　　7.2 国家经济利益维护能力应有结构及特点 ·················· 190
　　7.3 强化国家经济利益维护能力建设 ··························· 195

第 8 章　发挥企业在维护国家经济利益中的作用 ················ 201
　　8.1 央企在维护国家经济利益中的基础性作用 ··············· 202

8.2 政策性金融机构在维护国家经济利益中的调节性
作用 ·· 209
8.3 民营企业在维护国家经济利益中的搞活和拓展
作用 ·· 213

第 9 章 维护国家经济利益：国开行的实践案例 ················ 219
9.1 国开行的成功实践 ··· 220
9.2 维护国家经济利益：国开行的突出贡献 ················ 233

参考文献 ·· 253

第 1 章

国内外关于国家利益的认识

习近平总书记指出："我们要坚持走和平发展道路，但决不能放弃我们的正当权益，决不能牺牲国家核心利益。任何外国不要指望我们会拿自己的核心利益做交易，不要指望我们会吞下损害我国主权、安全、发展利益的苦果。"这是我们讨论国家利益问题的基本指导思想。

国家利益是一个涉及国家生存与发展、社会安定、国民福祉的重要概念，同时也是一个涉及政治学、经济学、社会学、法学、外交学等领域的重要概念。近代以来对国家利益的系统思考始于20世纪初，诸多学者分别从国家主权、产权理论、社会公共属性、法理学、国际关系等视角探讨了国家利益问题，形成了一系列概念和观点。这其中，国际上对于国家利益的研究多是从政治学视角，即围绕国家利益与国际关系的治理哲学进行分析，探究如何实现国家间的利益均衡，如何通过联盟关系等来避免战争，使各国的利益诉求得到满足和保障。相应，国内对于国家利益的研究起步较晚，大致始于20世纪80年代，多是从政治学、国际关系学、法学的视角来探讨国家利益问题。

1.1 国际上关于国家利益的认识

值得关注的是，国际上对于国家利益的研究，多是从政治学、国际法的视角进行分析和探讨，并形成了一些学术流派。这些学术流派的观点，对后人有一定启发。

1.1.1 主流学派的国家利益观

"国家利益"是制定国家战略与政策的重要依据和决定性因素。西方国家的国家利益理论研究始于20世纪初。1910—1920年，国际关系理论从政治学中分离出来，成为独立的学科。国际关系理论的核心概念和理论建构之一，即是国家利益。相应地，国家利益问题由此得到了较为深入的研究。此间先后形成了四个学派，即理想主义学派、传统现实主义学派、新现实主义学派，以及建构主义学派。目前在国际上占有主导地位的学派，是强调整体性、综合性的新现实主义国家利益学派和强调社会性、建构性的建构主义国家利益学派。

（1）理想主义学派的国家利益观

理想主义学派在两次世界大战之间甚为流行。"一战"宣告了"均势体系和联盟政策的破产"，理想主义的国家利益观应运而生。代表人物是美国第28届总统伍德罗·威尔逊（1856—1924）、阿尔弗雷德·齐默恩（1879—1957），以及约翰·默里（1904—1967）等。

"理想"往往好看而丰满。理想主义国家利益观的核心思想，是以道德、法律为基础，以正义、规范、秩序为目标，反对列强国家以武力方式拓展自己的国家利益；主张通过国际合作、国际组织、国际法律来规范相关国家的行为；倡导各国在"正义、规范、秩序"的框架内维护和拓展本国的国家利益。但这显然离现实甚为遥远。

理想主义学派的前述构想，源于理想主义学派认为，人类是不断进步，并向着更为美好的方向发展的；人类在日趋变好的客观环境作用下，终将会走向更加文明。在此基础上，理想主义学派认为，人类的思维会日趋理性，甚至可以美好到通过磋商、协商来代替武力，来解决国家之间的利益冲突，从而会消除战争的出现。理想主义学派甚至还认为，人类社会和国家之间未来不会存在重大利益冲突。这正是他们近乎单相思的"理想"所在。

然而,"理想"总归是"理想"。理想主义学派的国家利益观提出后,并没有得到世界运行和发展的现实的印证,特别是"二战"打破了他们的想象,故这一学派的国家利益观基本上沦为"乌托邦式"的想象。既然如此,相信这一学派思想的后来者,逐渐也就不多了。

(2)传统现实主义学派的国家利益观

"二战"的爆发,宣告了理想主义国家利益观的破产,传统现实主义学派的国家利益观逐渐占据了主导地位。这个学派的代表人物有马克斯·韦伯(1864—1920)、汉斯·摩根索(1904—1980)、亨利·基辛格(1923—2023),以及乔治·凯南(1904—2005)等。

在传统现实主义学派的国家利益观中,汉斯·摩根索的专著《国家间政治:为权力与和平而斗争》是这一学派最具影响力的"开山之作"。该书提出的"现实主义六原则"至今仍得到较多人的认同。值得关注的是,传统现实主义学派的国家利益观的认识围绕"权力",认为"权力"是国家利益的目标与保障,是国家影响力和支配力的源泉。

传统现实主义学派的国家利益观进一步认为,人之利己的本性,决定了国家之间的冲突和斗争难以避免;进而必然导致"道德共识和价值认同的作用永远是相对的",维持国际和平、区域稳定最好的办法是"依靠均势";生存与安全是国家利益的核心要素,相应地,某个国家维护和拓展国家利益的愿望,应该与本国的国家实力相适应、相匹配。

(3)新现实主义学派的国家利益观

20世纪70年代末80年代初,在整个世界,经济全球化、政治多极化的趋势日益显现,传统现实主义的国家利益观又不能适应新的形势需要了。一些学者即开始对传统现实主义国家利益观进行"修正和补救",

由此形成了"新现实主义学派的国家利益观"。其中主要代表人物有肯尼思·华尔兹（1924—2013）、罗伯特·吉尔平（1930—2018）、戴维·鲍德温（1936—）和罗伯特·利伯（1904—1986）等。

值得关注的是，肯尼斯·沃尔兹1979年所著的《国际政治理论》是新现实主义国家利益观的"典型代表作"。在该书中，肯尼斯·沃尔兹同时强调国际政治、国际经济在国际关系中的作用，认为：只有将政治与经济两者结合起来，才能较为全面地思考并认识国家利益；国际关系中不仅存在矛盾、竞争和冲突，同时也存在国家间沟通、磋商与合作的可能，相应也可能通过沟通、磋商及合作来谋求并维护相关国家的利益。该学派还认为，只有把发达国家和发展中国家共同面临的国际关系问题都给予充分考虑，才能全面反映全球关系中相关国家的利益，并将国家间关系和利益处理妥当。

与传统现实主义国家利益观"权力是国家利益的目标与保障"的认识不同，新现实主义国家利益观认为，"国家利益的最终目标不是权力，而是安全"；实现国家利益的有效途径不仅仅是权力，更重要的是国家的综合实力；国家利益的最终实现，还必须通过国际社会的合作来达成。

（4）建构主义学派的国家利益观

在新现实主义学派的国家利益观之后，建构主义的国家利益观开始活跃于20世纪90年代，其中主要代表人物是美国学者亚历山大·温特。所谓"建构"，是指观念、规则、知识以及意识形态等因素在认识世界、研判国家行为及维护国家利益中的"结构性作用"。

建构主义国家利益观认为，国际政治秩序具有客观的物质性，但这种"物质性"需要通过"相关行为主体的共同努力"才可能形成；认为必须同时考虑"非物质的力量"（文化、观念、规则、知识、意识形态等）与"物质的力量"（诸如军事实力、经济实力等）对国家利益的影响，并应努力借助这两方面力量来维护国家利益。

相对而言,其他学派的国家利益观长期以来过多地重视"物质的力量",尤其是军事实力和经济实力,而轻视甚至忽略文化、规范、意识形态等社会化因素对于国家行为及利益实现的影响。相对而言,这或许是建构主义国家利益观被更多人所接受的重要原因之一。

1.1.2 国家利益的分类与层次

对任何国家来讲,国家利益都有其固定的"硬核",或称永恒的"内核",即"不可变部分";也有随环境变化而"变化的部分"。故有学者认为"国家利益是个滑动的概念",同时使得国家利益有了"层次之分"。换言之,有些层次的国家利益的重要性较高,很少随环境的变化而变化;有些层次的国家利益的重要性略低一些,多数情况下是随着环境的变化而变化的。①

(1) 国家利益的基本构成

不少学者从多个角度解释国家利益的基本构成。典型的是,罗伯特·奥斯古德(1953)把国家利益划分为四个部分:①国家的生存或自我保护,包括领土完整、政治独立和基本政治制度的可持续性;②经济上的自给自足;③在国内外有足够的威望;④具有对外扩张的足够能力。

伊沃杜·查希克(1975)认为,一国的国家利益是由相互关联的五个部分组成的:①国家的真实存在,这是国家成员的生命;②信仰系统,即国家及其领导人共享的信念和原则,如社会主义、民主、自由或独立等;③政治系统,包括人民与他们的领导、政党特别是利益团体在现行社会系统中的利益;④经济系统;⑤领土完整。

肯尼斯·沃尔兹(2008)为了阐述其"新现实主义国家利益观",把国家利益的目标简化为"为了确保自身的生存"。亚历山大·乔治和

---

① 见美国国家利益委员会1996年发布的《美国国家利益报告》。

罗伯特·基欧汉（2008）则提出了"三类国家利益"，即生存、独立、经济财富，习惯上称之为"生命、自由、财产"。

而亚历山大·温特认为，"国家利益即指国家的根本需求"，包括生存、独立、经济财富和集体自尊等。"生存"指国家/社会复合体的生存；"独立"指国家/社会复合体有能力控制资源分配和政府选择；"经济财富"指保持社会中的生产方式，如作些"延伸"，也包括保护国家的资源基础；而"集体自尊"则指一个集团对自我有着良好感觉的需要，对尊重和地位的需求。

约索夫·奈则认为，"国家利益包括重大战略利益和人道主义利益"，前者关系到国家的生存，是国家利益的关键部分，如反击和镇压灾难性的恐怖主义；后者包括人权、民主以及有关身份的价值理念，是一种无形的国家利益。

（2）国家利益的多层次性

国家利益是分层次的。国际上也有学者从多个角度来解释国家的利益层次分级。

典型的是，汉斯·摩根索（1958）将国家利益分为四个层次：①首要利益与重大利益、核心利益，或称必要利益，包括保护国家的实体、政治及文化的同一性，防止外来侵略。国家永远不能拿这些利益与其他国家妥协或交易，且必须不惜代价来保卫这些利益。②次要利益或称非重大利益，指首要利益之外，但有助于实现首要利益的那些利益，或者说，"首要利益"的实现有赖于这些利益的实现。③一般利益，即国家能够应用于一个更大地理范围、更多民族或若干具体领域的利益，如经济、贸易、外交、国际法等领域的利益。④特定利益与物质利益，指那些"没有包括在一般利益中的利益"，它们通常可以在时空上具体界定，而且常常是一般利益的逻辑产物。汉斯·摩根索继而认为，前两类利益是国家的持久利益，后两类是国家的可变利益，是国家在特定时空条件下的利益。

约索夫·弗兰克尔（1970）将国家利益界定为三个层面。他认为：①在愿景层面，国家利益指一国国民对美好生活的憧憬，以及国家希望实现的"理想化目标"；②在操作层面，国家利益指的是实际追求的利益和政策的总和；③在解释层面，国家利益作为一种"概念"和"立场"，可以用来解释、评估、支持或者批评国家的对外政策，其作用在于"证明"自身的"正确"及对手的"错误"。

卡尔·沃里斯（1990）从美国的外交政策出发，把国家利益划分为三个等级：①至关重要的利益，诸如国家生存利益；②特殊利益，诸如与同盟国的共同利益；③一般利益，诸如有关国际秩序"必须利我的利益"。他认为：一些利益是国家应当随时为之战斗并付出代价的；一些利益是"国家应为之努力工作的"；一些利益可以是政府"警告"相关国家或集团时用作"托辞"的。

马克·阿姆斯图茨则根据利益的重要性，将国家利益划分为两个等级：①国家的根本利益，其中最重要的是维护国家安全、经济繁荣，以及国家身份的保护和提升；②国家的短暂或称非持久性利益。

1992年，美国三家著名智库，即哈佛大学肯尼迪政治学院、尼克松和平与自由研究中心以及兰德公司发起成立了民间智库性质的"美国国家利益委员会"。1996年，该委员会发布了《美国国家利益报告》。该报告将美国的国家利益划分为四个层次，即最高级别的利益（也称"根本利益"）、极端重要的利益、重要利益、次要利益。报告认为对国家利益划定层级的意义，在于确定国家行动的原则；利益层级不同，国家应采取行动的"原则"应有所差异。这个报告被当时美国官方的国家情报委员会主席认为是"美国20世纪最为重要的源自民间的战略咨询报告"。此后，该报告确实也影响了美国政府的一系列政策取舍。

该报告认为，美国的根本利益（最高级别的利益）包括：防止、制止及减少核武器和生化武器对美国的威胁；防止在欧亚地区出现敌对的霸权势力；防止在美国周边或所控制海域内出现敌对大国；防止贸易、金融、能源和环境等全球体系出现灾难性解体。美国的极端重要利益（级别第二高的利益）包括：防止、制止及减少在任何地区威胁使用核武器和生化武器；防止核武器和生化武器以及运载系统的地区扩散；鼓励有关国家接受国际法制和机制，推动各种争端（包括经济争端）的和平解决。美国的重要利益（级别第三高的利益）包括：反对在国外出现大规模侵犯人权的行为；在对美国具有战略价值的国家和地区鼓励多元主义、自由主义和民主化；以较低代价防止和结束在具有战略意义的地缘地区发生的各类冲突。美国的次要利益（级别最低的利益）包括：平衡双边贸易赤字；在世界其他国家和地区扩展民主进程；维护领土完整和别国特殊的宪政制度。

相应地，该报告认为对不同层级的利益，应采取不同的对策。其中，对美国的根本利益，无论是孤军奋战，还是在孤立无援情况下，美国都应全力捍卫之；对极端重要利益，只有在盟国的根本利益受到威胁时，美国才应出兵并组成联合部队以制止威胁，维护利益；对重要利益，美国应在"低代价、少负担"的情况下参加军事行动，以维护相应利益。

此后，哈佛大学教授约瑟夫·奈于1999年发表的《新的国家利益观》中指出：对美国国家利益的威胁可分为三类。A类：威胁美国生存的，如冷战时期苏联对美国安全的威胁；B类：不威胁美国国家生存，但对美国国家利益有直接影响的威胁，如伊拉克、利比亚和朝鲜问题；C类：间接影响美国国家安全利益的，如科索沃问题、索马里问题等。相应地，美国应从"保持世界领导地位、维护美国国家根本利益"出发，进行国家利益问题的界定和探讨。

约瑟夫·奈还认为，"将世界问题美国化（主要审视对美国的利弊得失）、美国利益全球化"，这对于美国是有利的。约瑟夫·奈的A、B、C分类，在一定程度上也反映了他所认为的"国家利益的分层"。

（3）国家利益的局部可变性

不少国外学者认为，国家利益的某些部分，是会随着"客观环境、国家主观需求"而变化的。典型的是，汉斯·摩根索（1958）认为，国家利益包含"内在于概念自身的不可或缺的含义"，诸如公共福利（the general welfare）和程序正当（due process）。他同时认为，国家利益的具体内容，是由国家的政治传统和对外政策所决定的。相应地，国家利益概念中包含两类因素：一类是逻辑上要求的，且在这个意义上是必要的，是相对不变甚至恒定的；另一类则是变化的，而且是由环境决定的，它会随着环境的变化而变化。前一类可称为"国家利益的硬核"，包括国家的领土、政治制度和文化的完整统一；后一类包括不同的观点、公众意见、部门利益以及政治和道德习惯，这些都对国家利益产生影响。维护这些，也是维护国家利益。

詹姆士·多尔蒂与罗伯特·普法尔·茨格拉夫（1977）也提出了类似观点。他们认为，国家利益是一个动态变化的概念，既含有一些固定的内容，也含有一些可变的内容。国家利益中固定的、不可削减的内容一般包含：国家作为一个独立的政治实体的生存，能够维护领土完整和民族团结，能够保护其基本制度的自主发展。可变的内容是由更多因素决定的，如大多数人认同的传统的民族神话或理想、政治领袖的个性、对立的政治哲学、某一时点盛行的国际环境、公共意见方面的当代趋势、变化的技术的影响等。

唐纳德·纽科特赖因（1987）将国家利益定义为，主权国家感知的与构成其外部环境的其他主权国家相关的需求和欲望。在他看来，既然国家利益是国家需求的感知，这就意味着有关国家利益的决策必然是政治过程的结果；而且在该过程中，国家的领导者最终需要就有关国家福利的特定事件的重要性作出决策。这在一定程度上也反映了国家对于自身利益的考虑具有可变性。

莫顿·卡普兰（2008）则提出，国家利益是"国家行为体"在满足"国家行为系统"的"需求"时所具有的利益。这些"需求"的一部分来自国家内部，另一部分则来自环境。"系统内的需求"包括对原材料和其他物质能力的需求，也包括维持系统基本规则的需求，或满足子系统的或个性系统的需求。"环境需求"包括防务需求和合作需求。

新现实主义的代表人物肯尼斯·沃尔兹（2008）也认为，国家利益包含这样的意思：国家的外交和军事行为必须谨慎，以免使国家陷入危险境地。而适宜的国家行为必须是根据所处的环境加以考量的。国家考察自身安全需求之后，必将试图满足这些利益需要。

由这些学者的观点不难看出，国家利益之所以含有"可变部分"，这主要有两个原因：一是国家行为系统的需求是随一国的发展阶段和外部环境状态而变化的，且国家利益涉及一国自身与其他国家及国际环境的互动；二是围绕国家利益的决策是一种动态的政治过程，且这个过程会受到智囊观点、公众意见、部门利益、政治和道德习惯、外交传统等诸多因素的影响，由此使得政府对于国家利益的认识是"漂移"的。

1.1.3 相关观点评述

（1）国家利益不同学派的比较

在早期发达国家，国家利益各个学派的发展演化有其显著的时代背景。

早期的理想主义的国家利益观的诞生，受到"一战"结束的很大影响。"一战"对欧洲各国的经济、社会、公众心理造成了很大创伤，政界学界皆认识到强权政治、均势体系、联盟政治都不能给各国带来和平与发展。于是，理想主义国家利益观应运而生，即寄希望于"以道德、法律为基础，以正义、规范、秩序为目标，抑制列强国家以武力方式拓展自身国家利益的行为"；寄希望于借助"国际合作、国际组织、国际法律、国家间磋商"等来规范相关国家的行为，进而维护和拓展相关国家的利益。

学界之所以将前述这种国家利益观称为"理想主义国家利益观"，是因为其思想主张以及对人性的认识过于"理想化"，甚至可以说是一种"乌托邦式"的美好期许。这种国家利益观的基本假设是"人类在不断进步并向着追求美好的方向发展"，他们相信"在良好的客观环境作用下，人类最终会选择走向文明""人类的思维会更加理性，有可能以磋商、协商来代替武力解决问题，从而消除战争"。

理想主义国家利益观在20世纪二三十年代的国际政治领域占据了优势。但"二战"爆发和战争的惨烈，宣告了理想主义国家利益观的破产，人们发现"乌托邦式的国家利益观"是行不通的。此外，时下值得关注的是，"二战"结束70多年后，在裁军、维和、联合国等问题上，理想主义国家利益观仍有不小的影响。同时值得关注的是，现在不少貌似"赞许"理想主义国家利益观的人，更多的是将"磋商、协商、谈判"作为处理国家间冲突的"说辞"，可能他们本身并不相信磋商、协商、谈判真的能解决问题。

同时，"二战"的爆发也催生了"传统现实主义的国家利益观"。该学派与"理想主义国家利益观"有着对立的人性假设，认为"人性有其自私、贪婪甚至残忍的一面"。在传统现实主义国家利益观看来，国家和个人一样，都有着"争霸的本性"。道德和价值观念的作用永远是相对的，利己主义本性决定了国家间的竞争、冲突、斗争是不可避免的。由此，维持国际和平最为有效的办法就是"依靠均势"。

传统现实主义学派分析国家利益的核心是"权力（power）"。多数文献将"power"译为"权力"。其实，在国家经济利益研究领域，将"power"译为"实力"或"国力"可能更为贴切、恰当。传统现实主义国家利益观认为，在各个国家的影响力、支配力与国家实力"相匹配"的时候，整个国际社会才可能处于相对稳定的状态，反之，则有发生改变的压力、动力和可能性。现实恰恰是，当各个国家的影响力、支配力与国家实力"不匹配"时，世界必然发生某种程度的变化。

在"传统现实主义国家利益观"之后,20世纪80年代国际上又出现了"新现实主义的国家利益观"。相应的背景是这个时期全球政治多极化日益凸显,传统现实主义国家利益观开始不符合新的国际形势,特别是不符合新的国家间力量对比格局。"新现实主义国家利益观"是对"传统现实主义国家利益观"的"科学的修正和补救",但也存在不能"百分之百解释现实"的一些瑕疵。

新现实主义国家利益观的"修正和补救",主要是增加了对"合作与竞争、发达国家与发展中国家、政治与经济关系"的认识。具体主要体现在三个方面:一是新现实主义国家利益观认为国际关系中不仅存在着矛盾和冲突,也存在着沟通、磋商与合作的可能,故"应将解决冲突与谋求合作结合起来"考虑问题。二是认为多极化的趋势使得发展中国家在国际政治舞台中的作用会日益增强并凸显,故不仅应关注发达国家之间的关系,也应关注发展中国家之间以及发展中国家与发达国家的关系。只有把发达国家和发展中国家所共同面对、面临的问题都给予充分考虑,才能全面把握全球关系。三是认为在重视"政治性因素"在国际关系中的作用的同时,也应充分考虑"经济性因素"的作用。只有将政治与经济结合起来,才能较为全面地把握国际关系的现实和趋势。总体上,相对而言,"新现实主义国家利益观"比"传统现实主义国家利益观"更符合"多极化的国际情景和趋势"。

20世纪90年代,在全球政治多极化和国家间利益关系日趋复杂化同时凸显的背景下,国际上又兴起了"建构主义国家利益观"。所谓"建构",即认为系统中的单元特征不但是个体的、内在的,更是社会的。相应地,建构主义国家利益观认为,国际关系中各国的利益诉求不仅来自该国内部,更大程度上也是在国际大系统中,一国与其他国家(甚至多个国家)互动、协商、博弈的结果。特别是,相关机构、规则和认同感等,在国家行为及利益形成过程中发挥着十分重要的作用。

前述四个学派的形成背景及基本思想比较如表1-1所示。

表1-1 四个学派的形成背景及基本思想比较

学派	形成背景	基本假设	基本思想
理想主义国家利益观	受"一战"影响。"一战"对欧洲各国造成了很大创伤,人们认识到强权政治、均势体系、联盟政治并不能给各国带来和平	人类的思维会更加理性,可以以磋商、协商、谈判的方式来代替武力而解决问题,从而消除战争	寄希望于以道德、法律为基础,以正义、规范、秩序为目标,抑制列强国家以武力方式拓展国家利益的行为;寄希望于借助国际合作、国际组织、国际法来规范国家行为,维护和拓展相关国家的利益
传统现实主义国家利益观	"二战"的爆发及其惨烈程度,宣告了理想主义国家利益观的基本破产	人性有其自私和贪婪,甚至残忍的一面	认为道德和价值观念的作用永远是相对的,利己主义的本性决定了国家间的竞争、冲突和斗争不可避免,维持国际和平最为有效的办法是"依靠均势";在各个国家的影响力、支配力与国家实力相匹配的时候,国际社会才可能处于相对稳定的状态
新现实主义国家利益观	全球政治多极化日益凸显	需要从合作与竞争、发达国家与发展中国家、政治与经济的关系等多个角度对国家利益观进行"科学的修正和补救"	认为应将缓解冲突与谋求合作结合起来考虑问题;只有把发达国家和发展中国家共同面临的国际关系问题都给予充分考虑,才能全面把握全球关系;只有将政治与经济结合起来,才能较为全面地把握国际关系及国家利益的现实
建构主义国家利益观	全球政治多极化和国家间利益关系日趋复杂化同时凸显	认为系统中的单元特征不但是个体的、内在的,更是社会的	各国的利益诉求不仅来自该国内部,更大程度上是在国际大系统中,一国与其他国家互动、协商、博弈的结果,相关机构、规则和认同感等在国家行为及利益形成中发挥着重要作用

(2)关于国家利益分层的比较

早期发达国家学者对国家利益的层次划分不尽相同,划分的依据既有客观依据,也有学者们主观的价值取向。这是不少学者自己也承认的客观现实。较为典型的国家利益层次划分如表1-2所示。

表 1-2　较为典型的国家利益层次划分

代表人物	基本思想	基本划分
汉斯·摩根索（1958）	将国家利益划分为四个层次。认为前两类利益是国家的"持久利益"，后两类是国家的"可变利益"	①首要利益即核心利益，包括保护国家的实体、政治及文化的同一性，防止外来侵略。永远不能用这些利益与其他国家妥协或交易，必须不惜代价来捍卫这些利益。②次要利益或称非重大利益，指有助于实现首要利益的那些利益。③一般利益，即能够覆盖一国较大地理范围、较多民族或若干具体领域的利益，如经济、贸易、外交、国际法等领域的利益；④特定利益与物质利益，即没有包括在一般利益中的利益，通常可以在时间或空间上具体界定，是一般利益的逻辑产物
约索夫·弗兰克尔（1970）	认为应从愿景、操作、解释三个层面来界定并划分国家利益	①"愿景层面的国家利益"指一国国民对美好生活的憧憬，以及国家希望实现的"理想化目标"。②"操作层面的国家利益"指国家实际追求的利益和政策的总和。③"解释层面的国家利益"指可以被用以解释、评估、支持或批评国家的对外政策，其作用在于"证明"自身的正确及对手的错误
卡尔·沃里斯（1990）	从美国的外交政策出发，把国家利益划分为三个等级	①至关重要的利益，诸如国家的生存利益。②特殊利益，诸如一国与同盟国的共同利益。③一般利益，诸如有关国际秩序中必须利我的利益。认为一些利益是国家应当随时为之战斗并付出代价的，一些利益是国家应为之努力工作的，一些利益则是政府"警告"相关国家或集团时可以作为"托辞、说辞"的
马克·阿姆斯图茨（1999）	根据重要性，将国家利益划分为两个等级	①国家的根本利益，其中最重要的是维护国家安全、经济繁荣，以及国家身份的保护和提升。②国家的短暂或称非持久性的利益
美国国家利益委员会（1996）	将美国国家利益划分为四个层次；认为对国家利益划定层级的意义在于确定国家行动的原则	对美国而言，①根本利益：防止、制止及减少核武器和生化武器对美国的威胁；防止在欧亚地区出现敌对的霸权势力；防止在美国周边或所控制海域出现敌对大国；防止贸易、金融、能源和环境等全球体系出现灾难性解体。②极端重要利益：防止、制止及减少在任何地区威胁使用核武器和生化武器；防止核武器和生化武器以及运载系统的地区扩散；鼓励有关国家接受国际法制和机制，推动各种争端（包括经济争端）的和平解决。③重要利益：反对在国外出现大规模侵犯人权的行为；在对美国具有战略价值的国家和地区鼓励多元主义、自由主义和民主化；以较低代价防止和结束在具有战略意义的地缘地区发生的各类冲突。④次要利益：平衡双边贸易赤字；在世界其他国家和地区扩展民主进程；维护领土完整和别国特殊的宪政制度

续表

代表人物	基本思想	基本划分
约瑟夫·奈（1999）	对将美国利益的威胁分为三类，相应国家利益也可分为三层次	A类：威胁美国生存的，如冷战时期苏联对美国安全的威胁；B类：不威胁美国国家生存，但对美国利益有直接损害，如伊拉克、利比亚和朝鲜问题；C类：间接影响美国安全利益的，如科索沃问题、索马里问题等

由表1-2可以看出，较为趋同的是：

一是不管文字上怎样表述，学者们多把"保护国家的实体、政治及文化，防止外来侵略"等作为第一层面的国家利益，并强调永远不能用这些利益与其他国家妥协或交换。视这些利益为国家的"生存利益"（如汉斯·摩根索，1958），或"根本利益"（如马克·阿姆斯图茨），国家必须不惜代价来保卫这些利益。约瑟夫·奈（1999）认为的A类威胁，实际上就是他认为的第一层面的国家利益，也是指"生存利益"，诸如"威胁美国生存的，如冷战时期苏联对美国安全的威胁"。

二是多将有助于直接实现"生存利益、根本利益"的国家利益，视为第二层面的利益（如汉斯·摩根索，1958）。在约索夫·弗兰克尔（1970）的表述中，把这类利益表述为"操作层面实际追求的利益和政策的总和"。约瑟夫·奈（1999）则借助另一种语言表达方式，划定了这类国家利益。即"B类：不威胁美国国家生存，但对美国国家利益有直接损害的利益问题，如伊拉克、利比亚和朝鲜问题"。

三是多将经贸、外交、国际法领域的利益，视为第三层面的利益。约索夫·弗兰克尔（1970）将这类利益解释为"可以被用以解释、评估、支持或批评国家对外政策"的利益。在汉斯·摩根索的表述中，将经济、贸易、外交、国际法等领域的利益表述为"一般利益"，且明确划分为第三层面的利益。而卡尔·沃里斯（1990）则将其表述为"有关国际秩序中必须利我的利益"，以及"同盟国的共同利益"。在约瑟夫·奈（1999）的语言方式中，将这类利益表述为"C类利益"，即间接影响美国国家安全利益的利益问题，如科索沃问题、索马里问题等。

由表1-2也可以看出,学者们关于国家利益的分层,也存在以下差异:

一是关于第四层面的国家利益,学者们的认识存在较大差异。例如,汉斯·摩根索(1958)认为第四层面的国家利益主要是"特定利益",即可以在时间或空间上具体界定的利益。而美国国家利益委员会(民间智库,1996),则将"平衡双边贸易赤字、在世界其他国家和地区扩展民主进程、维护领土完整和别国特殊的宪政制度"等,作为第四层面的利益。但这在其他人的利益层次划分中,属于更高一层(第三层面)的国家利益。

二是美国国家利益委员会(1996)对于国家利益的分级与诸多学者有较大差异。首先,其将国家利益分为"根本、极端重要、重要、次要"四个利益层面,且对各层面国家利益的界定更为具体。如就"根本利益"提出,要"防止、制止及减少核武器和生化武器对美国的威胁","防止在美国周边或所控制海域出现敌对大国"。其次,有更大的全球视野,似乎要美国承担更多的国际责任,但有着很强的"国际警察"意识。例如,就"根本利益"提出,要"防止在欧亚地区出现敌对的霸权势力";就"极端重要利益"提出,要"防止、制止及减少在任何地区威胁使用核武器和生化武器、防止核武器和生化武器以及运载系统的地区扩散";就"重要利益"提出,"反对在国外出现大规模侵犯人权的行为"。再次,强调自己推崇或构建的制度不能被破坏,并致力于扩散自己的制度文化。如就"根本利益"提出,要"防止贸易、金融、能源和环境等全球体系出现灾难性解体";就"极端重要利益"提出,要"鼓励有关国家接受国际法制和机制";就"重要利益"提出,"在对美国具有战略价值的国家和地区鼓励多元主义、自由主义和民主化";就"次要利益"提出,"在世界其他国家和地区扩展民主进程"。这种利益划分,既强调这些利益对美国的重要性,也强调了"美国是世界警察"的"责任感",但这对其他国家的利益,不免会有某些伤害。

(3) 相关启示

通过梳理早期发达国家学者关于"国家利益"的认识，可以得到如下启示：

第一，国家利益反映的是主权国家国民整体上的利益诉求，特别是关于"生存与发展"的利益诉求。维护和创造本国大多数居民共同生存和发展所需的诸种要素，是主权国家在国际环境中生存与发展的基本需求的综合体，是主权国家决策主体所认定的物质和精神的生存需求与发展需求的总和。前者指国家生存与发展的全部物质需求，后者指主权国家需要得到的国际社会的尊重和认可。相应地，有学者认为，"国家利益是国家生存和发展所需求的基本因素和内在需求""是在国际交往中，主权国家作为一个整体，在生存和发展中所反映出来的与其实力相适应的需求""凡是满足主权国家生存和发展需要的，便是国家利益"。

在国家生存和发展的需求中，"主权和领土完整"得到了所有学者的共识，被认为是国家生存与发展需求的核心内容。其中，"主权"是主权国家对其管辖的区域所拥有的至高无上的、排他性的政治权力，包括"自主自决"的权威，对内立法、司法、行政的权力，对外保持独立自主的意志。

相应地，"主权"对内在一国宪法中有明确规定，对外则谋求国家间的相互承认。主权是国家最为基本的特征之一。主权的丧失，往往意味着国家的解体甚或消亡。主权通常包括政治、经济、文化、科技、领土、国防等主权。"政治主权"主要指基本政治制度的独立和持续，包括国体、政体，以及国家其他治理制度的自主选择和持续性；"经济主权"主要指维护本国的基本经济制度，保护本国社会的生产方式和各种经济资源；"文化主权"主要指保持国家文化的同一性和传承性，防止外来文化使本土文化失去民族认同感；"领土主权"是一国的生存空间，国家活动的基础，包括领陆、领水（内水和领海）和领空三个基本部分，以及毗连区、大陆架、专属经济区等，现在还有"网络主权"的提法。

第二，国家利益兼有客观性和主观性。国家利益的内容多是"客观的"，但人们对国家利益的认识往往也有"主观性"。国家利益是由很多客观因素构成的，一国的国土面积、资源禀赋、生态环境、人口结构、国家之间关系、历史问题、发展阶段等都是客观的。但国家利益也取决于人们（特别是主权国家的管理者）对国家利益的认识，甚至取决于他们对国家发展的"期盼"。特别是，一国维护国家利益的行动源于领导者的"感知"和"决策"，而这两者都受到决策者的价值理念、思想观点、道德习惯等因素的影响。由此，特定国家就形成了自己特定的"国家利益观"。这种情况下的国家利益观，往往反映了国家管理者对国家主权与发展等问题的基本认知和思想观念。

第三，国家利益有层次之分。按照相关利益的重要程度，国家利益必然具有层次性。暂且不管其客观性和主观性，较具共识的是，保护国家的实体、政治及文化，防止外来侵略，即保证国家的生存，是国家第一层面的利益。有助于"直接实现"国家生存的"利益"，是国家第二层面的利益。经贸、外交、国际法领域的利益，是国家第三层面的利益。这种共识的利益层次划分，第一层次集中体现为国家的"安全需求"；第二层次集中体现为国家的"发展需求"；第三层次集中体现为国家的"富裕需求"。特别是认为"主权和领土完整"是国家最为重要的利益，是主权国家独立存在的根本，是国家安全问题。基本政治制度、经济制度的自主选择和可持续、文化的可传承，是国家发展的基础。

第四，国家利益具有时代性。主权国家对于国家利益的追求，是有时代差异的。相应地，主权国家维护其利益的行为，也有其时代性特征。典型的是，"一战"后人们对强权政治的反思，催生了理想主义的国家利益观。"二战"的残酷和惨烈，催生了传统现实主义的国家利益观。此后的多极化趋势又催生了新现实主义的国家利益观。其后和平与发展的时代主题，以及越来越频繁的国家间互动，进一步催生了建构主义的国家利益观。相应地，各国对国家利益的维护，也有时代特点。例如，"二战"中诸多国家将争取"国家生存、民族独立"作为最为重要的利益来维护。在"二战"后 40 多年的"冷战"中，因为东西方的对立，诸多国家又将"国防安全、政权安全"作为最为重要的利益来维护。20 世纪 90 年代"冷战"结束之后，诸多国家又将"发展"作为最为重要的利益来维护。

第五，国家利益也会随着主权国家的发展阶段而变化。在一国发展的不同阶段，会有不同的国家利益诉求，但基本上遵循"确保生存、谋求发展、谋求时代特殊利益、追求富裕"的需求层次往上攀升。例如，在我国，抗日战争时期，"争取民族生存"是最为基本和重要的国家利益。新中国成立之初，"确保国家安全并得到国际社会承认"是最为重要的国家利益。改革开放后，"可持续发展"又成为最为重要的国家利益。再如，拉美不少国家在 20 世纪初到 20 世纪中叶，首要的国家利益是"民族独立"，摆脱欧美列强对这些国家的控制甚至掠夺，成为它们梦寐以求的国家利益。20 世纪中叶到 80 年代，即拉美"进口替代工业化"阶段，它们首要的国家利益转变为"建立民族国家的工业体系"。20 世纪八九十年代，一些拉美国家多次爆发"债务危机"或"金融危机"，甚至被称为"失去的十年"，此时它们首要的国家利益又转变为"消除债务危机，维护国家经济、金融安全及社会的稳定"。

1.2 国内关于国家利益的认识

1.2.1 国内学界关于国家利益的认识

国内学界对于国家利益的研究始于 20 世纪 80 年代改革开放初期，相关研究主要是从政治学视角和法学视角展开的，形成了一些有价值的观点。

（1）政治学视角的国家利益观

国内政治学视角的国家利益研究，逐渐形成了"生存和发展需求论""物质和精神需求论""客观对象总和论""国家治理论"四种分析视角，即基于四种视角的国家利益观。

①生存和发展需求视角的国家利益观

不少学者将我国国家利益的内涵界定为"生存和发展的需要"。典型的是，程毅、杨宏禹（1991）、唐永胜（1996）、张季良（1989）、金英忠及倪世雄（2003）等认为，"国家利益是国家生存和发展所需求的基本因素和内在需求""是在国际交往中，民族国家作为一个整体，在生存和发展中所反映出的与其实力相适应的需求""凡是满足国家生存和发展需要的便是国家利益"。

此外，冯特君及宋新宁（1992）、秦朝英（1998）、朱炳元（2004）尤其强调"生存和发展的综合或总和"，认为国家利益"是一个国家维护和创造本国居民共同生存和发展所需的诸因素的综合，是主权国家在国际环境中生存与发展需求的综合体""是主权国家在国际竞争格局中，其决策主体所认定的物质和精神的生存需求与发展需求的总和"。

②物质需求和精神需求视角的国家利益观

清华大学国际关系学者阎学通（1997）认为，"国家利益"一词具有双重含义，一重含义是"国际政治范畴中的国家利益"（其英文为national interest），指的是一个民族国家的利益，与之相对的是集团利益、国际利益或世界利益；另一重含义是指"国内政治意义上的国家利益"（其英文为interest of state），指的是政府利益或者政府代表的全国性利益，与之相对的是地方利益、集体利益或个人利益。相应地，他将国际政治范畴中的国家利益定义为"一切满足民族国家全体人民物质与精神需要的东西"。进而，他认为，"在物质上，国家需要安全与发展；在精神上，国家需要国际社会的尊重与承认"。

李友根（2002）也赞同将国家利益分为"国际政治范畴中的国家

利益"和"国内政治意义上的国家利益"。他认为，从国家产生的根源和目的出发，考察即可发现，国家本身即是为维护社会整体利益而产生与存在的，其本身并无特殊的利益，社会整体利益即是其利益。然而，国家是由国家机器组成、由政府作为代表的，凌驾于社会之上的政府又有自己独立的利益（如政府的权威、政府组成人员的整体利益等），这种独立的利益往往是以国家利益的名义出现的，从而导致国家利益具有双重性。由此他进一步认为，严格意义上的国家利益应等同于社会整体利益；但就社会大系统而言，其内部也存在个人利益、集体利益和政府利益。社会整体利益是各种社会成员和组成部分的主体利益整合而成的利益。

③客观对象总和视角的国家利益观

洪兵（1999）通过对"利益"和"国家"的概念分析，将国家利益定义为"国家需求认定的各种客观对象的总和"。康绍邦、宫力（2010）等把国家利益界定为"某个民族国家相对其他民族国家所规定的客观因素的综合"。王逸舟（2002）则认为，"国家利益指民族国家追求的主要好处、权利或受益点，反映全体国民及各种利益集团的需求和兴趣。国家利益实际上是一种综合加权指数"。可见，这些学者均主张"国家利益是被国家认定的反映国家需求的各种对象的总和"或"综合"。他们的认识在一定程度上反映了"国家利益"的多样性和整体性。

还有更多的学者也赞同"国家利益即是指社会整体利益"，即社会公共利益。例如，马俊驹、余延满（2005）认为，损害国家利益，就是对公共秩序和善良风俗的违反。因为在我国，人民是国家的主人，人民的利益就是国家利益。人民利益的高度抽象概括，即社会公共利益。郑景元（2008）甚至明确指出，从动态分析看，国家利益就是社会公共利益。

④国家治理视角的国家利益观

这类学者从"国家治理的阶级性"出发，对国家利益进行界定。典型的是，颜运秋（2004）认为，"国家利益从根本上说主要是统治阶级的利益"。胡锦光（2005）认为，从最一般、最抽象的意义上说，"国家利益就是国家政治统治的满足"。他进而认为，国家利益往往侧重国家的政治利益，主要是统治阶级的利益。程宝山（2003）认为，国家利益是抽象的、中介性的、再分配的、政治的，但未必是公共性的利益；"国家利益本质上是统治集团的利益"。蒋悟真（2005）则进一步认为，"国家利益代表的是统治阶级和统治集团的利益"。

颜运秋（2004）还认为，在承认国家利益包含了"国际政治范畴中的国家利益"和"国内政治意义上的国家利益"两层含义的基础上，"国内政治意义上的国家利益"是公共利益的一个层面，损害了它就是侵害了公共利益。由此，在他看来，维护"国内政治意义上的国家利益"，即成为国家治理的重要职能。例如，如果税务部门拒不查处偷漏税的情况，侵害的就是国家的税收权，侵害的就是国家利益。行政主体滥发采矿许可证的行为，也是对国家利益的损害。

（2）法学视角的国家利益观

也有学者从法学视角对国家利益进行了分析，形成了不少有价值的观点。

①公法视角的国家利益观

一些国际法学者将国家利益界定为"主权利益或者以国家主权为核心的利益"。典型的是，胡城军（2005）认为，"如果把国际法定义为国际社会的法，国家作为国际社会最基本的单元，国际法的第一要务就是调整和维护国家利益。国家利益的维护，在国际法学中有一个专门术语，就是'国家主权原则'"。

相应地，姜世波（2005）认为，"主权利益即为国家利益"。值得关注的是，1970年的《国际法原则宣言》陈述的"主权原则"的中心思想是"各国主权平等"，即各国不管经济、社会、政治或其他方面有何不同，均有平等的权利与责任，并同为国际社会平等的成员。进一步看，许章润（2007）也认为，"国家利益的主体是国家或者说国族，而民族国家的本质规定性是主权"，"国家利益即为对这一法权意象的解说：主权即国家利益"。

②私法视角的国家利益观

梁慧星（2001）主张，《合同法》第52条第1项规定的"国家利益"，适宜于解释为"社会公共利益"。刘鑫（2003）则认为，国家利益有两层含义：第一层是通常意义上的，相当于社会公共利益、公共秩序，它是公共权力介入私人关系的纽带和桥梁。这种情况下，"国家利益强调的是统治秩序，一种抽象的存在"。危害这种意义上的国家利益，将导致民事行为的无效。第二层是指国家代表人民，作为一种民事主体所享有的民事权利，这是"客观存在的国家利益，是具体的国家利益，它与集体利益、个人利益并立而存在着"。

孙建（2011）进一步认为，国家利益的基本含义是"国家生存和发展的利益"，且这需要根据国家不同时期的具体情况调整和细化。进而，他将国家利益具体界定为"在确保国家生存和发展利益的基础上，在尊重他国合理利益的同时，通过维护和促进该国涉外民商事务关系的发展，最大限度地实现国家利益"。

③公法私法结合角度的国家利益观

也有学者从公法与私法结合的角度提出了有价值的观点。孙笑侠（1995）认为，国家利益存在于三种情况：一是国家政权的稳定与安全，这是国家管理的利益需要；二是国际法意义上的国家主权意义上的利益；三是在民事法律上的国家财产所有权的利益（也有人将与这种利益相对应的权利称为"私权利"）。除此之外，国家不应当存在独立的利益。吕忠梅（2002）则认为，"法律意义上的国家利益，仅存在于国家的稳定与安全、国际法上的国家主权、民法上的国家财产利益这三种情况"。

对比前述公法和私法视角对国家利益的研究，不难看到，两者对国家利益的不同定义源于公法与私法所保护利益的核心，以及所调整关系对象的视角不同。公法以维护公共利益即"公益"为主要目的，私法则以保护个人或私人利益即"私益"为依归。从调整的社会关系即对象来看，公法调整的是国家与公民之间、政府与社会之间的各种关系。私法调整的是私人之间的民商事务关系，即平等主体之间的财产关系和人身关系。

进一步看，公法将国家利益基本等同于主权利益，因为如果将国际社会看作更大的社会，社会中的基本单元是国家，国家间关系的核心是主权，所以国际法调整和维护的是国家的主权利益。国际公法中对主权的维护，遵循的是《国际法原则宣言》，核心是"国家主权原则"。而私法调节的是人与人之间的关系，私法对国家利益的界定表现为两个方面：第一，国家作为全民民事权利的综合和代表体现的国家利益；第二，一国涉外民法关系和商法关系调节中体现的国家利益。也就是说，一国在民事和商业两个方面保护在外国的本国公民，实现国家利益。

1.2.2　党和政府关于国家利益认识的沿革

新中国成立至今，党和政府历来关注维护我国的国家利益。在借鉴马克思国家利益思想的基础上，与时俱进地形成了适应中国经济社会发展各阶段的国家利益观。

（1）以毛泽东同志为主要代表的中国共产党人的国家利益观

从新中国成立到20世纪70年代中期，中国国家利益观的核心思想是"对内建设并维护社会主义政治制度和经济制度，逐步建立并完善公有制为主体的独立自主且相对完整的国民经济体系；对外捍卫国家主权、政治安全、领土及国防安全，积极拓展与国际社会的国家间友好关系，赢得国际社会的尊重、认同和支持"。我们暂且称之为"制度构建及捍卫主权为核心的国家利益观"。相关思想在第一代领导集体的著作、讲话和中央文件中得到了充分体现，特别是在毛泽东的著作中得到了集中反映。具体看，此间以毛泽东同志为主要代表的中国共产党人对国家利益的认识有以下特点：

第一，将"中华民族的利益"视为"国家利益"的同义词。究其成因，一是基于"新中国成立"的合法性；二是认为中华民族与中华人民共和国是"一枚硬币的两个面"，是一个统一体；三是认为国家代表各民族人民的共同利益，民族利益与国家利益是一致的、统一的；四是在将民族利益与国家利益视为同一物的同时，将建设并维护社会主义政治体制和经济体制，视为国家利益之最为基础、内核的部分。

第二，将维护国家主权与疆土安全作为国家利益的核心诉求。以毛泽东同志为主要代表的中国共产党人带领中国人民经过近30年艰苦卓绝的奋斗，终于在1949年建立了中华人民共和国。这是中国近代以来中华民族首次建立的真正独立自主的国家。但在当时的国际环境下，这个合法的国家和政府并没有得到国际社会的普遍承认，新中国遭到了以美国为首的西方国家的排斥。

西方资本主义国家不愿意看到又一个社会主义国家的崛起。一方面，新中国选择了"一边倒"地靠拢以苏联为首的承认新中国政权的社会主义阵营。在此背景下，新中国必然将维护国家主权与疆土安全作为国家利益的核心诉求。另一方面，此间国际上不少国家对敌、友的区分，有着浓厚的意识形态色彩。鉴于中国当时所处国际环境的特殊性，特别是1950年发生了抗美援朝战争，美国为首的16国组成的"联合国军"打到了鸭绿江边后，中国人民志愿军不得不奋起反击，将联合国军赶回"三八线"以南。故从20世纪50年代到70年代中期，我们随时准备打仗，以维护国家主权与疆土安全。

第三，将建设并完善社会主义经济制度及公有制为主体的独立自主且相对完整的国民经济体系作为国家利益的基本内容。旧中国的底子本来就很薄，加上近代以来多年的战争创伤，新中国的经济基础十分薄弱。再加上我们缺少大规模经济建设的经验，争取外援建设新中国的国民经济体系，成为我们必然的选择。但鉴于以美国为首的西方国家对新中国的排斥甚至封锁，我们选择了借助苏联的援助和支持，来建设新中国的国民经济体系。在第一个、第二个"五年计划"期间，依托苏联援建的"156项工程"，再加上党和政府以及全国人民的艰苦奋斗，新中国初步建立了自己的国民经济体系。此后，经过第三、四、五、六这四个"五年计划"，特别是经过70年代准备打仗的三线建设，新中国的国民经济体系尤其是工业体系逐渐羽翼丰满、日臻完善。

从历史的角度看，尽管这期间发生了"文化大革命"，但以毛泽东同志为主要代表的中国共产党人将"建设并完善社会主义经济制度，建设公有制为主体的独立自主且相对完整的国民经济体系"作为国家利益的基本内容，是始终如一的。这对后来中国经济社会的持续发展，起到了重要的奠基性作用。

（2）以邓小平同志为主要代表的中国共产党人的国家利益观

党的十一届三中全会开启了我国改革开放和社会主义现代化建设的新时期。这一时期将"对内拨乱反正、推动改革，对外改善国际环境与开放，加速社会主义现代化建设"视为国家利益的基本内涵，形成了"改革开放与发展的国家利益观"。具体来看，此间对国家利益的认识有以下特点：

第一，将"拨乱反正"视为当时亟待实现的国家利益。以邓小平同志为主要代表的中国共产党人以"解放思想，实事求是"的态度，引导全社会在"实践是检验真理的唯一标准"大讨论的基础上，适时拨乱反正，平反冤假错案，恢复被搁置的领导干部工作，解开捆绑在各行各业群众身上的枷锁，恢复了正常的经济社会生活秩序，整个中国社会重新回到了较为正常的状态。

第二，将"稳定与发展"视为当时中国最大的政治利益。邓小平认为，政治稳定是当时中国最大的政治利益。1987年，邓小平在会见美国总统卡特时指出："中国的主要目标是发展，是摆脱落后，使国家的力量增强起来，人民的生活逐步得到改善。要做这样的事，必须有安定的政治环境。没有安定的政治环境，什么事情都干不成。"他还多次提到："中国要摆脱贫困，实现四个现代化，最关键的问题是需要稳定。"20世纪70年代末80年代初改革开放后，以邓小平同志为主要代表的中国共产党人适时将全党全国工作的重心转向"经济建设与发展"，将对外工作的重心放在与一切友好国家进行互益的经济交流与合作上，借助大力引进国外资金与先进技术，尽快发展国内经济、提升人民生活水平。

第三，明确提出"加速社会主义现代化建设"。20世纪80年代末，国际局势发生了重大变化，苏联与美国两大阵营的"冷战"趋于缓和，我国与苏联的关系也有所改善。基于此，邓小平判断，"较长时间内不发生大规模的世界战争是有可能的，维护世界和平是有希望的"。邓小平敏锐地发现了这一"世界和平期"，将此前"随时准备打仗，以维护国家主权与疆土安全"的思路，转变为"在和平与发展的大背景下，加速社会主义现代化建设"。

第四，仍将"国家主权和疆土完整"作为最为重要的国家利益加以维护。邓小平第一个明确提出"要把国家利益作为外交工作的根本出发点"。在"加速社会主义现代化建设"的认识之下，调整了中国的外交方针与政策，开始强调国家经济利益在对外交往中的重要性。同时，继承以毛泽东同志为主要代表的中国共产党人的相关思想，仍将"国家主权和疆土完整"作为最为重要的国家利益加以维护。但吸取了经验与教训，在维护国家主权和安全的基础上，强调不能忽略国家经济和政治利益，强调对外政策适度的灵活性。

（3）以江泽民同志为主要代表的中国共产党人的国家利益观

20世纪90年代初，在和平与发展的国际环境下，我国再次加快了融入全球经济社会的步伐，逐渐形成了"强调国家整体及安全利益的国家利益观"。此间对国家利益的认识有以下特点：

第一，以"三个代表"重要思想统领维护国家利益的相关努力。面对新的国内外环境，以江泽民同志为主要代表的中国共产党人在坚持马克思列宁主义、毛泽东思想、邓小平理论的基础上，提出了"三个代表"重要思想，即中国共产党要始终代表先进生产力的发展要求，始终代表先进文化的前进方向，始终代表中国最广大人民的根本利益。"三个代表"重要思想成为党和政府各项工作的指导思想，自然也成为那个时期国家利益观的思想源头，成为党和政府维护国家利益的基本理论依据。竭力促进先进生产力和先进文化的发展，维护最广大人民的根本利益，成为这一时期国家利益观的重要内涵。这无疑是中央层面治国理政思想的重大进步。

第二，认为国家利益环境发生了重大变化，应重视通过推动国际关系协调来维护国家利益。相应地，在国内，我们着力加快建设社会主义现代化和全面建设小康社会，持续推动政治体制改革和经济结构调整，同时加快发展高新技术产业。在国际上，全球化趋势日渐增强，科技发展日新月异，国家间竞争从以军事实力竞争为主，逐步转向综合国力竞争；同时，非传统安全威胁在国际上日益凸显。相应地，我们积极谋求相对协调、稳定的国际环境，以为国内发展创造相对安宁的外部环境，通过推动国际关系协调来维护中国国家利益，即成为我们必然的选择。

第三，强调重视非传统安全威胁对于国家利益的影响。传统安全威胁主要指军事威胁、军备竞赛和战争等。非传统安全威胁则是指战争威胁、军事打击、外交冲突之外的，对主权国家和整个人类社会的生存、发展、文明构成威胁的那些因素和事件，诸如国际金融危机、跨国犯罪、恐怖袭击、疾病蔓延、非法移民、以"人权高于主权"的说辞威胁或侵犯其他国家等。

针对国际上非传统安全威胁的出现，以江泽民同志为主要代表的中国共产党人适时提出，在应对和防范传统安全威胁的同时，要积极重视非传统安全威胁的影响。特别是，非传统安全威胁具有跨国性、隐秘性和转化性，不仅涉及某些国家，而且事关人类的共同利益。面对新的安全威胁,进一步提出,国家间应相互信任,共同维护,树立互信、互利、平等和协作的新安全观,通过对话和合作解决争端,而不应诉诸武力或以武力相威胁。

第四,及时提出"国家文化利益"思想,强调加强对文化利益的认知和维护。以江泽民同志为主要代表的中国共产党人认为,在经济全球化时代,文化作为意识形态领域的"软实力",对于提高中国在国际社会的影响和威望起着不容忽视的作用。通过中国传统文化中的价值观和道德体系来加深世界其他国家对中国的了解和理解,应作为经济外交和政治外交之后又一新型外交手段。希望借此缩短中国与世界各国的"认知距离",同时增进各国人民间的友谊,增强各国政府间的互动和理解。

第五,明确强调"国家整体及安全利益"。以江泽民同志为主要代表的中国共产党人顺应时代及环境变化,发展了改革开放后邓小平"强调政治利益、安全利益、经济利益三者并举"的思想,认为对国家利益内容的认识和分析,应着眼于整体及安全利益。尽管国家利益各组成部分的重要性不同,但都不可或缺,应将各种利益统筹于国家整体及安全利益框架之内,以期全面维护和拓展国家利益;认为国家利益各组成部分相互影响、制约及依赖,由此构成了稳定的结构性关系。由此,把握好各部分之间的联系和互动关系,协调好各部分之间的联系和影响,才能更为有效地推动国家整体及安全利益的维护与实现。正是基于这一认识,以江泽民同志为主要代表的中国共产党人十分重视国家相关战略以及政府相关政策的综合性和协调性。

(4)以胡锦涛同志为主要代表的中国共产党人的国家利益观

2002年起胡锦涛同志担任中共中央总书记。面对全球多极化进一步发展,同时各种摩擦不断,国际恐怖主义、民族分裂主义、极端宗教势力、毒品走私、跨国犯罪、环境污染、传染性疾病蔓延等问题,在以江泽民同志为主要代表的中国共产党人强调"国家整体及安全利益观"的基础上，以胡锦涛同志为主要代表的中国共产党人适时提出了"强调和谐的国家综合利益观"。

第一，以"国家综合利益观"统领国家利益的维护。进入21世纪，国际形势有了新的变化，各类矛盾交织，暴力及恐怖活动频繁发生，既有传统安全威胁（如阿拉伯国家的地区武装冲突），又有金融海啸、能源危机、公共安全危机、食品安全事件等非传统安全因素或事件的影响，国际关系进入纷繁复杂动荡的多维度调整阶段。同时，经济全球化步伐进一步加快，国家间的联系到了"牵一发而动全身"的程度，国家之间也出现了新的共同利益。在这个过程中，国际关系既延续了此前复杂性的特点，同时呈现出全球化时代"竞争与合作并存"的特点。

在国内，经过20世纪八九十年代两个十年的改革和发展，在"不折腾"的思想指导下，从上到下一心一意谋发展，科技、教育、经济、社会全面提速发展。与此同时，经济系统内部不协调的矛盾、社会迅速发展中不同利益群体之间的矛盾有所上升，一些群体性突发事件对于国家利益的影响不容轻视。国内外环境的这些变化，要求我们更为全面地认识"国家利益的内涵和外延"。于是，"国家综合利益观"成为那个时期的国家利益观。

第二，向国际社会倡导"共同构建和谐世界"的国际安全观，并明确了中国的责任与义务。胡锦涛在此基础上，提出并明确地向国际社会倡导"共同构建和谐世界"的"国际安全利益观"，"坚持和平与发展"的"国际政治利益观"，"加强经济外交"的"国际经济利益观"，以及"尊重文明多样性，促进文明繁荣进步"的"国际文化利益观"。共同构建和谐世界的新理念，是那个时期维护和实现国家利益的创新性思想，也是对外交往的总体宗旨，更是抵消别国对中国迅速崛起的忧虑的战略性举措。

这个时期，中国始终强调自己是"和平崛起"，中国未来的强大绝不会去伤害别国，因为中国曾经经历过被侵略的惨况，绝不会把这种痛苦强加给别的国家。所以，中国对于国家利益的认识更加开阔，着眼于大局，愿意担当起大国应负的责任，力求在维护我国国家利益的同时，以维护人类和平与发展为己任，力求实现全世界爱好和平的国家的共同利益。

第三，倡导"共同构建和谐世界"的同时，进一步强调中国的一贯利益。我国政府在《2002年中国的国防》白皮书中，对当代中国国家利益观作了以下阐述："维护国家主权、统一、领土完整和安全；坚持以经济建设为中心，不断提高综合国力；坚持和完善社会主义制度；保持和促进社会的安定团结；争取一个长期和平的国际环境和良好的周边环境。"

2011年的《中国的和平发展》白皮书对当代中国国家利益目标和实现途径作了进一步阐释，强调中国"既通过维护世界和平发展自己，又通过自身发展维护世界和平；在强调依靠自身力量和改革创新实现发展的同时，坚持对外开放，学习借鉴别国长处；顺应经济全球化发展潮流，寻求与各国互利共赢和共同发展；同国际社会一道努力，推动建设持久和平、共同繁荣的和谐世界"。

（5）以习近平同志为主要代表的中国共产党人的国家利益观

党的十八大以来，开启了改革开放的新时代，中国经济社会发展进入了新的历史时期。以习近平同志为主要代表的中国共产党人在继承的基础上，结合国内外新的形势，与时俱进地提出了新时期的国家利益观，即"总体国家利益观"，将我国国家利益归纳为四个核心、十三个方面，并有着强调"国家利益的核心是一切为了人民"的特点。

第一，四个核心。一是维护国家的主权、统一、领土完整和安全。二是坚持以经济建设为中心，不断提高综合国力。三是坚持和完善社会主义制度，保持和促进社会的安定团结。四是提升文化软实力，维护和拓展国家文化利益。

第二，十三个方面。一是维护国家领土、领海、领空的统一、完整与不受侵犯。二是确保中国的经济发展进程不被外部因素所打断，使中国经济以较快速度持续发展。三是保持中国国内政治稳定，使我国的基本政治制度和核心价值观不因外部压力而发生突变，使中国的改革进程自主地推进。四是促进各民族共同发展、繁荣，坚决打击民族分裂势力。五是积极参与国际分工。在中国继续对外开放的同时，使世界市场、世界金融体系、世界科技体系等持续稳定地、公平地对中国开放。开放必须充分考虑国家经济安全。六是确保中国经济发展所必需的能源、资源稳定并可靠地供应。七是维护民族、国家最基本的生存空间——生态环境的可持续利用，大力开发海洋空间、信息空间、太空空间，在主权之外的范围内尽可能参与开发这些空间的国际合作。八是保持中国所在区域内，尤其是周边地区的安定与繁荣。在区域化进程中保持主导地位，积极维护所在区域的经济安全，积极促进区域内建立在平等自愿基础上的经济一体化；积极推进与建立区域型安全机制与机构，构造中国边疆安全的防火墙。九是积极预防、阻止国际反华联盟的出现，不过早卷入与霸权国家的正面对抗。十是积极参与全球范围内重大问题的解决与磋商，如生态环境的保护、打击恐怖主义、核军控、汇率形成，等等。十一是维持目前的核战略均衡，在核战略均衡被打破、太空战略态势发生重大变化时，采取强有力的行动，维护中国战略力量的有效性；维护中国的国际战略地位不致下降。根据国情、国力，逐步缩小与世界霸权国家战略力量的水平差距。十二是积极参与维护稳定的国际经济秩序，积极参与对与中国国家利益密切相关的有关国际交易制度与规则的制定与形成，并尽可能地施加影响。十三是在国际交易制度与规则允许的范围内，维护中国海外侨民及企业的利益。

第三，强调国家利益的核心是"一切为了人民"。习近平总书记多次强调，国泰民安是人民群众最基本、最普遍的愿望。保证人民安居乐业，国家安全是头等大事。要坚持国家安全一切为了人民、一切依靠人民，不断提高人民群众的安全感、幸福感。安全和发展是一体之两翼、驱动之双轮。安全是发展的保障，发展是安全的目的。面对改革中的深层次矛盾和问题，更需要我们的思想观念有大的解放，要改变维护传统安全的思维定式，树立维护国家综合安全和战略利益拓展的思想观念。要准确把握我国国家安全形势变化的新特点、新趋势，坚持既重视外部安全又重视内部安全、既重视国土安全又重视国民安全、既重视传统安全又重视非传统安全、既重视发展问题又重视安全问题、既重视自身安全又重视共同安全，切实做好国家安全各项工作。要推动经济和社会领域的国际合作齐头并进，统筹应对传统和非传统安全威胁，防战争祸患于未然。坚持走和平发展道路，但决不能放弃正当权益，更不能牺牲国家核心利益。要坚决维护领土主权和海洋权益，妥善处理好领土岛屿争端问题，着力推动海洋维权向统筹兼顾型转变。

第四，强调化干戈为玉帛，有效维护中华民族利益。习近平总书记多次强调，大的战略思维要以维护国家和民族最高利益为原则，必须注重战略思维价值取向的两个维度：一是国内民富国强，二是国际合作共赢。在国内维度上，国家和民族最高利益直接连接着亿万人民群众的切身利益和根本利益。对外工作要贯彻落实总体国家安全观，增强全国人民对中国特色社会主义的道路自信、理论自信、制度自信、文化自信，维护国家长治久安。要把国内发展与对外开放统一起来，把中国发展与世界发展联系起来，把中国人民利益同各国人民共同利益结合起来。各国安全相互关联、彼此影响，没有一个国家能凭一己之力谋求自身绝对安全，也没有一个国家可以从别国的动荡中收获稳定。当今世界，各国人民命运与共、唇齿相依，没有一个国家能实现脱离世界安全的自身安全，也没有建立在其他国家不安全基础上的自己国家的安全。要摒弃一切形式的冷战思维，树立共同、综合、合作、可持续安全的新观念，努力走出一条共建、共享、共赢的安全发展之路。要维护发展机遇和发展空间，通过广泛开展经贸技术互利合作，努力形成深度交融的互利合作网络。要充分发挥联合国及其安理会在"止战维和"方面的核心作用，通过和平解决争端与强制性行动双轨并举，化干戈为玉帛。

（6）相关启示

在数代领导集体与时俱进的努力下，党和政府对国家利益已经形成了十分系统的思想，为新时期国家利益思想的形成和维护奠定了思想基础。具体有以下特点：

第一，国家利益观的总体构想是与时俱进的。新中国成立之初，外部阻击、内部不稳，同时百废待兴，以毛泽东同志为主要代表的中国共产党人的国家利益观，是将"中华民族利益"视为"国家利益"的同义词；将维护国家主权与安全作为国家利益的核心诉求，随时准备打仗以维护国家主权与安全；将建立独立自主的国民经济体系作为国家利益的重要内容。

新中国成立30年后，以邓小平同志为主要代表的中国共产党人，仍将"国家主权和领土完整"作为最为重要的国家利益加以维护。同时，基于当时国内刚结束十年"文革"内乱，将"拨乱反正"视为当时亟待实现的国家利益，将"政治稳定"视为当时中国最大的政治利益；基于国际环境的变化，适时提出了"加速社会主义现代化建设"。

20世纪90年代前后，以江泽民同志为主要代表的中国共产党人在"和平与发展"为主导的国际环境下，加快了我国融入全球经济与社会的步伐，但此间发生了美国轰炸我驻南联盟大使馆事件。以江泽民同志为主要代表的中国共产党人逐渐形成了"强调国家整体及安全利益的国家利益观"。以江泽民同志为主要代表的中国共产党人以"三个代表"重要思想统领维护国家利益的相关实践，认为国家利益环境发生了重大变化，应通过推动国际关系协调化来维护我们的国家利益；在继续关注传统安全威胁的同时，强调重视非传统安全威胁对于国家利益的影响；更加强调国家整体及安全利益。

2002年胡锦涛同志担任总书记后，提出了更为系统的"国家综合利益观"；同时向国际社会倡导"共同构建和谐世界"的国际安全利益观，并明确了中国的责任与义务。

习近平同志2012年担任总书记以来，在继承"国家综合利益观"和"共同构建和谐世界"国际安全利益观的基础上，将"总体国家利益观"具体化为"四个核心""十三个方面"，并强调"国家利益的核心是一切为了人民"；在复杂的国际环境下，维护中国国家利益必须"化干戈为玉帛、有效维护中华民族利益"。

第二，始终把"捍卫国家主权、维护国家安全"放在第一位。从新中国成立到70年代中期，以毛泽东同志为主要代表的中国共产党人，始终将维护国家主权与安全作为国家利益的核心诉求；面对美苏两个超级大国对中国的威胁，随时准备打仗，以维护国家主权与安全。以邓小平同志为主要代表的中国共产党人，仍将"国家主权和领土完整"作为最为重要的国家利益加以维护。特别是，面对地区霸权主义在我国西南边境的挑衅，果断发起自卫反击战，由此造就了此后30多年我国边境和地区的稳定。

随着全球化趋势日强，国家间竞争已从以军事实力竞争为主，逐步转向综合国力的竞争，同时非传统安全威胁在国际上日益凸显。江泽民及时提出要"综合考虑传统安全威胁和非传统安全威胁"，以捍卫国家主权、维护国家安全。特别是在美国轰炸我驻南联盟使馆后，面对超级大国的武力挑衅，兼顾WTO谈判的"更大局"，我们适时加强武器装备研制并快速装备部队，为维护"国家主权和领土完整"准备了适应新形势、新挑战的力量。2002年胡锦涛同志担任总书记后，面对全球多极化进一步发展、传统安全威胁与非传统安全威胁交织，提出要"综合维护国家主权与安全"，同时向国际社会倡导"共同构建和谐世界"，并明确了中国的责任与义务。在21世纪初我国政府发布的《2002年中国的国防》白皮书中明确指出"维护国家主权、统一、领土完整和安全"。

在中央国家安全委员会成立后的首次会议上，习近平总书记明确指出:"任何外国不要指望我们会拿自己的核心利益做交易,不要指望我们会吞下损害我国主权、安全、发展利益的苦果。"以习近平同志为核心的党中央关于国家利益的"四个核心""十三个方面",都强调"维护国家的主权、统一、领土完整和安全"("四个核心"之一);"维护国家领土、领海、领空的统一、完整与不受侵犯"("十三个方面"之一)。

第三,始终把"发展经济"作为国家利益的重要内容。在以毛泽东同志为主要代表的中国共产党人的国家利益观中,强调"建立独立自主的国民经济体系"。在第一、二这两个"五年计划"期间,依托苏联援建的"156项工程",再加上党和政府以及全国人民的努力,新中国初步建立了自己的国民经济体系。此后,经过第三、四、五、六这四个"五年计划",新中国的国民经济体系日渐羽翼丰满、臻于完善。尽管发生了"文革",但始终将"建立独立自主的国民经济体系"作为国家利益的重要内容,对于后来中国经济的改革开放及持续发展起到了重要的奠基性作用。以邓小平同志为主要代表的中国共产党人,将"加快社会主义现代化建设"视为国家利益的重要内容,20世纪70年代末改革开放后,即将国内工作的重心放在经济建设与发展上,推动农业和工业领域的经济体制机制改革,大力引进国外资金与先进技术,同时积极建设沿海经济特区,尽快发展国内经济,努力改变了当时中国"短缺经济"的局面。

以江泽民同志为主要代表的中国共产党人,在以"三个代表"重要思想统领国家利益维护的相关努力中,以超常的魄力改革政府的经济管理职能;积极鼓励发展民营经济,竭力激活民间的先进生产力;加快发展高新产业,使高新产业在我国整个经济体系中迅速占有重要地位;同时加快国有企业改革,为2000年后国有企业(特别是央企)重振雄风奠定了重要基础。2002年胡锦涛担任总书记后,在21世纪初我国政府发布的《2002年中国的国防》白皮书中,明确提出"坚持以经济建设为中心,不断提高综合国力"。其间,以"十二五"规划为引导,战略性新兴产业蓬勃兴起、快速发展。

以习近平同志为主要代表的中国共产党人在关乎我国国家利益的"四个核心"中，将"坚持以经济建设为中心，不断提高综合国力"作为"核心之一"。在关乎我国国家利益的"十三个方面"中，第二个方面即为"确保中国的经济发展进程不被外部因素所打断，使中国经济以较快速度持续发展"；第五个方面即为"积极参与国际分工。在中国继续对外开放的同时，使世界市场、世界金融体系、世界科技体系等持续稳定地、公平地对中国开放"；第六个方面为"确保中国经济发展所必需的能源、资源稳定并可靠地供应"。

第四，始终强调与国际环境的协调，把"协调"作为国家利益的重要内容和保障。国际环境既是国家利益的影响因素，又是维护国家利益可以借力的重要杠杆，甚至对特定国家而言，"友好的国际环境"本身就是国家利益。党和政府都十分重视维护国家利益的相关思路及措施与国际环境的协调，把"协调"作为国家利益的重要内容和保障。

新中国成立初期，我国作为社会主义国家并没有得到国际社会普遍认同，且受到西方资本主义国家的敌视和排斥。故为捍卫国家主权和安全，加快国民经济体系建设，我国理性地与以苏联为首的社会主义阵营发展政治、经济、军事等领域的友好关系及合作。相应地，在当时特定的国际形势下，为我国争取到了较为友好、稳定的外部环境，拓展了生存空间，获得了必要的理解、支持和外援，迅速初步建立了我们的国防体系和经济体系。到了20世纪70年代初期，伴随着美国寻求新的国际平衡，我国适时打开中美关系之门，推动我国加入联合国并获得成功，更大范围地拓展了我国的国际生存与发展空间。

面对当时国际局势新的变化，美苏冷战对峙趋于缓和，中苏关系有所改善，邓小平审时度势，及时作出了"较长时间内和平与发展为世界主题"的判断，及时推动了经济上的对外开放以及参与国际维和行动等，开启了我国融入全球经济体系的新进程，开创了我国融入全球政治体系的新篇章，从根本上为我国塑造了新的国际环境。

随着经济全球化的趋势日益明显、步伐日益加快，以江泽民同志为主要代表的中国共产党人适时启动了我国加入WTO的进程。通过艰难的努力，我国终于成为WTO的成员国，在国际经济事务中发挥越来越大的作用。与此同时，面对政治上全球的多极化趋势明显，同时美国仍然"一极独大"的基本态势，特别是美国悍然轰炸我驻南联盟使馆的重大国际事件，及时调整了军备策略，加强国防科研和军队建设。通过"经济发展、军力提升"两手都要硬的努力，为我国创造更为协调、安全的国际环境。

鉴于美国"9·11"后更加复杂的国际环境，特别是美国启动了全球反恐，以及中东剧变、国外恐怖力量泛起、国内一小撮恐怖力量活跃的新情况下，在积极参与国际社会反恐的同时，以胡锦涛同志为主要代表的中国共产党人明确向国际社会倡导"共同构建和谐世界"的新理念，以期抵消别国对中国迅速崛起的忧虑。告诫国际社会，中国强调和平崛起，未来强大绝不会去伤害别国，绝不会把痛苦强加给别的国家；中国会以维护人类和平与发展为己任，力求实现全世界爱好和平的国家的共同利益。《2002年中国的国防》白皮书提出，要为中国"争取一个长期和平的国际环境和良好的周边环境"。在2011年《中国的和平发展》白皮书中进一步提出，中国"既通过维护世界和平发展自己，又通过自身发展维护世界和平"；"在强调依靠自身力量和改革创新实现发展的同时，坚持对外开放，学习借鉴别国长处；顺应经济全球化发展潮流，寻求与各国互利共赢和共同发展；同国际社会一道努力，推动建设持久和平、共同繁荣的和谐世界"。

习近平总书记多次强调，要争取世界各国对中国梦的理解和支持，我们追求的也是各国人民共同的福祉。要摒弃一切形式的冷战思维，树立共同、综合、合作、可持续安全的新观念，努力走出一条各国共建、共享、共赢的安全发展之路，努力形成各国间深度交融的互利合作网络。这为我们描绘了中国谋求更为友好的国际环境的新蓝图。

第 2 章

国内外关于国家经济利益的认识

2.1 国外学界关于国家经济利益的认识

国家经济利益是国家利益的重要组成部分。国外学界关于国家经济利益的研究,多数是从政治学角度,将其融入"国际关系治理"之中。诸如讨论什么样的国际政治体系能够稳定国际关系,从而稳定国际经济的运行与发展。相应地,就货币体系、贸易及投资体系、能源体系、环境体系等与国家经济利益的关系讨论居多。但也有一些学者在"国家利益"的研究中,"寄生"地研究了"国家经济利益"问题。

2.1.1 美国学界

美国学界将"防止贸易、金融、能源和环境等全球体系出现灾难性的解体",视为美国最为根本的经济利益。

1992年哈佛大学肯尼迪政治学院、尼克松和平与自由研究中心及兰德公司发起并成立了"美国国家利益委员会"(民间智库)。在对冷战结束后美国国家利益的研究中,即提出了美国的"国家经济利益"问题。1996年,该委员会发布了《美国国家利益报告》。该报告指出,防止贸易、金融、能源和环境等全球体系出现灾难性的解体,是美国最为根本的经济利益;鼓励有关国家接受国际法制和机制,推动各种争端(包括经济争端)的和平解决,是美国极端重要的经济利益;以较低代价防止和结束在具有战略意义的地缘地区发生的各类(包括经济)冲突,是美国重要的经济利益；平衡双边贸易赤字，是美国较为次要的经济利益。

1999年，美国哈佛大学著名教授约瑟夫·奈出版了《新的国家利益观》一书。他在该书中指出：冷战结束后，国家的战略利益、地缘政治利益、经济利益、人道主义利益、民主利益等，都应是美国讨论对外政策的"根本内容和依据"。进而他认为，应从保持美国的世界领导地位、维护美国的国家根本利益，特别是经济利益出发，进行国家利益问题的界定和探讨，并认为，"世界问题美国化（主要审视对美国的利弊得失）、美国利益全球化"，对美国才是有利的。

与《美国国家利益报告》在思路上衔接得"很好的"，先是奥巴马在任时发起的 TPP（跨太平洋伙伴关系协定，Trans-Pacific Partnership Agreement）①，其后是继任者特朗普发起的对华贸易挑衅。他们自以为既有的 WTO（世界贸易组织，World Trade Organization）所代表的全球贸易体系，日渐不利于维护美国的全球投资与贸易利益，而所谓"防止贸易、金融、能源和环境等全球体系出现灾难性的解体"，恰恰是他们认为的"美国最为根本的经济利益"。于是发起这一挑衅，一是想从中国身上谋取额外的利益，同时遏制中国的发展；二是欲重构全球投资与贸易规则。

由前述不难看到，美国学者对美国的国家经济利益是十分关注的，既对美国国家经济利益有着明确的界定，又对维护美国国家经济利益的战略途径有着清晰的思考。而其核心，是要维护美国在全球经济体系中的"领导地位"。故对中国在世界经济体系中力量及地位的上升，美国学界和政府几乎是"同样的不爽"。

---

① TPP 也称"经济北约"，是目前重要的多边经济谈判组织，前身是跨太平洋战略经济伙伴关系协定（Trans-Pacific Strategic Economic Partnership Agreement，P4）。是由亚太经济合作会议成员国中的新西兰、新加坡、智利和文莱四国发起，从 2002 年开始酝酿的一组多边关系的自由贸易协定，原名亚太自由贸易区，旨在促进亚太地区的贸易自由化。2015 年 10 月 5 日，泛太平洋战略经济伙伴关系协定（TPP）终于取得实质性突破，美国、日本和其他 10 个泛太平洋国家就 TPP 达成一致。12 个参与国加总占全球经济比重达 40%。

2.1.2 俄罗斯学界

俄罗斯学界认为俄国家经济利益是指保持国家经济发展的独立性，经济稳定运行，公民生活体面，各民族文化具有自己的独特性。

维·康·辛恰戈夫是俄罗斯自然科学院院士，也是俄罗斯研究国家经济利益问题最为权威的学者。苏联解体前，他是戈尔巴乔夫时期的国家财政部副部长。苏联解体后，他是叶利钦时期的国家经济安全顾问。在《俄罗斯经济现状、威胁与挑战》一文中，他对俄罗斯的"国家经济利益"作出了全面界定。

他认为，俄罗斯的经济利益，是指在世界经济一体化条件下，保持国家经济发展的独立性，所有经济部门稳定运行，公民具有体面的生活水平，社会经济稳定，国家完整，俄罗斯联邦境内各民族文化具有自己的独特性。并认为，这些经济利益分布在生产、投资与科研、对外经济活动、金融与货币流通等经济领域。

梅德韦杰夫先后任俄罗斯总理及总统，现任俄罗斯国家安全委员会副主席，此前也是俄罗斯研究国家经济利益的学者之一，是俄罗斯科学院通讯院士。他在《俄罗斯经济安全问题》一文中认为，俄罗斯的国家经济利益主要体现为：确保经济结构协调；确保俄罗斯相对于发达国家经济的独立地位；最大限度地提升俄罗斯的科技实力；确保国家的粮食自给能力；确保政府对于经济运行与发展的必要调控；最大限度地抑制经济犯罪、地下经济、黑手党与腐败的国家机关的勾结；特别是，抑制人口负增长、居民社会分化的加重，以及贫困和赤贫人口的增加。

2.1.3 日本学界

日本学界将"遏制或排除外部经济或非经济威胁对日本利益的危害"作为维护国家经济利益的原则。

日本学者船桥洋一从权力（power）的角度解释了国家应该"保护

什么"的问题。他认为，国家利益是国家能够和愿意拥有的价值，集中表现为经济权力和财富。其中，财富是由国家的物质财产的总量来测度的，而权力是由对他国的行动控制能力来测定的。相应地，他认为，维护国家经济利益，通常表现为"客观上不存在对国家正在保护的价值的威胁"。

在船桥洋一等看来，在经济领域"要保护的价值"，即国家经济利益，不单指国家的生存力量。鉴于各国间相互依存，多数国家的经济很容易受到跨国公司的影响。相应地，为维护日本的国家经济利益，在与其他国家进行经济事务交涉时，要把可能增加的威胁抑制到最小限度内。

基于以上，考虑到日本作为"经济大国"，存在"经济大国"与"资源小国""政治小国""军事弱国"的尖锐矛盾，日本学界不少人将"遏制或排除外部经济或非经济威胁对日本利益的危害"作为维护国家经济利益的原则。相应地，日本学界也将"扩展生存空间，稳定与扩大海外市场，保障海外能源、资源的稳定供应"，作出符合"经济大国"地位的"国际贡献"等，作为日本国家经济利益的基本内容。

怎样具体维护国家经济利益？日本学界提出：要发展与世界各国的依存关系，维护自由贸易体制，促进解决南北问题；要与经济关系密切的国家建立友好关系；国内挖潜，加强资源储备，提高自给能力，加强经济实力，保持生产率的持续提高和出口竞争力；以较低的安全代价，获取经济的最大限度增长。同时，最大限度地利用日本的经济力量，对"世界和平、经济的稳定和发展作出贡献"。

值得关注的是，继船桥洋一之后，村山裕三提出了基于"二重领域论"的国家经济利益观。村山裕三从国际政治经济学和国防经济学入手，认为"经济"和"安全保障"存在相互交叉的领域，有必要"将二者统一起来认识国家经济利益"问题。

村山裕三发现，典型的是，半导体在家电和通信机器、计算机等民用领域被普遍使用，在军事武器中作为核心部件也是不可缺少的。以此类推，随着信息技术的持续发展，民用技术能够更快速地转化为军用技术。由此，经济和军事相互重合的领域将不断扩大。相应地，日本应该改变那种"认为维护国家经济利益的主体是国家，而经济领域的主体是实业界"的认识。在"二重领域"中，维护国家经济利益的基础是实业界，政府制定的政策也应将实业界置于核心位置。

对应"二重领域"，村山裕三认为，为维护国家经济利益，除军事外，谍报、情报收集、外交手段、金融、经济方面的对策、入境管理政策等手段都是必要的。同时，针对恐怖主义的国家间合作，不能仅仅围绕军事合作，而是应在更多领域合作，即应建立多领域合作体制。

2.1.4 印度学界

印度学界将"最大限度地发展生产、实现产业替代与充分就业、实现经济平等和社会公平"作为维护国家经济利益的原则。

印度学者纳拉亚南、萨博拉曼尼亚等认为，印度独立初期，经济具有显著的殖民地经济性质，经济基础十分薄弱，基本上是个农业国，主要经济命脉如铁路、银行、邮电、对外贸易等部门都掌握在他国资本手中。当时的 GDP 中，农业占 55.8%、工业占 15.2%、服务业占 29%，粮食生产仅有 5080 万吨。再加上 1947 年的"印巴分治"导致了印伊教派大冲突，严重扰乱了社会及经济的正常运行，农业凋零、工业停滞、失业率激增、物价不断上涨、饥荒频仍、危机严重。

印度"政治独立"后，国大党政府不得不竭力追求国家的"经济独立"，特别是基于 1951—1956 年印度独立后首个五年计划的实践。相应地，印度学界认为印度最为重要的国家经济利益就是"最大限度地发展生产、实现产业替代及充分就业，实现经济平等和社会公平"，并且强调，所有这些方面必须全面、协调，不可偏废。进而，印度有学者认为，应把粮食、能源、金融、外资等相关事务作为维护国家经济利益的重点领域。

特别是，印度"政治独立"后经历了从"经济独立"到"经济发展"的转变过程。故印度有学者认为，1947年政治独立到20世纪80年代，印度对国家经济利益的考虑主要是以"争取自身经济独立，摆脱他国控制为重点"。但进入20世纪80年代后，尤其是1991年经济危机发生时，印度沦为一个低经济增长率、封闭的贸易和处处实行许可证限制的国家，这就使得印度必须转变，"把经济发展视为最为重要的国家经济利益"。

2.2　国外政界关于国家经济利益的认识

国外政府对国家经济利益的认识，基本是将宏观经济四大目标与国家战略结合起来去思考。

2.2.1　美国政界

美国政界坚持"我要领导全球，做世界第一"的思维。

美国政界关于国家经济利益的认识，基本反映在他们历年发布的《国家安全战略报告》之中。美国因其在经济、科技、军事等领域对诸多国家的"压倒性优势"，反倒对国家经济利益有更多更高的诉求。诸如，"促进全球以市场为基础的开放和不断扩大的国际经济体系、制定并执行普遍得到遵守的国际投资与贸易规则、保证美国能够安全地获得外国的能源和矿物资源、保证美国能够公平地进入世界市场并使用海洋与太空"，等等。基于以上认识，美国基本掌控了当今全球所有经济体系运行规则（诸如 WTO、IMF、IBRD）的制定与修订权。

典型的是，奥巴马政府发布的首份《国家安全战略报告》[1]明确指

---

[1] 时任美国总统奥巴马2014年5月27日向国会递交了其上任后的首份《国家安全战略报告》，见白宫网站。

出①，我们必须实行"重振美国和领导世界"的战略；必须将"美国创新"视为国家实力的基础；必须建设和整合能够促进美国自身利益以及与其他国家共享利益的能力；将与全球各地区建立新的更密切的伙伴关系，并加强国际规则与机制；美国将坚定不移地继续承担全球安全责任，着眼于重振美国的领导地位，在美国领导下，在 21 世纪更有效地推进美国利益。

该报告还提出，重振美国的领导地位，要立足于美国国内建设、国外塑造，中心工作是让经济保持活力，这是美国力量的源泉。要从"大萧条"以来最严重的衰退中恢复活力，还要为经济长期增长和保持美国的竞争力奠定基础，包括实施能源经济转型以创造新的就业机会和发展新产业，包括重建基础设施，以更安全、更可靠地抗击恐怖袭击和自然灾害；要积极推进国际组织改革，美国可在其中担当领导责任，提高处理涉及全球利益事务的效率，违反规则的国家必须承担后果，不管它们违反的是不扩散义务、贸易协定还是人权规范；在重建美国的领导力所依赖的经济力量的同时，要努力促进经济的均衡持续增长；要推动 20 国集团致力于重新平衡国际需求，从而使美国能够增加储蓄，扩大出口。

在该报告中，仅就经济利益而言，奥巴马政府强调，美国的持久利益是在一个开放和促进就业与繁荣的国际经济体系中，保持美国经济的强大、创新和增长。美国正在重建经济，使之成为美国的机遇引擎和美国对外影响力的源泉。经济重建包括在财政上走可持续发展的道路。维护国家利益必须严格确定重点并在相互竞争的项目和活动之间进行权衡。

奥巴马政府注意到，国内和国际经济领域的均衡可持续增长，推动了美国经济的发展，支撑了美国的繁荣，全球经济的稳步增长意味着美国的商品和服务出口不断扩大。但同时，美国在经济上的领导地位不得

---

① 美国总统奥巴马 2010 年 5 月 27 日向国会递交了其上任后首份《国家安全战略报告》，见白宫网站。

不去适应新兴经济体的崛起，不得不去适应金融市场不断膨胀的规模、增长速度和复杂性，不得不去适应多方参与的国际市场。奥巴马强调，为促进给全体美国人造福的经济繁荣，美国要领导国际社会扩大世界经济的全面增长，"作为美国总统，我将为保护美国的安全和维护美国的利益而不懈地努力"。

在特朗普时期发布的 2018 年版《国防战略报告》中，更是突出渲染中国、俄罗斯等大国竞争的挑战，并将这种挑战置于恐怖主义之前。认为"国家间的长期战略竞争"已成为美国国家安全利益的首要问题，而非恐怖主义。中国和俄罗斯是美国的长期战略竞争对手。强调"二战"后几十年里美国及其盟国与伙伴国建立了自由开放的国际秩序，但中国和俄罗斯正在从中受益的同时破坏其原则和规则。认为美国正处于一个日益复杂的国际安全环境之中，自由开放的国际秩序受到挑战，长期的基于规则的国际秩序正日益衰落，美国必须作出选择。由此可见，美国政界已陷入对国家利益特别是经济利益的"修昔底德焦虑"之中。

2.2.2 俄罗斯政界

俄罗斯政界力图恢复苏联的国际地位，将较多事务纳入国家经济利益。

2009 年 5 月 13 日，俄罗斯联邦安全会议网站公布了时任总统梅德韦杰夫 5 月 12 日批准的《俄罗斯联邦 2020 年前国家安全战略》，该报告在关于国家经济利益的诉求的表述中，将不少原本不应纳入国家经济利益范畴的内容也纳入其中。

该报告"总则"部分明确强调，"俄联邦国家利益"是国家对保障个人、社会和国家安全及可持续发展的内外部需求的总和。俄罗斯总体上已经具备成为世界大国的前提条件：可靠防止对国家安全的内外威胁、大力发展并把俄联邦变成技术进步水平、人民生活质量及对世界进程的影响力都居于领先地位的国家。

就国家经济利益而言，该报告的"俄联邦国家利益和国家战略重点"涉及经济部分，强调俄联邦未来长期的国家利益是提高国民经济的竞争力；同时维护多极世界条件下的战略稳定和互利伙伴关系；通过发展国家创新体系和人力资本投资，实现经济增长；通过加强国家作用及完善国家与私人的伙伴关系，发展科学、技术、教育、卫生和文化；通过平衡消费、发展先进技术及国家自然资源潜力的合理再生产，维护生态体系及自然资源的合理利用。在"保障国家安全"部分强调，保护国家和社会层面服务于俄联邦国家利益的资源；使军工综合体的恢复、优化和发展，与全面而及时地使武装力量、军事组织和机构得到各种现代化武器和专用技术设备的任务相匹配。在"提高俄罗斯公民生活质量"部分强调，降低公民的社会不平等和财产不平等程度；未来要稳定国家人口数量，改善人口状况。

该报告在"经济增长"部分强调，要使俄罗斯跻身国内生产总值五大强国之列（实际情况是，俄罗斯的 GDP 现状与这一目标差距甚远），并使经济和技术达到国家安全的必要水平；通过发展国家创新体系，提高劳动生产率，开发新的资源，改造国家重点经济部门，完善银行系统、金融服务部门和银行间关系，靠经济增长确保国家安全。为依靠经济增长来保障国家安全，要集中力量发展科技和教育，完善投资和金融制度，使军事、国防工业和国际领域的安全达到必要水平。稳定保障能源供给，有效利用能源；防止燃料动力资源可能出现的短缺；建立燃料、备用能力和成套设备的战略储备，确保能源-热力供应系统稳定运转。创造条件发展本国的竞争型制药工业；发展信息技术工业和远距离通信技术工业，发展计算机、无线电电子、远距离通信设备和程序保障手段；通过制定区域和地区规划的构想性和纲领性文件，建立一整套风险监控体系，以完善国家对经济增长的调控；实行积极的反通胀政策、外汇政策、汇率政策、货币信贷政策和税收预算政策，以进口替代支持实体经济；刺激和支持科学密集型产品市场和高附加值产品市场，发展前瞻性多用、两用和专用技术；发展国立科技组织，协调科研项目、发展创新体系，保障国家经济具有竞争优势。

就维护国家经济利益的国际战略而言，该报告的"战略稳定和平等战略伙伴关系"部分，强调积极的对外政策有助于实现俄稳定发展的各项优先目标，对外政策要以双边和多边互利伙伴关系为基础，寻求和谐及与别国利益的吻合。

2.2.3 日本政界

日本政界强调全面利益观、全球利益观和全民利益观，以动态的产业和国家发展战略以及确保海外物资超稳定供应的国际战略，来维护国家经济利益。

日本 20 世纪 80 年代初即出台了国家经济安全战略，关于维护国家经济利益的战略和政策贯穿日本整个发展过程之中。1982 年 4 月，日本通产省"经济安全保障特别小组"发表的《日本国家经济安全战略》指出，维护国家经济利益，要遏制和排除外部经济的或非经济的威胁，要以经济手段为中心来维护日本的国家经济利益。

该报告认为，维护国家经济利益问题，必须有全面观、全球观和全民观。即维护国家经济利益，不能仅从经济方面考虑，还必须从政治、外交、文化等方面综合考虑；必须在世界政治及经济框架内考虑；必须动员政府、地方、企业和全体国民共同参与维护国家经济利益的行动，要建立有效的危机应对体制和机制。

相应地，日本政府一是实施了"动态的产业发展战略"，政府与产业协同努力。在 20 世纪五六十年代，日本政府有效利用美国的经济援助和扶持、国际市场相对充足而廉价的资源能源供应、国内高储蓄率和高凝聚力等有利条件，选择"非军事的以经济为中心"的发展道路，同时确立了以重化工业为主导产业的产业政策。到了 20 世纪七八十年代，鉴于 20 世纪 70 年代的石油危机重挫了日本经济，以至于日本出现了战后首次经济负增长。政府当局决心"将外部压力化为内部动力",积极推进产业高级化,将产业结构从重化工业型转向技术密集型,将产品结构由"重厚长大"转向"轻薄短小"。

到了20世纪90年代,基于经济发展特别是提升产业竞争力国际地位的需要,日本提出要"走向国际事务前台",成为"普通国家"或"国际国家",进而谋求"政治大国"。相应地,在产业政策方面,日本提出建立面向21世纪的国际协调型产业结构,即由"外需主导型"转为"内需主导型",将以汽车、电子产业为主轴的"一极集中型"转变为新兴产业和有希望增长的产业共同发展的"多极型"产业结构,重点发展信息、通信、住宅、医疗、福利、环境等相关产业。

日本政府二是实施了"动态的国家发展战略"。先是20世纪50年代实施"贸易立国战略"。针对"国土狭小、资源匮乏、市场有限"的基本国情,为扩大生存空间,日本政府于20世纪50年代提出了"贸易立国战略"。日本政界和业界清楚,作为"资源小国"和市场在外的岛国,日本要追赶欧美,首先要解决资源、能源和市场问题。日本战前和战争中依靠对外侵略掠夺资源。战争失败使日本官产两界皆意识到只有利用日本的"人力和智力资源换取海外的自然资源和市场",即走"贸易立国"之路,日本才能在经济上自立自强、追赶欧美。基于此,日本政府明确提出出口贸易是日本对外政策的"基轴",贸易立国是全体国民的共同目标,生产的最终目的是出口贸易和参与国际分工,参与资源的跨国配置是日本经济稳定发展的必要保障。

到了20世纪80年代,日本提出了"科技立国战略"。为实现由"经济大国"走向"政治大国",日本政府将"科技立国"看作是"保障日本中长期国家经济利益及走向21世纪的基础"。科技立国是贸易立国的延伸,是日本阶段性实现经济上赶超欧美目标后,向科技上赶超欧美这个更高目标迈进的"战略切换"。为实现科技立国,日本政府开始注重基础研究和独创性研究,将新能源及新材料开发,通信技术、生命科学技术和电子技术的研发确定为主要领域，重点发展新型原材料、微电子、生物工程等高科技产业，重视国内需求对经济的带动作用；特别是，注重与发达国家的科技合作。特别值得关注的是，到了20世纪90年代，日本又提出了"科学立国战略"，2000年后又提出了"知识产权立国战略"，将贸易、科学、技术、知识产权的发展全面纳入国家经济利益的范畴之中。

日本政府三是将"确保海外物资的超稳定供应"，作为重要的"国际战略"。日本国内资源匮乏，经济发展高度依赖海外资源[①]。确保海外战略物资的"超稳定供应"，被认为是日本"生死攸关"的国家利益。基于此，日本制定了综合能源政策，建立了确保资源能源"超稳定供应"的危机管理体制。日本政界、业界乃至普通国民对日本经济严重依赖海外资源能源皆有危机感。20世纪70年代石油危机爆发，进一步促使日本当局把保障海外战略物资的超稳定供应置于维护国家经济利益的核心位置，并采取一系列措施来缓解和消除由此产生的对日本经济的冲击。

日本政府四是"以日美联盟为依托，着重实施经济外交"。同时谋求与各国建立紧密的相互依存关系，营造对日本有利的国际环境。目标是确保稳定的战略物资供应和海外市场，扩大势力范围和国际影响力，最终实现"政治大国"的夙愿。相应地，积极参与国际社会活动，但避免直接卷入国际冲突；增加"对国际做贡献"的力度，力求建立与国际社会利益共享、风险共担的依存关系；通过文化、人员、信息等交流，扩大与国际社会的沟通，增进相互间的理解与谅解，重塑日本的国际形象。

日本政府五是重视经济利益与军事利益的互动，这主要表现在日本产业的军民两用、寓军于民上。"二战"后日本宣布"执行和平宪法"，但十分重视产业"寓军于民"。相应地，日本的高科技产业日益显示出

[①] 日本对海外战略物资的依赖程度极高，早在1970年，日本的煤炭、天然气、饲料谷物进口分别达到82%、91%和98%，原油、铁矿石及稀有金属几乎全部依靠进口。

经济功能与军事功能"并重并存并用"的特点。在技术水平上"军民接近";在技术发展上"军民趋同",即电子化、信息化、轻薄短小化;在技术扩散上"由军及民"和"由民及军"互动。日本的常规武器早已实现高科技化、高精度化,高科技产业已完全具备制造世界一流尖端武器的能力,正在成为一个"没有核弹头的核国家"。

2.2.4 印度政界

印度政界对国家经济利益的关注是遇事而思、与时俱进,力求逐步提升国内经济稳定发展、对外应对冲击并抵御风险的综合能力。

作为与中国相邻的发展中大国,印度政界对国家经济利益的思考,有着复杂的时代背景。1947 年政治上独立后,印度政府认为,当时最为重要的国家经济利益,就是尽快实现"经济独立"。基于此,印度实施了积极的"进口替代工业化政策",限制外国资本和贸易。特别是,当时的印度政府认为,发奋学习苏联,尽可能建立完善的工业体系,较快地实现工业品的进口替代。

到了 20 世纪 60 年代,印度发生了大旱,作为人口大国,"谋求充足的粮食供给"成为印度最为头疼的事情。进而,确保粮食充足可靠供给,成为印度政府认为最为紧迫的国家经济利益问题,甚至是国家经济利益的重心。相应地,印度政府将对农业种植问题的关注提到了前所未有的高度。

20 世纪 70 年代,旁观日本工业品横扫欧美市场,再审视巴西等国的工业化进程,印度明确"加强经济的工业化进程,应是亟待提升的经济利益"。基于此,印度在更多工业领域加快实施"进口替代战略",甚至在 1970 年 2 月颁布了"关于工业许可证制度"的法令。

紧接着,1979 年和 1990 年两次国际石油危机使印度的工业化进程受到了一定影响。印度发现,确保能源的可靠供给,也是印度值得关注的国家经济利益领域,且必须全方位关注这一经济利益领域。

冷战结束前后，1990—1991年，随着国际贸易与投资的活跃，印度遇到了"国际收支危机"。对印度这样当时与国际经济联系还非十分紧密的国家，国际收支危机如同当头一棒。由此印度政府认识到"确保国际收支平衡"也是国家重要的经济利益。于是，1991年印度开始了经济自由化改革，同时采取措施，减少对外债的依赖，通过对外贸易和吸引投资增加外汇资源，从内外两方面提升对于国家涉外经济利益的保障程度。

进入21世纪前后，随着信息时代的到来，特别是留学欧美的印度留学生在美国软件业发展中的地位有所提升，印度政府看到了发展电子信息产业对于提升产业国际竞争力的非凡价值。随之，印度政府将"重点加快发展电子信息特别是软件产业"作为国家经济利益的重要领域，相应实施了一系列扶持政策。

从总体上看，印度政府对于国家经济利益的考虑具有以下两个特点：一是遇事而思，与时俱进。从20世纪50年代初谋求"经济独立"起步，先是追求"实现工业品的进口替代"。20世纪60年代大旱，开始追求"确保粮食充足、可靠供给"。20世纪70年代看到日本、巴西的工业化，即明确追求"加强经济的工业化进程，在更多工业领域实施进口替代"。经历两次国际石油危机，即开始将"确保能源的可靠供给"作为"最值得关注的国家经济利益领域"。1990—1991年遇到了"国际收支危机"，即将"确保国际收支平衡"置于国家经济利益的重要范畴。进入21世纪前后看到发展电子信息产业对于提升印度产业国际竞争力的价值，将"重点加快发展电子信息特别是软件产业"作为国家经济利益的重要领域。二是在这些利益追求中，蕴含着对于"国内人均收入可持续增长、企业国际竞争力提升、居民不平等程度减少、维持国际收支平衡、合理的外汇储备和可控的外债水平"的综合考虑，力求提升国内经济稳定发展、对外应对冲击并抵御风险的能力。

2.3 国外相关观点评述

2.3.1 基于国情来界定国家经济利益

较为系统梳理即不难发现,前述各国学界、政界对于国家经济利益的认识,无一不是基于本国的具体国情,且学界、政界对于本国经济利益的认识相对一致(见表 2-1)。典型的是,美国在经济、军事、科技等领域具有全球性优势,掌控着全球经济体系运行规则(如 WTO、IMF、IBRD)。"防止贸易、金融、能源和环境等全球体系出现灾难性的解体",制定并执行普遍得到遵守的国际投资与贸易规则,保证美国能够安全地获得外国的能源和矿物资源,永远做第一、居于全球领导地位,是美国学界、政界共识的国家经济利益。

表 2-1 国外学界与政界认识的国家经济利益

国家	学界基本认识	政界基本认识	基本国情
美国	认为应从保持美国的世界领导地位、维护美国的国家根本利益特别是经济利益出发,进行国家利益问题探讨。将"防止贸易、金融、能源和环境等全球体系出现灾难性的解体",视为美国最为根本的经济利益	认为美国应领导全球、永做世界第一。将国家经济利益定位于促进全球以市场为基础的开放和不断扩大的国际经济体系,制定并执行普遍得到遵守的国际投资与贸易规则,保证美国能够安全地获得外国的能源和矿物资源,保证美国能够公平地进入世界市场并使用海洋与太空,等等	在经济、军事、科技等领域有全球性优势。掌控全球经济体系运行规则(如 WTO、IMF、IBRD)
俄罗斯	认为俄罗斯的国家经济利益主要是保持国家经济发展的独立性,经济稳定运行,公民生活体面,各民族文化具有自己的独特性,同时有所期待的国际竞争地位	提高经济竞争力,把俄罗斯变成技术进步水平、人民生活质量及对世界进程的影响力都居于领先的国家,努力跻身GDP五大强国之列;保护服务于俄联邦的资源;在经济和技术领域达到国家安全的必要水平,稳定保障能源供给;发展国立科技组织,协调科研项目,发展创新体系,保障经济具有竞争优势;维护多极世界下战略稳定和互利伙伴关系,以双边多边互利伙伴关系为基础,寻求与别国利益和谐	苏联解体后俄罗斯成为独立主权国家,经济体制改革快速,但经济竞争力和国际地位皆下降

续表

国家	学界基本认识	政界基本认识	基本国情
日本	认为国家"应保护的经济价值"即国家经济利益。将扩展生存空间，稳定与扩大海外市场，保障海外能源、资源的稳定供应，作为日本国家经济利益的基本内容	强调实施动态的产业发展战略，重视产业的军民两用性；以阶段性迭代的国家发展战略（贸易立国、科技立国、科学立国、知识产权立国），将贸易、科技、知识产权发展全面纳入国家经济利益范畴；以日美联盟为依托，着重实施经济外交，遏制和排除外部经济或非经济威胁，确保海外物资超稳定供应；动员政府、地方、企业和全体国民参与维护国家经济利益的努力，建立危机应对体制和机制	国土狭小、资源匮乏、市场有限；资源小国、经济大国，谋求走向政治大国
印度	将最大限度地发展生产、实现产业替代、充分就业、实现经济平等和社会公平，作为维护国家经济利益的原则	强调经济独立，追求实现工业品进口替代；确保粮食充足、可靠供给；加强经济工业化进程，在更多工业领域实施进口替代；确保能源可靠供应；重点加快发展电子信息特别是软件产业。努力实现国内人均收入可持续增长、企业国际竞争力提升、居民不平等程度减少；维持国际收支平衡、合理的外汇储备和可管理的外债水平；提升国内经济稳定发展、对外应对冲击并抵御风险的综合能力	1947年政治独立，20世纪50年代谋求经济独立，此后逐步谋求经济发展和某些领域的国际竞争力

俄罗斯在苏联解体后成为独立主权国家，经济体制改革进程较快，与世界的联系也在增多，但经济竞争力和国际地位皆下降，同时又渴望得到苏联那样的国际地位。相应地，他们追求的国家经济利益包括：保持经济发展的独立性，保持经济的稳定运行，公民生活体面，各民族文化具有自己的独特性；以双边和多边互利伙伴关系为基础，致力于寻求和谐，努力跻身GDP五大强国之列。

日本国土狭小、资源匮乏、市场有限，是资源小国、经济大国，20世纪90年代起谋求成为政治大国。相应地，日本学界和政界都把扩展生存空间，稳定与扩大海外市场，保障海外能源资源的超稳定供应等，作为日本国家经济利益的基本内容。相应地，学界和政界对于"实施动态的产业发展战略、阶段性迭代国家发展战略，将贸易、科技、科学、知识产权发展全面纳入国家经济利益范畴；以日美联盟为依托，着重实施经济外交；动员政府、地方、企业和全体国民参与维护国家经济利益的努力，建立危机应对体制和机制"等，也是有共识的。

印度1947年政治独立，20世纪50年代谋求经济独立，此后逐步谋求经济发展和某些领域的国际竞争力。相应地，学界和政界皆将最大限度地发展生产、实现进口替代、充分就业、实现经济平等和社会公平，作为维护国家经济利益的原则。同时，学界对政界"追求实现工业品的进口替代；确保粮食充足、可靠的供给；加强经济的工业化进程，在更多工业领域实施进口替代；确保能源的可靠供给；确保国际收支平衡；重点加快发展电子信息特别是软件产业作为国家经济利益的重要领域"的认识，也是高度认同的。

2.3.2　对国家经济利益的认识是与时俱进的

前述各国的共同国情，是各国都在追求持续发展。不管是发达的美国，还是落后的印度，都是这样。既然国家在发展，随着自身综合实力的变化，以及所置身的国内外环境的变化，各国所认为的"需要保护的经济价值"也会生变，即国家所追求的经济利益会与时俱进地发生变化。

典型的是，美国尽管掌控了当今全球经济体系的运行规则（如WTO、IMF、IBRD）的制定与修订权力，但认为中国等新兴国家融入全球经济后，特别是中国的崛起"正在或将伤害美国的利益"。于是，奥巴马政府即推动了TPP体系，以期使TPP成为美国影响以致控制的区域经济秩序、维护美国利益的工具。原本美国已坐在世界军事、科技、经济第一宝座,但随着中国等金砖国家崛起,奥巴马政府发布的首份《国家安全战略报告》又提出必须实行"重振美国和领导世界",强调美国将坚定不移地继续承担全球安全责任,着眼于重振美国的领导地位,使美国能够在21世纪更有效地推进美国利益。继而,特朗普更是以贸易挑衅折腾中国等国,本质上是谋求进一步重构全球贸易及投资规则。

在俄罗斯,叶利钦时期俄罗斯刚刚独立,当时重中之重的是维护国家的稳定,推动经济及政治体制改革,对国家经济利益的界定和追求简单明了,即确保国家经济独立并不受内部和外部威胁的影响,经济稳定运行,公民生活体面,避免给居民带来不可挽回的损失;各民族文化具有自己的独特性;防止秘密的经济情报从公司流失、商业秘密被泄露、经济遭到破坏;在国内和国际市场上确保俄罗斯国家利益免遭损害[①]。相应对各个经济领域的发展提出了一些"期望性指标",目的在于扭转GDP急剧下降、银行体系失衡、国家内债和外债增加、社会贫富分化扩大等问题。

而据叶利钦时期的国家经济安全顾问辛恰戈夫院士的文章[②],实际上后来俄罗斯在诸多领域并没有达到"期望性指标"的利益追求。到了普京时期[③],随着GDP增速下降、银行体系失衡等问题的缓解,俄罗斯将国家经济利益的诉求提到了更高的水平及更泛的领域。诸如,从国家利益"水平"上看,提出"把俄联邦变成技术进步水平、人民生活质量及对世界进程的影响力都居于领先地位的国家,努力跻身GDP五大强国之列;发展国立科技组织,有效协调科研项目、发展创新体系,保障国家经济具有竞争优势"。从国家利益"领域"看,将诸多属于"一般

---

① БорисовА.Б.Большойэкономическийсловарь.М.: Книжныймир, 1999.С.855–856。
② [俄]维·康·辛恰戈夫:《俄罗斯经济:现状、威胁与挑战》,《俄罗斯中亚东欧市场》2004年第1期。
③ 叶利钦之后,普京继任总统,梅德韦杰夫任总理,继而两人互换角色,但实际上还是普京把握大局,故可将叶利钦之后皆称为"普京时期"。

性经济问题"也纳入了需要维护的国家经济利益的范围。

日本对国家经济利益的认识，更是与时俱进的。"二战"后坚持以日美联盟为依托，着重实施经济外交，确保海外物资的超稳定供应；重视经济利益与军事利益的互动，产业的军民两用性。这些都是日本长期坚持的国家经济利益。但在产业发展和国家整体发展上，日本则是高度与时俱进的。一是实施"动态的产业发展战略"，协同政府和产业的努力。20世纪五六十年代确立了以重化工业为主导产业的产业政策，20世纪七八十年代适时将产业结构从重化工业型转向技术密集型，20世纪90年代提出建立面向21世纪的国际协调型产业结构。二是实施"动态的国家发展战略"。20世纪50年代实施了"贸易立国战略"，20世纪80年代提出"科技立国战略"，20世纪90年代提出"科学立国战略"，2000年后又提出"知识产权立国战略"，将贸易、科学、技术、知识产权的发展全面纳入国家经济利益的范畴之中。

印度对国家经济利益的认识，也具有与时俱进的特征。先是20世纪50年代追求"实现工业品的进口替代"。20世纪60年代大旱后开始追求"确保粮食充足、可靠的供给"。20世纪70年代明确提出"加强经济的工业化进程，在更多工业领域实施进口替代"。经历两次国际石油危机后即将"确保能源的可靠供给"作为"值得关注的国家经济利益领域"。20世纪90年代初经历"国际收支危机"，将"确保国际收支平衡"置于国家经济利益的重要范畴。进入21世纪，印度看到发展电子信息产业对于提升印度产业国际竞争力的价值，将"重点加快发展电子信息特别是软件产业"作为维护重要的国家经济利益的重要领域。

2.3.3 相对共识的国家经济利益范畴

在人类社会发展中，利益是永恒的主题，国家经济利益也是永恒的主题。尽管各国学界、政界对于本国国家经济利益具体内容的文字表述不尽相同，但仍可以看出其中较为共识的国家经济利益诉求。

一是强调坚定不移地追求经济主权独立。这在俄罗斯的表述中为"保持国家经济发展的独立性"，在日本的表述中为"动员政府、地方、企业和全体国民参与维护国家经济利益的努力"，在印度的表述中为"经济独立"。而美国不仅要经济主权独立，而且要"领导世界经济的规则制定与调整"。

二是强调发展本国经济特别是实体经济。例如，奥巴马政府强调，"美国的持久利益是……保持经济的强大、创新和增长，重建经济，使之成为美国人民的机遇引擎和美国对外影响力的源泉"。俄罗斯普京政府强调，"提高国民经济竞争力，努力跻身 GDP 五大强国之列"。日本政府长期强调实施"动态的产业发展战略"。印度政府强调加强经济的工业化进程，在更多工业领域实施进口替代。

三是强调创新与发展。例如，奥巴马政府在《国家安全战略报告》中强调，必须将"美国创新"视为国家实力的基础；美国的持久利益是在一个开放和促进机会与繁荣的国际经济体系中，保持美国经济的强大、创新和增长。普京政府在《俄罗斯联邦 2020 年前国家安全战略》中明确强调，通过发展国家创新体系和人力资本投资实现经济增长；通过加强国家作用及完善国家与私人的伙伴关系发展科学、技术、教育、卫生和文化；通过发展国家创新制度，提高劳动生产率，开发新的资源，改造国家重点经济部门；刺激和支持科学密集型产品市场和高附加值产品市场，发展前瞻性多用、两用和专用技术；发展国立科技组织，有效协调科研项目、发展创新体系，保障俄罗斯经济具有竞争优势。日本在实施"动态的国家发展战略"过程中，先后实施"贸易立国""科技立国""科学立国""知识产权立国"战略，重视与发达国家的科技合作，将科学、技术、知识产权发展全面纳入国家经济利益范畴，20 世纪 80 年代后特别重视基础研究和独创性研究。

四是强调提升人民生活水平。例如，奥巴马政府在《国家安全战略报告》中提出，为促进给全体美国人造福的经济繁荣，美国要领导国际社会扩大且已融为一体的世界经济的全面增长。普京政府在《俄罗斯联邦 2020 年前国家安全战略》中提出，大力发展并使俄联邦的技术进步水平、人民生活质量及对世界进程的影响力都居于领先地位；降低公民的社会不平等和财产不平等程度。日本在 20 世纪七八十年代提出，要"将外部压力转化为内部动力"，要以经济的快速发展造福于国民。到了 20 世纪 90 年代，日本又提出要建立面向 21 世纪的产业结构，由"外需主导型"转为"内需主导型"，为企业和国民创造机会。印度则提出，要努力使国内人均收入可持续增长，同时降低居民不平等程度。

五是强调构建利己的国际经济环境。美国在经济、军事、科技等领域对其他国家本有压倒性优势，但还长期强调要"领导世界"，强调要"保证美国能够公平地进入世界市场并使用海洋与太空"。奥巴马政府在《国家安全战略报告》中指出，美国必须"重振美国和领导世界"；要与全球各地区建立新的更密切的伙伴关系，在 21 世纪更有效地推进美国利益；积极推进国际组织改革，美国要在其中担当领导责任；推动二十国集团致力于重新平衡国际需求，从而使美国能够增加储蓄、扩大出口。强调美国的持久利益是在一个开放和促进机会与繁荣的国际经济体系中保持美国经济的强大、创新和增长。

作为"先强后衰再谋强"的俄罗斯，为了恢复并延续苏联时期的国际地位，强调要维护多极世界条件下的战略稳定和互利伙伴关系；认为强调积极的对外政策有助于实现俄稳定发展的各项优先目标，对外政策要以双边和多边互利伙伴关系为基础，致力于寻求和谐，寻求与别国利益的吻合。

日本强调必须在世界政治、经济框架内考虑自己的国家经济利益。20 世纪五六十年代，提出用日本的"人力和智力资源换取海外的自然资源和市场"，有效利用美国的经济援助和扶持、国际市场相对充足而廉价的资源能源供应等外部条件，加快发展日本相关产业。到了 20 世纪

90年代，日本又提出要"走向国际事务前台"，成为"普通国家"或"国际国家"，要建立面向21世纪的国际协调型产业结构。特别是，日本长期坚持"以日美联盟为依托，实施经济外交"；同时谋求与各国建立紧密的相互依存关系，营造对日本有利的国际环境，扩大势力范围和国际影响力，以求最终实现政治大国的夙愿。相应地，积极参与国际社会活动，但避免直接卷入国际冲突，力求建立起与国际社会利益共享、风险共担的依存关系；力求通过文化、人员、信息等交流，扩大与国际社会的沟通。

印度1947年从政治上独立后，积极追求尽快实现"经济独立"，实行了"进口替代工业化政策"，甚至限制外国资本和贸易。但后来积极寻求苏联的经济和技术辅助，寻求国际机构的扶持。到了20世纪90年代，印度开始经济自由化改革后，着力通过对外贸易和吸引投资增加外汇资源。即便在1990—1991年遇到"国际收支危机"的情境下，印度仍坚持与国际社会的广泛合作，以期优化印度经济社会发展的国际环境。

六是强调可靠的资源能源供给。资源能源是经济运行与发展的"粮食"，也是"战略要素"，故各国都将"可靠的资源能源供给"作为国家经济利益的重要内容。奥巴马政府发布的首份《国家安全战略报告》明确指出，必须借助全球的力量，确保美国的资源能源供给，同时促进美国的商品和服务出口市场不断扩大。

普京政府在《俄罗斯联邦2020年前国家安全战略》中强调，为确保依靠经济增长来保障国家安全，俄联邦必须保质保量地稳定保障能源需求；防止燃料动力资源可能出现的短缺；建立燃料、备用能力和成套设备的战略储备，确保能源—热力供应系统稳定运转。

日本更是实施了"确保海外物资'超稳定供应'的国际战略"，强调参与资源的跨国配置是日本经济稳定发展的必要保障，确保海外战略物资的"超稳定供应"是日本"生死攸关"的国家利益。基于此，强调利用日本的"人力和智力资源换取海外的自然资源和市场";并制定了综合能源政策,建立了确保资源能源"超稳定供应"的危机管理体制;甚至借助日美联盟确保稳定的战略物资供应。

印度经历两次国际石油危机后,将"确保能源的可靠供给"作为"值得关注的国家经济利益领域",力求提升国内经济稳定发展、对外应对冲击并抵御风险的综合能力。

2.3.4　对国家经济利益有不同的分级分层

各国对国家经济利益都是分级分层的。美国学界将国家经济利益分为四级,即将防止贸易、金融、能源和环境等全球体系出现灾难性的解体,作为美国最为根本的经济利益;将鼓励有关国家接受国际法制和机制,推动各种争端(包括经济争端)的和平解决,保证美国能够安全地获得外国的能源和矿物资源,保证美国能够公平地进入世界市场并使用海洋与太空等,视为美国极端重要的经济利益;将以较低代价防止和结束在具有战略意义的地缘地区发生的各类(包括经济)冲突,视为美国重要的经济利益;将平衡双边贸易赤字,作为美国较为次要的经济利益[1]。

奥巴马政府在首份《国家安全战略报告》中也将国家经济利益分级[2]。首先强调领导全球、做世界第一,促进全球以市场为基础的开放和不断扩大的国际经济体系,制定并执行普遍得到遵守的国际投资与贸易规则;强调重振美国的"领导地位","领导"国际社会扩大且已融为一体的世界经济的全面增长。其次强调"美国的持久利益"是在一个开放和促进机会与繁荣的国际经济体系中,保持美国经济的强大、创新和增长,将"美国创新"视为"国家实力的基础"。最后强调必须建设和整合能够促进美国自身利益以及与其他国家共享利益的能力。但稍作比较即可发现,美国政界所讲的"领导世界、持久利益",实际上与美

---

[1] 见美国国家利益委员会(民间机构)1996年发布的《美国国家利益报告》。
[2] 见美国总统奥巴马2014年5月27日向国会递交的上任后的首份《国家安全战略报告》。

国学界所讲的"最为根本的经济利益"及"极端重要的经济利益"的认识是较为一致的。

俄罗斯关于国家经济利益虽无"文字"上的明确分级，但从"语义"上看也是有分级的。其中，第一层次是确保俄罗斯相对于发达国家经济的独立地位，恢复苏联时期的国际地位，使俄联邦的技术进步水平及对世界进程的影响力都居于领先地位；第二层次是最大限度地提升俄罗斯的科技实力和确保国家的粮食自给能力，确保能源资源的可靠供给，确保经济结构协调及所有经济部门稳定运行，以及确保政府对于经济运行与发展的必要调控；第三层次是维护多极世界条件下的战略稳定和互利伙伴关系，同时提高国民经济的竞争力，跻身 GDP 五大强国之列；第四层次是维护公民体面的生活水平，抑制人口负增长、居民社会分化的加重，以及贫困和赤贫人口的增加；第五层次是最大限度地抑制经济犯罪、地下经济、黑手党与腐败。[①]

日本将"遏制或排除外部经济或非经济威胁对日本利益的危害"作为维护国家经济利益的"原则"；将扩展生存空间，稳定与扩大海外市场，保障海外资源能源的超稳定供应，促进经济和军事相互重合的领域不断扩大，经济利益与军事利益的互动，实施贸易立国战略、科技立国战略、科学立国战略、知识产权立国战略等作为"具体的国家经济利益"；将以日美联盟为依托，着重实施经济外交，发展与世界各国的依存关系，与经济关系密切的国家建立友好关系，维护自由贸易体制，在与其他国家进行经济事务交涉时"把可能增加的威胁抑制到最小限度"等作为维护具体利益的"保障"；将保持生产率的持续提高和出口竞争力，以较低的安全代价获取经济的最大限度增长作为维护国家经济利益的"目标"。

如果稍作整理，即可看到，日本实际上将遏制或排除外部经济或

[①] 见维·康·辛恰戈夫（俄罗斯自然科学院院士、叶利钦时期的国家经济安全顾问）的《俄罗斯经济：现状、威胁与挑战》一文和 B.梅德韦杰夫（俄罗斯科学院通讯院士，曾任俄罗斯总统、总理）的《俄罗斯经济安全问题》一文。

非经济威胁对日本利益的危害，保持生产率的持续提高和出口竞争力，以较低的安全代价获取经济的最大限度增长作为第一层次的国家经济利益。将扩展生存空间，稳定与扩大海外市场，保障海外资源能源的超稳定供应，促进经济和军事相互重合的领域不断扩大，经济利益与军事利益的互动，实施贸易立国战略、科技立国战略、科学立国战略、知识产权立国战略等作为第二层次的国家经济利益。将以日美联盟为依托，着重实施经济外交，发展与世界各国的依存关系，与经济关系密切的国家建立友好关系，维护自由贸易体制，在与其他国家进行经济事务交涉时"把可能增加的威胁抑制到最小限度"等作为第三层次的国家经济利益。

印度将追求国家的"经济独立"作为"最为基本的经济利益"，强调争取自身经济独立，摆脱他国控制；将逐步提升国内经济稳定发展、对外应对冲击并抵御风险的综合能力视为"最为重要的国家经济利益"；将加快实现产业替代、确保能源可靠供给、确保国际收支平衡、提升粮食供给能力，充分就业、实现经济平等和社会公平等作为印度"具体的国家经济利益"；将加快发展电子信息特别是软件产业、提升产业国际竞争力等作为"国家经济利益的重点领域"。由此即可看到印度对自己的国家经济利益的分级分层。

2.4 国内学界关于国家经济利益的认识

2.4.1 关于国家经济利益内涵的认识

赵英、李海舰（2002）是国内较早研究国家经济安全与利益的学者。他们认为，国家经济利益是指人民通过法律程序以及通过合法政府行政程序表达、确定与努力获取的，全体国民生存与发展所必需的经济福利。

这一定义的前半部分，是从公共选择的角度，强调了国家经济利益形成的合法性和公众性。认为国家经济利益要成为"国家意义"上的利益，必须通过民众程序上的意见表达，并且得到承认。这一定义的后半部分，强调了国家经济利益是全民共同经济利益的反映，只有"对于全体国民生存与发展所必需的经济福利"，才算得上是国家经济利益。

进一步解析赵英、李海舰的认识，不难发现有以下要点：首先，国家经济利益代表了国民整体的利益要求；其次，国家经济利益反映了国家为整体发展提出的目标与要求，有时甚至通过政治目标或军事目标的外在形式表现出来，因此在表达方式上必然超越具体目标；再次，国家经济利益在国家层面得以表达与维护时，是通过严格的法律界定和行政程序的，超越了具体的经济行为；最后，国家经济利益反映了一国人民整体的及长远的经济利益，往往不能体现为当下具体福利的增长。相应地，国家经济利益可以分成两个层次：一是广义的国家经济利益，即代表国民整体利益的经济福利；二是狭义的国家经济利益，即公共财产、公共财政意义上的国家经济利益。

雷家骕、陈亮辉在《基于国民利益的国家经济安全及其评价》（2012）一文中认为，在我国现实国体和国情下，全体国民的共同利益与国家利益高度一致，故应当将全体国民共同的经济利益视为国家经济利益。具体而言，基于国民利益的国家经济利益，应包括努力实现国民经济持续发展、国民财富合理分配、国民生活质量与国民经济同步提升。

相应地，雷家骕、陈亮辉认为，旧中国是"四大家族"的国家，国家是当时"四大家族"统治人民的工具，"四大家族共同经济利益最大化"是当时国家经济利益的本质内涵。新中国成立后，我们成为社会主义国家，全体人民当家作主，阶级之间的利益剥削与对立已不存在，全体国民利益高度一致，国家以谋求全体国民共同利益最大化为目标。将"全体国民共同利益"视为"国家经济利益"的基本内涵，并作为维护国家经济利益的基本出发点和根本落脚点，在逻辑上才符合中国的国体与国情，符合党和国家的治国理念，符合全体国民的利益诉求。

雷家骕、陈亮辉进一步认为，维护基于全体国民共同利益的国家经济利益，就是要使全体国民在经济领域的根本利益不受伤害。相应地，要求在国民经济发展方面，实现人均GDP稳健增长、就业充分、物价稳定、国际支付能力持续增长；在国民财富分配方面，贫富两极分化得到有效遏制、社会保障功能得到充分发挥；在国民生活质量方面，实现国民生活水平与国民经济同步提升。

雷家骕、陈亮辉还认为，将全体国民的共同利益视为国家经济利益。这具有以下特征：一是全面性。基于全体国民共同利益的国家经济利益，强调的是一国全体国民的整体利益，而不是某个或某些群体的利益。从世界各国经济发展历程来看，一些国家在经济高速增长的同时，未能实现国民财富的同步提升、国民生活质量的有效改善，导致贫富两极分化愈演愈烈，甚至使国家陷入"中等收入陷阱"难以自拔。因此，讲到国家经济利益，必须有"国民经济健康发展、国民收入合理分配、国民生活质量持续提高"的内涵。二是根本性。讲到全民共同利益，应是指全体国民趋同的最为根本的经济利益。其中，人均GDP持续增长、就业充分、物价稳定、国际支付能力提高等，是全体国民生存发展的基本前提；贫富分化得到有效遏制、社保体系不断完善等，是全体国民生产生活的物质基础；居住、饮食、教育、社保、医疗、文化、体育等方面的同步改善，是全体国民素质提升、实现人的全面发展的根本保障。三是可持续性。在经济运行过程中，消费是驱动经济的"三驾马车"之一，既是上一轮生产过程即生产、流通、分配等环节的终点，又是下一轮再生产过程的先导，对经济的可持续运行起枢纽和决定性作用。而决定消费是否充足的决定性因素和根本前提，就是国民收入及生活质量是否随着国民经济增长而持续改善。因此，一国经济要实现可持续发展，离不开全体国民消费能力的持续增长。

2.4.2　关于国家经济利益演化的趋势性认识

在经济全球化的今天，国内学界关于国家经济利益的认识，也出现了一些新的趋势。其中一些认识是恰当的，另一些则不一定恰当。

第一，将国家经济利益范围扩大化的现象。相应于俄罗斯普京时代将国家经济利益的范围划定得很宽，我国也出现了相似的现象，一些学者也将较多的内容纳入了国家经济利益的范围。一种情况是将生态安全利益、环境保护利益、信息安全利益等，也纳入了国家经济利益的范围。客观地看，这三个领域能否良性运行与发展，都会影响国家整体经济运行和发展，故将它们纳入国家经济利益的范围是恰当的。另一种情况是将一些地方发展利益、行业发展利益、特定社会群体利益也纳入国家经济利益的范围。客观地看，这三类利益只有影响国家层面时，才构成国家经济利益。由此可见，对国家经济利益的界定，固然可以适当扩展，但需要恰当把握"影响国家整体经济运行与发展"这个尺度。

第二，认为决定国家经济利益的外生变量不断增加。典型的是，国际政治学者王逸舟（2003）认为，在经济全球化时代，一国的国家经济利益已不再仅由该国的社会生产方式和国家政体形态等内生变量决定，外生变量对一国国家经济利益的影响日益凸显。所言外生变量包括国际政治形势，全球经济增长态势，全球信息的数量、质量及其传输速度，特定时期国际社会的焦点事件等各种外部环境因素。相对于内生变量来说，这些外生变量具有更大伸缩性、突发性和联动性，故全球化时代的国家经济利益虽然"在形式上仍由国家（政府）所决定，但其内涵早已不再纯粹由一个国家所决定"。孔祥富（2002）进一步认为，在经济全球化时代，国际贸易、外商投资可能危及一国国内企业的生存，造成资源、税收和就业机会的流失。金融等领域的开放可能使一国所处的外部经济关系更为复杂，甚至增加一国经济运行风险和国家调控的难度。

第三，认为国家经济利益的实现途径更趋多样化。在经济全球化时代，国家经济利益的实现过程，更多地表现为开放与动态、竞争与合作、相互作用和制衡等。在这种范式下，不仅一国处理国内问题的独立性受到了一定程度制约，而且全球性问题需要在全球框架下解决，这就需要与他国磋商、妥协与合作，"甚至让渡部分主权"，对国际条约的签署，在某些情况下就是国家部分主权让渡的体现。在处理全球经济问题的过程中，主权让渡不仅不一定意味着对本国经济利益的损害，甚至本国经济利益还可能通过新的渠道得以彰显和实现，故对于特定经济活动，某些主权让渡以及国际合作与协调甚至成为实现国家经济利益的新的必要条件。

特别是，关于国家经济主权向国际组织和机构的让渡，张燕生、毕吉耀（2003）认为主要包括：①国际多边协议和规则要求国家的经济主权部分让渡。如 WTO 规定的降低关税、取消非关税措施、实施服务贸易市场准入等多边贸易协定；IMF 规定的实行货币可兑换、资本账户开放以及健全国际金融监管机制等规定。②各种国际机构规定的经济主权部分让渡。如知识产权保护、竞争政策、劳工和妇女权利保护等，都会制约本国政策的制定、实施和有效范围。③地区一体化组织规定的自由贸易协定、经济一体化协定以及各种跨境政策约束等规定。相应地，卢新德（2003）认为，国家的经济主权正面对着微观组织变化的蚕食。例如，跨国公司、非政府机构以及其他微观组织对独立国家政府作用的影响和制约等；技术创新和技术进步的跨境扩散及影响，对独立国家的传统管理方式也带来诸多挑战。另外，信息传播全球化使传统的国家观念和主权观念受到了巨大冲击，这可能直接影响某些国家的安全和经济主权。

第四，认为经济全球化对主权国家的产业利益和金融利益有较大影响。赵英等认为，产业领域的国家利益主要集中在两个方面：一是产业结构演进与调整以何种方式，并在多大程度上为国家经济利益提供支撑和依托；二是如何在面对外部冲击与挑战时，确保国家产业体系的安全。

郑通汉（1999）认为，产业领域的国家利益，是指一国民族产业利益不受侵犯，支柱产业形成、发展、壮大的控制权掌握在本国政府手中，民族资本能按有利于本国经济可持续发展的要求来实施，并能在实施过程中抵制外部因素的干扰。相应地，郑通汉进一步认为，经济全球化对民族产业发展的负面影响主要为：①跨国公司的兼并收购，使东道国的支柱产业被外国资本垄断或控制。②东道国经济支配权和产业政策受到冲击，无法对经济发展实行有效的调控。③东道国产业结构"夕阳化"，支柱产业的形成受外来资本左右。④东道国产业利益大量流失，有限资源被外来资本控制或被毁灭性开采。⑤外来资本在东道国各部门之间不平衡投入，引起重要产业的人才资源大量流向外企。

郑通汉（1999）还认为，经济全球化也会影响一国的金融利益，金融体系的正常运转会受到破坏或威胁。诸如：①金融全球化有利于国际投机资本形成强大的"热钱流"，四处涌动、寻机出击，严重影响全球金融市场的正常运转。②导致一些国家的经常项目长期逆差，外汇储备呈下降趋势。③导致一些国家的外债数额巨大且债务结构难以合理。④导致一些国家的银行等金融机构不良资产增多，呆账死账增加了金融系统的脆弱性。

第五，认为近年来一些发达国家出现的"去全球化"倾向，对正深入融入全球经济的中国及其他新兴国家并非有利。究其成因，一是发达国家，特别是美国和欧盟企业认为自己以往的市场受到了"蚕食"，希望捍卫自己的国内市场。二是新兴国家企业的成本优势，使发达国家，特别是美国和欧盟的某些企业失去了在发达国家的部分市场。由此，一些发达国家的企业开始厌恶经济全球化。三是"中国威胁论"经久不衰，一些国家竭力抑制中国的崛起和发展。

基于以上三方面理由，在一些国家，特别是某些发达国家出现了"去全球化"的倾向。相应地，一些学者发现，在"去全球化"的意识下，一些发达国家"合法地"利用WTO的某些规则，借助WTO允许的技术性贸易壁垒，来限制其他国家的产品销往发达国家；而一些发展中国家和新兴国家，则借助"反倾销、反补贴"等措施，来限制其他新兴国家甚至发展中国家的产品销往这些国家。由此可见，"去全球化"下的这些现象，对于新兴国家的可持续发展无疑是无益的。中国加入WTO后，尤其是2018年初以来即遭受"去全球化"倾向的影响，这对中国进一步融入全球经济、开发国际国内两个市场、利用国际国内两类资源，显然是有害的。

第3章

中国共产党人关于国家经济利益的认识

3.1 以毛泽东同志为主要代表的中国共产党人的国家经济利益观

从新中国成立到 20 世纪 70 年代中期，以毛泽东同志为主要代表的中国共产党人对中国的国家经济利益作出了高屋建瓴的论述。毛泽东说："必须给人民以看得见的物质福利。"鉴于 20 世纪 70 年代前以美国为首的西方国家对新中国实行经济封锁和制裁，以及 20 世纪 60 年代初到 70 年代，因中苏关系恶化所导致的苏联大国沙文主义对中国的刁难，我国将"建立独立自主的国民经济体系、千方百计加快经济发展"作为国家经济利益的核心内容。其中至少有以下思想要点：

3.1.1 将恢复生产、发展经济作为新中国之基

新中国成立之际，敌视新中国的帝国主义和国民党都在预言：共产党领导的解放战争虽然胜利了，但财政经济困难将是无法克服的。为此，毛泽东号召全党："我们不但要善于破坏一个旧世界，我们还将善于建设一个新世界。"这是共产党成为执政党后能否受到全国人民拥护的先决条件。早在党的七届二中全会上，毛泽东就告诉全党，必须"开始着手我们的建设事业，一步一步地学会管理城市，恢复和发展城市中的生产事业""务须避免盲目地乱抓乱碰，把中心任务忘记了"。必须用极

大的努力去学习生产的技术和管理生产的方法，必须去学习同生产有密切联系的商业工作、银行工作和其他工作。

3.1.2　强调建立适合国情的国民经济体系特别是工业体系

以毛泽东同志为主要代表的中国共产党人亲历了旧中国的苦难，对旧中国因没有工业化和独立的国民经济体系，从而导致"落后就要挨打"的悲惨命运有着切肤之痛。故新中国成立之后，毛泽东认为当务之急就是必须摆脱旧中国受制于人的路子，建立起适合中国国情的国民经济体系特别是工业体系，为新中国奠定坚不可摧的经济基础。

毛泽东认为，只有建立和发展我国的工业体系，尤其是重工业，中国才能获得独立自主发展经济的条件，如果我们没有重工业，自己不能制造机器设备，依赖外国，那我们将无法主导自己的命运。他进而提出，我们建设独立完整的工业体系，才能对内满足社会主义扩大再生产和技术改造的需要，对外在社会主义阵营各国之间发展国际协作，发展同世界上任何愿意与我们来往的国家的商贸关系。此后，在党的八大上，毛泽东进一步指出，为把我国由落后的农业国变为先进的工业国，必须在三个"五年计划"或者再多些时间内，建成基本完整的工业体系。

3.1.3　明确要制定具有中国特色的国家经济发展战略

国家经济发展战略是以国家为主体的，对未来经济发展目标和走向等所作的，谋求国家经济发展与利益保障的总体展望与规划。以毛泽东同志为主要代表的中国共产党人是新中国的奠基者和开拓者，他们对新中国经济发展的愿景、目标、重点任务、步骤及保障措施作出了明确安排。毛泽东始终思考着中国经济发展的战略与策略问题。他提出，要把中国建设成伟大的社会主义国家，主要步骤是稳步地由农业国转变为工业国，实现四个现代化①，赶超先进的资本主义国家，建成社会主义并向共产主义社会过渡。

3.1.4 把发展生产力作为实现国家经济利益的根本手段

新中国成立前夕，毛泽东即提出了"生产力标准"问题。他认为，政党的政策好坏，要看它对生产力发展的作用大小，看它是束缚生产力的，还是解放生产力的。② 新中国成立后，毛泽东更加关注发展生产力问题，多次强调加快发展生产、搞好经济建设的重要性及急迫性。20 世纪50年代中后期，随着第一、二个"五年计划"的实施，毛泽东多次指出，"现在的中心任务是建设"。工商业社会主义改造完成后，中国社会主要矛盾已经是"人民对于建立先进的工业国的要求同落后的农业国的现实之间的矛盾，以及人民对于经济文化迅速发展的需要同当前经济文化不能满足人民需要的状况之间的矛盾"。毛泽东认为，解决社会主义社会主要矛盾的根本途径只能靠发展生产力。

3.1.5 借助对外经济技术交流与合作来拓展国家经济利益

以毛泽东同志为主要代表的中国共产党人十分关注国际形势及其走势，力求从中发现有利于我国开展对外经济技术交流与合作的机遇。毛泽东说："只要有可能，就发展同世界上任何愿意和我们往来的国家的

---

① 早在1949年党的七届二中全会上，毛泽东就提出新民主主义革命胜利后，必须迅速恢复和发展生产，使新中国稳步由农业国转变为工业国。新中国成立后的1954年9月，在一届人大会议开幕词中，毛泽东提出要在几个五年计划内把中国建设成为工业化的具有高度现代文明程度的伟大的国家。周恩来在一届人大会议所作《政府工作报告》中，首次宣布"四个现代化"的宏伟设想，即建设起强大的现代化工业、农业、交通运输业和国防，这是"四个现代化"的最初表述。1956年9月党的八大通过的党章规定，党的任务就是有计划地发展国民经济，尽可能迅速地实现国家工业化，有系统、有步骤地进行国民经济的技术改造，使中国具有强大的现代化的工业、农业、交通运输业和国防。1964年12月，周恩来在三届全国人大会议上正式宣布，今后发展国民经济的主要任务，就是要在不太长的历史时期内，把我国建设成为一个具有现代农业、现代工业、现代国防和现代科学技术的社会主义强国，赶上和超过世界先进水平。
② 见《毛泽东选集》（第三卷），人民出版社，1991。

通商贸易关系。"[①] 鉴于20世纪50年代大部分时间内,西方资本主义国家对新中国在政治上孤立、经济上封锁,而苏东社会主义国家对新中国持友好态度,毛泽东等领导人坚定地将对外经济技术交流与合作的重点放在苏东社会主义国家范围内。在他们的努力下,苏联先后帮助中国新建扩建156个重点工业项目,给予中国优惠贷款,并派遣专家帮助中国。东欧国家还援建中国各种工程项目约70个。

3.1.6 以毛泽东同志为主要代表的中国共产党人关于经济发展的安排

1953年起的"一五"时期(1953—1957),我国聚焦进行大规模工业建设,重点发展重工业。特别是进行了以苏联帮助设计的156个建设项目为中心,由694个大中型建设项目组成的工业项目建设,初步建立起了我国工业化的基础,同时逐步推动对私营工商业的社会主义改造。

基于"一五"计划的实施效果,"二五"时期(1958—1962)以毛泽东同志为主要代表的中国共产党人推动了经济的"大跃进"。这期间发生了诸多问题,诸如提出了不切实际的"宏大目标",但仍取得了不少成绩。一是继续进行以重工业为中心的工业建设,推进国民经济的技术改造。二是进一步发展工业、农业、手工业、交通运输业和商业。三是积极发展高等和技术教育,加快培养建设人才,加强科学研究工作,以适应社会主义经济及文化发展的需要。四是致力于增强国防力量,提高人民的物质生活和文化生活水平。

但从历史的角度看,由于1958年的"大跃进"和1959年的"反右倾",造成了国民经济主要比例关系失调,甚至出现财政赤字。于是以毛泽东同志为主要代表的中国共产党人决定进行调整,1960年9月中央提出"调整、充实、巩固、提高"八字方针,并经1961年1月党的八届九中全会正式批准后,开始了"三年调整时期"。

[①] 见《建国以来毛泽东文稿》第六册,中央文献出版社,1992,150。

到了"三五"时期（1966—1970年），鉴于当时与苏联关系日益紧张，基于"备战、备荒、为人民"的战略方针，同时吸取"二五"时期教训，中央提出"三五"计划的主要任务是：大力发展农业，解决好衣食问题；努力突破尖端技术，加强国防建设；与支援农业和加强国防相适应，加强基础工业，提高质量同时增加产品品种，增加产量以使经济建设建立在自力更生基础上；加快发展交通运输业、商业、文化、教育、科学研究事业，使经济有重点、按比例地发展。

到"四五"期间（1971—1975年），由于十年"文革"内乱干扰，以及苏联对中国的军事压力，中央适时提出要集中力量建设"大三线"的"战略后方"；大力发展农业，加速农业机械化进程；抓好钢铁、军工、基础工业和交通运输基础设施建设；大力发展新兴技术，赶超世界先进水平；初步建成我国独立、完善的工业体系和国民经济体系。

相应地，此间提出了更高的发展目标，即工农业总产值年均增长12.5%；到1975年钢产量要达到3500万～4000万吨，原煤达到4亿～4.3亿吨，原油达到7000万～10000万吨，发电达到2000亿～2200亿度，铁路货运达到9亿～10亿吨；粮食产量达到6000亿～6500亿斤，棉花产量达到6500万～7000万担；5年财政收入达到4000亿元；相应地，五年合计国家预算内基本建设投资达到1300亿元。

鉴于"四五"计划执行后突出建设重工业，1973年7月国家计委拟订了《四五计划纲要修正案》，提出"有重点地建设内地战略后方"，同时必须充分发挥沿海工业基地的生产潜力并适当发展；把发展农业放在第一位；把钢铁品种、质量放在第一位；对一些计划指标进行调整。实际执行结果是，"四五"期间，国民经济年均增长7.76%；工农业总产值年均增长7.8%，其中农业总产值年均增长4.0%，工业总产值年均增长9.1%。

纵观这四个"五年计划"和"三年调整"时期，由表3-1可见，尽管客观上遇到了多种困难，主观上计划指标偏高、执行中拔高指标，但不难看到：以毛泽东同志为主要代表的中国共产党人始终将"建立独立自主的国民经济体系特别是工业体系，持续加快经济发展"作为国家经济利益的核心内容，并且是坚定不移的。即使在"十年内乱"中的1974年10月，毛泽东还指示"要把国民经济搞上去"。

表 3-1　体现以毛泽东同志为主要代表的中国共产党人的国家经济利益观的经济发展安排

时　期	经 济 工 作	意　义
"一五"时期（1953—1957年）	集中力量进行大规模工业建设，重点发展重工业。特别是集中力量实施以苏联帮助我国设计的156个建设项目为中心的，由694个大中型建设项目组成的工业建设。同时，逐步改造资本主义工商业，将其纳入各种形式的社会主义经济形式轨道	建立我国社会主义经济体系的初步基础
"二五"时期（1958—1962年）	继续进行重工业为中心的工业建设，推进国民经济的技术改造。继续推进工商业社会主义改造，巩固和扩大集体所有制和全民所有制。进一步发展工业、农业、手工业、交通运输业和商业。发展高等和技术教育，培养建设人才，加强科学研究工作，以适应经济文化发展的需要。在工农业生产发展基础上，增强国防力量，提高人民物质和文化生活水平	初步建立了中国社会主义工业化的巩固基础；增强国防力量；提高人民的物质生活和文化生活水平
三年调整时期（1963—1965年）	鉴于"大跃进"造成的国民经济比例失调、财政赤字、人民生活困难，提出了国民经济"调整、充实、巩固、提高"八字方针。1961年1月党的八届九中全会正式批准，此后开始了"三年调整"	为此后发展奠定了新的基础
"三五"时期（1966—1970年）	大力发展农业，解决好衣食问题。努力突破尖端技术，加强国防建设。与支援农业和加强国防相适应，加强基础工业，提高产品质量并增加品种和产量，使国民经济建设进一步建立在自力更生基础上，相应加快发展交通运输业、商业、文化、教育、科学研究事业，使国民经济有重点按比例发展	提升了解决衣食问题的能力；进一步加强了基础工业；使经济建设进一步建立在自力更生基础上
"四五"时期（1971—1975年）	集中力量建设"大三线"战略后方；大力发展农业，加速农业机械化进程；狠抓钢铁、军工、基础工业和交通运输建设；建立经济协作区及不同水平的经济体系，做到各自为战，大力协同；大力发展新兴技术，赶超世界先进水平；初步建成独立且比较完善的工业体系和国民经济体系	提升了钢铁、军工、基础工业和交通运输行业；改进了区域布局；初步建成独立且较完善的经济体系

3.2 以邓小平同志为主要代表的中国共产党人的国家经济利益观

以邓小平同志为主要代表的中国共产党人，坚持以经济建设为中心，致力于解放生产力，协调国内外各种经济关系，一心一意加快经济社会发展。这成为他们坚定不移的国家经济利益观。

3.2.1 认为经济发展是国家强大的基础性因素

邓小平提出了"发展是硬道理"的重要思想。他说："我们不在乎别人说我们什么，真正在乎的是有一个好的环境来发展自己。①"他指出，发展自己关键是发展经济，中国解决所有问题的关键要靠自己发展；在国际事务中反对霸权主义，台湾回归祖国，实现祖国统一，归根结底都要求我们的经济建设要搞好；中国在国际事务中起的作用的大小，要看我们自己经济建设成就的大小，"等到中国发展起来了，制约战争的和平力量将会大大增强"②。他还指出，世界上一些国家发生问题，从根本上说，都是因为经济上不去，没有饭吃，没有衣穿，工资增长被通货膨胀抵消，生活水平下降，长期过紧日子③。基于此，将发展经济看成是全面实现国家利益的物质基础和决定性因素，并寄希望于通过国民经济的发展增强国力，提高中国的国际地位，为中华民族创建崭新的未来。

他认为，为保持经济稳步持续发展，一要防止经济滑坡。经济滑坡会导致经济发展的速度放慢。④ 二要防止经济过热。速度过高，带来的问题也不少，还是稳妥一点好。过热容易引发泡沫经济，虚假的繁荣导致人们过高的消费预期，最终给经济发展带来不可估量的损失。⑤ 三要

---

① 见《邓小平文选》（第3卷），人民出版社，1993，330，370。
② 见《邓小平文选》（第3卷），人民出版社，1993，331，370。
③ 见《邓小平文选》（第3卷），人民出版社，1993，354。
④ 见《邓小平文选》（第3卷），人民出版社，1993，238。
⑤ 见《邓小平文选》（第3卷），人民出版社，1993，143。

防止经济失衡。由于地域优势和开放先后不同,我国不可避免地出现地区之间贫富分化的现象,落后地区会制约发达地区经济的进一步发展,还会引发区域矛盾。他主张,在西北、西南和其他一些地区,国家应从各方面给予帮助和支持;适当时候还要解决沿海和内地发展不平衡的问题;要通过多种途径进行社会财富的再分配,缩小贫富差距,消除不稳定因素。①

3.2.2 强调以科技提升中国生产力并发展经济

邓小平认为"改革开放就是要解放生产力"。特别是,他深刻认识到科学技术对于经济发展的重要作用,明确指出"科学技术是第一生产力"。他比较了"二战"后中国和日本的发展道路,坦言20世纪50年代时中国在技术上与日本的差距并不是那么大,但我们封闭了近30年,没有更多地享受国际科技进步带来的好处。日本这样做了,变成了经济大国,可见科技直接决定发展。

基于"科学技术是第一生产力"的认识,邓小平提出,要通过引进国外先进技术,加快我国的科技进步。要引进国际上的先进技术和设备,充分利用"后发优势"来促进我国的经济发展。引进技术设备的同时,还应该引进国外先进的管理方法和管理体制。要利用外国智力,欢迎外国专家来华参加经济建设。请来之后,应该很好地发挥他们的作用。②邓小平强调,中国必须在国际高科技领域占有一席之地,中国必须发展自己的高科技。③继而,他亲自支持并推动了我国"863高科技发展计划"的实施。为确保中国科技可持续发展,他强调对教育事业的投入,认为只有教育兴旺发达了,持续培养出高级科技人才,才能保证中国的科技发展跟上先进国家的步伐。

---

① 见《邓小平文选》(第3卷),人民出版社,1994,164。
② 见《邓小平文选》(第3卷),人民出版社,1993,32。
③ 见《邓小平文选》(第3卷),人民出版社,1993,275。

3.2.3 高度关注并重视农村农业稳定发展

中国有十几亿人口,粮食基本自给是个大问题。同时,农村发展程度关乎中国整个社会的发展与稳定。基于此,邓小平十分关注农村农业的稳定和发展。他注意到中国人口多、耕地少,基础设施建设和科技投入不足,这严重制约着农业的发展。他认为,中国发展的关键之一是农村的发展。"中国经济能不能发展,首先要看农村能不能发展,农民生活是不是好起来。翻两番,很重要的是这百分之八十的人口能不能达到。"[①]"中国有百分之八十的人口在农村,中国稳定不稳定首先要看这百分之八十稳定不稳定,城市搞得再漂亮,没有农村这一稳定的基础是不行的。"[②]

相应地,邓小平倡导并坚持在中国农村实行联产承包责任制,鼓励搞多种经营。他在谈到农村发展时说:"我们首先解决农村政策问题,搞联产承包责任制,搞多种经营,提倡科学种田,农民有经营管理的自主权。"[③]联产承包责任制的实施很快消除了农村"吃大锅饭"的现象,提高了农民的生产积极性。多种经营则搞活了农村经济。邓小平主张积极发展乡镇企业。他认为,乡镇企业的发展,有助于"解决占农村剩余劳动力50%的人的出路问题",反过来又会推动农业现代化。[④]

3.2.4 对外强调各国经济相互依存、共同发展

基于对"和平与发展"时代主题的判断,邓小平认为,国际社会已进入相互依存、有可能共赢的时代,一国的发展不能孤立进行,经济发展必须具有全球眼光。他指出,把自己孤立于世界之外是不利的,要利用当下有利的国际和平环境来发展自己,中国发展对世界经济发展是有利的。同时,不能以牺牲别国的利益来实现本国的利益。邓小平多次讲到,

---

① 见《邓小平文选》(第3卷),人民出版社,1993,77-78。
② 见《邓小平文选》(第3卷),人民出版社,1993,65。
③ 见《邓小平文选》(第3卷),人民出版社,1993,81。
④ 见《邓小平文选》(第3卷),人民出版社,1993,238。

一些国家在政治上推行霸权主义和强权政治，在经济上掠夺资源、转嫁危机、输出公害，控制他国经济命脉，实际上已经损害了别国的利益，贫弱国家的主权经常被它们侵犯。第三世界国家经济不发展，发达国家的经济也不可能得到较大发展。因此，要通过建立国际政治经济新秩序，在平等、合作、互利的基础上实现本国的经济利益。①

邓小平这一思想突破了对传统民族国家的理解。基于这一思想，邓小平提出了"全方位开放"的思想。这就意味着，为了中国经济的发展，在国际上，我们"同什么人都可以打交道""与所有国家都来往"。如何在不损害别国利益的前提下维护国家经济利益，保障共同发展？邓小平认为，处理国家间关系应立足于国家长远战略利益考虑，坚持和平共处五项原则，不为历史恩怨、眼前利益和具体问题困惑；发展双边关系要立足于长远，不要损害别国利益。要发现国家间的共同点，找到友好合作、共谋发展的基础。②

3.2.5 以邓小平为主要代表的中国共产党人关于经济发展的安排

在粉碎"四人帮"前的1975年，中共中央制定了《1976—1985年发展国民经济十年规划纲要（草案）》（以下简称《规划纲要》），确定了今后10年经济工作的路线、方针、政策。③1978年对这一纲要进行了修订，调整了诸多不切实际的"高指标"。

修订后的《规划纲要》1978年3月在五届人大一次会议上通过。该《规划纲要》要求：工农业生产10年内均增长8.7%；财政收入10年

---

① 见《邓小平文选》（第3卷），人民出版社，1993，345。
② 见《邓小平文选》（第3卷），人民出版社，1993，128。
③ 1976—1980年的"五五"计划并未专门编制，而是与"六五"计划一并编制。1975年1月四届人大一次会议后，邓小平主持中央及国务院日常工作，即着手研究编制1976—1985年国民经济十年规划纲要草案。1977年12月1日，中共中央、国务院批准并下达了《国家计委关于1976—1985年国民经济发展十年规划纲要（修订草案）》。

合计 1.28 万亿元；基本建设投资 10 年合计 4580 亿元。1985 年达到钢 6000 万吨、煤 9 亿吨、化纤 150 万吨、原油 2.5 亿吨。此后，1978 年 12 月中共十一届三中全会作出了"把工作重点转移到社会主义现代化建设上来"的重要决策，提出"解决国民经济重大比例严重失调"问题。1979 年又提出"调整、改革、整顿、提高"八字方针。到 1980 年底，国民经济主要比例关系开始改善，生产和建设取得较大发展。

修订后的《规划纲要》的基本思路是，"五五"和"六五"计划期间经济发展的基本目标是，到 1980 年建成中国独立的比较完整的工业体系和国民经济体系；到 1985 年进一步完善全国的经济体系，各行业主要环节基本掌握现代先进技术；在全国基本建成六个大区不同水平、各有特点、各自为战、大力协同、农轻重比较协调发展的经济体系。

修订后的《规划纲要》提出"五五"时期后 3 年的主要任务，把农业搞上去；把燃料、动力、原材料工业搞上去。提出工业总产值年均增长 12%，农业总产值增长 6%；粮食产量达 6700 亿斤，钢产量 3600 万吨，原煤 6.5 亿吨，原油 1.3 亿～1.5 亿吨，发电量 3000 亿度；国家预算内基建投资"五五"后 3 年拟安排 1200 亿元。

实际执行结果是，"五五"计划期间，经济年均增长 7.84%；工农业总产值年均增长 8.1%，农业总产值年均增长 5.1%，工业总产值年均增长 9.2%；5 年新增固定资产 1747.31 亿元。到 1980 年底，粮食达到 6411.1 亿斤、棉花 5413.4 万担、钢 3712 万吨、原煤 6.2 亿吨、原油 10595 万吨。

到了"六五"计划时期，1982 年 9 月党的十二大确定了从 1981 年到 20 世纪末经济建设的战略目标、重点和步骤，强调着重解决好农业、能源及交通问题；提出分两步走，前 10 年主要是打好基础，积蓄力量，创造条件。基本任务是，继续贯彻执行"调整、改革、整顿、提高"八字方针，进一步解决好阻碍经济发展的问题，争取财政经济状况根本好转，实现财政收支基本平衡。

"六五"计划的具体安排是,工农业在提高经济效益的前提下,计划年均增长4%;增加符合需要的农产品、轻纺产品和其他日用工业品生产,争取消费品供给数量及质量与社会购买力的增长和消费结构的变化相适应;努力调整重工业服务方向和产品结构,大力降低物质消耗特别是能源消耗,使生产资料生产同消费资料生产的发展保持大体协调;有重点地推进企业技术改造,开展以节能为主要目标的技术革新活动,集中必要资金加强能源、交通等重点建设;统一组织全国的科技力量,进行科技攻关和科技成果推广应用;加强国防和国防工业建设,研制发展新型常规武器和战略武器,提高军队装备现代化水平;使国家财政收入由下降转为上升,使经济建设和文化建设的开支逐步有所增加,保证财政收支和信贷收支基本平衡;扩展对外贸易,有效利用国外资金,积极引进符合国内需要的先进技术;在生产发展和劳动生产率提高的基础上,使城乡物质和文化生活得到改善;加强环境保护,制止环境污染,使重点地区的环境有所改善。

相应的主要指标是,工农业总产值增长21.7%,1985年达到8710亿元,其中工业总产值6050亿元、农业总产值2660亿元;固定资产投资总额为3600亿元,其中基本建设投资2300亿元,重点安排能源、交通建设,更新改造投资1300亿元;城乡居民按人口平均的消费水平提高22%,平均每年递增4.1%。

到"六五"期末的1985年,工农业生产、交通运输、基本建设、技术改造、国内外贸易、人民生活等方面的任务和指标,绝大部分提前完成或超额完成。五年中国民生产总值(扣除物价上涨因素)年均增长10%、1985年达到7780亿元;工农业总产值年均增长11%,其中工业总产值年均增长12%,农业总产值年均增长8.1%。

"六五"与"五五"时期相比,粮食年均产量由30530万吨增加到37062万吨,棉花由224万吨增加到432万吨。农业迅速发展,为整个经济全面稳定、持续、协调发展创造了有利条件。从1980年到1985

年，原煤产量由62000万吨增加到85000万吨，原油由10600万吨增加到12500万吨，发电量由3000亿度增加到4073亿度，钢由3700万吨增加到4666万吨。财政收入由下降转为上升，年均增加159亿元，年增12%，1985年实现了收支平衡；对外贸易和技术交流打开新局面，出口额世界位次由1980年的第28位上升到1984年的第10位。总体上，"六五"时期从片面追求工业特别是重工业增长，开始转向注重农轻重协调发展；在对外经济关系上，从封闭半封闭状态开始转向积极利用国际交换和资源。

"七五"时期（1986—1990年）是我国经济发展战略和经济体制由旧模式向新模式转变的关键时期。1986年3月六届人大四次会议审议批准了"七五"计划。该计划的基本任务是，努力保持社会总需求和总供给基本平衡，保持经济的持续稳定增长；在控制固定资产投资总规模的前提下大力加强重点建设、技术改造和智力开发，在技术和人才方面为90年代经济社会持续发展准备必要后续能力；相应调整产业结构和地区布局；在发展生产和提高效益的基础上改善城乡人民生活。

相应地，"七五"计划提出的主要指标是：五年内工农业总产值增长38%，国民生产总值增长44%。按1980年不变价格计算，1990年工农业总产值达到16770亿元，国民生产总值达到11170亿元；全民所有制单位固定资产投资总额五年为8960亿元，比"六五"期间增长近70%。逐步推行九年制义务教育，高等教育五年培养500万专门人才。进出口贸易总额1990年比1985年增长40%，相应扩大利用外资和引进先进技术规模。城乡居民实际消费水平五年增长27%左右，进一步改善人民的生活质量和环境。

由表3-2不难看到，在"五五""六五""七五"三个"五年计划"期间，以邓小平同志为主要代表的中国共产党人基于对国内外形势的理性判断，始终将经济工作视为党和政府工作的重心。邓小平明确指出："要把经济建设当作中心。离开了经济建设这个中心，就有丧失物质基础的危险。其他一切任务都要服从这个中心,围绕这个中心,决不能干扰它,冲击它。"

表 3-2 体现以邓小平同志为主要代表的中国共产党人的国家经济利益观的相关安排

时　期	经 济 工 作	效　果
"五五"时期 (1976—1980年)	作出"把工作重点转移到社会主义现代化建设上来"战略决策,提出"解决国民经济重大比例严重失调"问题;制定加快农业发展决定,提出到1980年建成"独立的比较完整的工业体系和国民经济体系"	到1980年底,经济主要比例关系开始改善,生产和建设较大发展
"六五"时期 (1981—1985年)	提出到1985年建立进一步完善的全国经济体系,各行业主要环节基本掌握现代先进技术;在全国基本建成六个大区不同水平、各有特点、各自为战、大力协同、农轻重比较协调发展的经济体系;强调着重解决好农业、能源、交通问题,强调把农业搞上去,把燃料、动力、原材料工业搞上去	主要工农业产品产量恢复或超历史最好水平。财政收入大幅度增加,扭转此前连续三年财政赤字
"七五"时期 (1986—1990年)	努力保持社会总需求和总供给基本平衡,保持经济的持续稳定增长;在控制固定资产投资总规模前提下大力加强重点建设、技术改造和智力开发,在技术和人才方面为20世纪90年代经济社会持续发展准备必要的后续能力;相应调整产业结构和地区布局;在发展生产和提高效益的基础上改善城乡人民生活	国民生产总值、工农业总产值、进出口贸易皆大幅增长;利用外资和引进技术规模扩大;居民消费增长

3.3 以江泽民同志为主要代表的中国共产党人的国家经济利益观

20世纪80年代末,以江泽民同志为主要代表的中国共产党人鉴于当时的国内外形势,特别是经历几次重大事件后,突出强调经济利益在国家利益中的显著地位,强调依靠技术创新提高经济增长的质量与效益,同时大力发展高新技术产业,突出金融安全在国家经济利益中的显著地位,积极推动"走出去"战略,引导中国企业走向国际市场,同时强调国家间合作对于维护中国经济利益的至关重要性。总体上，可以称之为"强调经济利益在国家利益中的显著地位，强调技术创新、突出金融安全与国际化"的国家经济利益观。

3.3.1 突出强调经济利益在国家利益中的显著地位

江泽民认为，在"和平与发展"仍是世界主题的趋势下，一定时期内，国家间较量将不以军事冲突为首要特点，而在于经济实力高低的较量。江泽民指出："经济因素的作用不断加强，以科技和经济实力为基础的综合国力的竞争，越来越成为决定一个国家国际地位的主导因素。"[①]他认为，各国间的竞争突出地表现为以经济实力为基础的综合国力的竞争，发展经济居各国战略的首要位置；经济实力决定着国防潜力的大小，决定着国家的安全和国际地位。

江泽民进一步指出："经济优先已成为世界潮流，这是时代进步和历史发展的必然。当前对每个国家来说，悠悠万事，唯经济发展为大……经济的确越来越成为当今国际关系中最重要、最关键的因素。"[②]基于此，他把经济利益提高到关系国家总体利益的战略地位，反复强调要把国家利益建立在经济利益的基础上。他说："经济是基础，解决中国的所有问题，归根结底要靠经济的发展。"[③]他认为，经济发展了，综合国力增强了，国家利益和总体安全就有了坚实保障。[④]

3.3.2 强调依靠创新提高效益、加快发展高新产业

熊彼特创新理论在中国风靡之时，也是现代高新技术产业在发达国家及新兴国家兴起之时。在此背景下，创新理论在中国迅速被学界和政

---

① 江泽民：《在马来西亚外交和对外关系学院的演讲》，《人民日报》，1994 年 11 月 12 日。
② 江泽民：《在部分驻非洲国家使节座谈会上的讲话》，《人民日报》，1996 年 3 月 27 日。
③ 中共中央文献研究室：《江泽民文选》（第 1 卷），北京：人民出版社，2006，441。
④ 江泽民：《在亚太经济合作组织第二次领导人非正式会议上的讲话》，人民日报，1994 年 11 月 16 日。

界所接纳。1999年8月23日首次全国技术创新大会召开，江泽民在讲话中指出，大力推动科技进步，加强科技创新，是事关祖国富强和民族振兴的大事。努力在科技进步与创新上取得突破性进展，是个伟大的战略性任务。时任总理朱镕基在大会闭幕式上讲道，加强技术创新，发展高科技，实现产业化，直接关系到我国在新世纪中的国际地位和竞争力，关系到我国社会主义现代化建设的进程，关系到祖国的繁荣富强和中华民族伟大复兴。

同时，中共中央、国务院发布了《关于加强技术创新，发展高科技，实现产业化的决定》。该决定强调，必须充分认识加强技术创新、加速科技成果产业化的重要性和紧迫性，科技成果只有转化为现实生产力，才能变成经济和社会发展的巨大推动力。要加强技术创新和科技成果产业化，走有中国特色的技术跨越发展道路；要深化改革，全面推进技术创新和科技成果产业化；要采取切实措施，营造良好环境，促进技术创新和科技成果产业化的落实。

3.3.3 突出金融安全在国家经济利益中的显著地位

金融国际化是经济全球化的突出特征，经济运行和发展都要求有安全、稳健的金融体系的支撑。一国的金融体系如果出了问题，即会给整个经济建设和社会稳定带来灾难性后果。1997年下半年东南亚发生了金融危机。这场危机严重削弱了东南亚、东亚各国的经济实力，给相关国家和地区造成的经济损失超过3000亿美元，经济发展普遍倒退10年左右。基于此，针对西方国家对以索罗斯为代表的国际游资在东南亚金融危机中相关行为的默许，江泽民指出，"金融体系的正常安全运行，对经济全局的稳定和发展至关重要""金融市场的渗透难以避免。只有沉着应付，趋利避害，才能掌握主动权""要认真研究亚洲金融危机的症结，引以为鉴，搞好金融监管和金融体制改革，特别是要加强金融法制建设"。

1998年2月，江泽民在党的十四届二中全会上分析了这场金融危机的教训,提出了"坚定信心、心中有数、未雨绸缪、沉着应付、埋头苦干、趋利避害"的应对方针;强调要扩大国内需求、进一步启动生产资料和消费资料市场;强调要把防范金融风险、维护金融安全,作为维护国家经济利益的主要工作来抓;强调要免受国际游资的冲击和打击,要保持人民币汇率的稳定。相应地,中国政府1998年实施了积极的财政政策和稳健的货币政策,增发国债500亿元用于基础设施建设,确保人民币不贬值。1999年后实施了投资消费"双拉动"政策,从投资和消费两个方面推进经济增长,加上系列配套政策,使我国克服了该危机的影响。

3.3.4 推动"走出去"战略,引导企业走向国际市场

以江泽民同志为主要代表的中国共产党人十分清楚地看到,在经济全球化时代,能否充分利用国外资源并开发国际市场,是新兴国家必须关注的重大问题;中国必须更加积极地走向世界,融入全球经济,进而发展自己。以江泽民同志为主要代表的中国共产党人在深入分析中国经济发展基本态势的基础上,作出了大力推动中国企业"走出去"战略的重大决策。江泽民指出,要积极参与国际市场的合作与竞争,扩大国际经济技术合作的领域和途径,充分利用国内、国外两个市场,实现全球化资源的优化配置。"必须不失时机地'走出去',让我们的企业到国际经济舞台上去施展身手。这对增强我国经济发展的动力和后劲,促进我国的长远发展,具有极为重要的意义。"

江泽民强调,"引进来"和"走出去"是中国对外开放基本国策的两个轮子,必须同时转动起来。90年代前,中国一直以"引进来"为主,这是完全必要的。不先"引进来",中国的产品、技术、管理水平就难以提高。通过"引进来",有效地利用了国际资金、技术和先进管理经验,弥补了中国的缺口和短板,拉动了经济增长,促进了国际收支平衡。但随着中国经济发展水平的提高和加入WTO,我国企业"走出去"的

条件日渐成熟，我们必须不失时机地实施"走出去"战略。

江泽民于2002年强调，"在新的条件下扩大对外开放，必须'引进来'和'走出去'并举，努力在'走出去'方面取得明显进展"，"凡是有能力有条件的企业，都应该大胆地'走出去'，通过平等互利的国际合作，更多地利用国外一切可能利用的市场和资源"。在党的十六大上，江泽民进一步提出："坚持'引进来'与'走出去'结合，全面提高对外开放水平。适应经济全球化和加入WTO的新形势，在更大范围、更广领域和更高层次参与国际经济技术合作和竞争，充分利用国际国内两个市场，优化资源配置，拓宽发展空间，以开放促改革促发展。"这些论述无疑是对邓小平对外开放思想的重要发展。

3.3.5　强调国家间合作对于维护中国经济利益的至关重要性

以江泽民同志为主要代表的中国共产党人继承和发展了邓小平"互不干涉内政、平等互利、和平发展、共担风险"的国家间合作原则。1994年9月，江泽民在俄罗斯国际关系学院发表演讲时指出："各国应在经济领域加强互利合作，国家的经济利益不容损害，国与国之间的经济合作、贸易关系应建立在平等合作、共同发展的基础上，决不允许以经济和贸易制裁对他国实施报复，更不允许以其达到某种政治目的。"[①]

在此基础上，江泽民进一步提出了发展国际经济合作的"五项原则"，一是要把世界和亚太经济持续发展作为合作的根本目的；二是要为发展中成员国经济持续发展创造有利的外部条件；三是要坚持自主自愿原则，要尊重差别，适当把握贸易及投资自由化的合理速度；四是要实行贸易及投资自由化与经济技术合作并重的方针；五是在合作观念上，必须摒弃一切强加于人的做法。不但要坚持平等互利、优势互补，更应该提倡发达国家以其经济基础优势帮助发展中国家，把贸易及投资自由化和经

---

① 江泽民：《在俄罗斯国际关系学院的演讲》，《人民日报》，1994年9月4日。

济技术的交流与合作结合起来、相互促进。

3.3.6 以江泽民同志为主要代表的中国共产党人关于经济发展的安排

"八五"期间（1991—1995年），以1992年邓小平视察南方重要讲话和中共十四大为标志，以江泽民同志为主要代表的中国共产党人领导中国改革开放和现代化建设进入新的历史性阶段。

1990年12月中共十三届七中全会讨论并通过《关于制定国民经济和社会发展十年规划和"八五"计划的建议》。1991年4月七届人大四次会议批准《国民经济和社会发展十年规划和第八个五年计划纲要》（以下简称《纲要》）。

《纲要》确立了"对内改革、对外开放"的基本安排。总的要求是，实现现代化建设"三步走"第二步战略目标[①]，把国民经济整体素质提高到新的水平；到20世纪末使国民生产总值按不变价格计算比1980年"翻两番"，10年年均增长6%，工农业总产值年均增长6.1%；人民生活从温饱达到小康。提出1995年国民生产总值达18250亿元，全社会固定资产投资26000亿元。后续执行中，1993年国家对"八五"计划进行调整，重点是调整并优化产业结构。

"八五"期间，国民经济年均增长11.8%，提前5年实现了经济总

[①] 最初关于中国现代化建设"三步走"的战略是：第一步（1981—1990年），国民生产总值"翻一番"，解决人民温饱问题；第二步（1991年到20世纪末），国民生产总值"再翻一番"，人民生活达到小康水平；第三步（20世纪末到21世纪中叶），人均国民生产总值达到中等发达国家水平，人民生活比较富裕，基本实现现代化。此后的中共"十四大"进一步提出，要在20世纪90年代初步建立起社会主义市场经济体制；20世纪末国民生产总值比1980年"翻两番"，实现第二步发展目标；同时对实现第三步战略目标提出设想。"十五大"又将第三步目标进一步具体化：到21世纪的第一个十年，实现国民生产总值比2000年"翻一番"，使小康生活更加宽裕，形成较完善的社会主义市场经济体制；再经过十年努力，到建党100周年时，使经济更发展、制度更完善；到新中国成立100周年时，基本实现现代化，建成富强、民主、文明的社会主义国家。"十六大"则提出，力争国内生产总值到2020年比2000年"翻两番"，综合国力和国际竞争力明显增强。

量比 1980 年"翻两番"目标；1995 年国民生产总值达 57650 亿元，扣除物价因素是 1980 年的 4.3 倍，比 1990 年增长 75.9%，年均增长 12%。1991—1995 年的 5 年间，全社会固定资产投资完成 61637 亿元，年均增长 36.1%；工业增加值年均增长 17.8%；农业增加值年均增长 4.1%。

1995 年 9 月，中共十四届五中全会审议并通过《关于制定国民经济和社会发展"九五"计划和 2010 年远景目标的建议》。"九五"计划（1996—2000 年）的主要目标是，全面完成现代化建设第二步战略目标，到 2000 年实现人均国民生产总值比 1980 年"翻两番"，基本消除贫困现象，人民生活达到小康水平；加快现代企业制度建设，初步建立社会主义市场经济体制。

"九五"计划期间，我国顺利完成了现代化建设的第二步战略目标，在 1997 年比预期目标提前 3 年实现了人均国民生产总值比 1980 年"翻两番"的目标；5 年间 GDP 年均增长 8.3%，为实现现代化建设第三步战略目标奠定了良好基础。

"十五"计划（2001—2005 年）的主要目标是：国民经济保持较快发展速度，经济结构调整取得明显成效，经济增长质量和效益显著提高，为到 2010 年 GDP 比 2000 年翻一番奠定坚实基础；国有企业建立现代企业制度取得重大进展，社会保障制度比较健全，完善社会主义市场经济体制迈出实质性步伐；在更大范围和更深程度参与国际经济合作与竞争；拓宽就业渠道，居民收入持续增加，物质文化生活较大改善。规划的经济增长年均 7% 左右，到 2005 年按 2000 年价格计算的 GDP 达到 12.5 万亿元左右，人均 GDP 达到 9400 元。

"十五"期间的实际情况是，GDP 年均增长在 9% 以上；对外贸易飞速发展，进出口在世界上皆举足轻重；综合国力明显增强，人民生活明显改善，国际地位明显提高。总体上，为未来"十一五"时期发展奠定了良好基础。

3.4 以胡锦涛同志为主要代表的中国共产党人的国家经济利益观

面对全球多极化进一步发展,基于新时期的国家战略需求,以胡锦涛同志为主要代表的中国共产党人提出了"强调科学发展、自主创新、培育新的国际竞争力、共建和谐安全世界"的国家经济利益观。

3.4.1 强调科学发展是中国经济发展必须走的道路

"十五"及"十一五"期间我国全面建设小康社会开局良好,但当时我们所面临的挑战也相当严峻。经济增长方式粗放,技术含量低,经济效率差,可持续发展的资源和环境压力日益加剧。同时,盲目投资和低水平扩张的体制性根源日益凸显;社会事业发展滞后的矛盾日益尖锐;区域协调发展面临的挑战日益严峻;外部经济环境的不确定因素和不稳定因素日益增加。

相应地,胡锦涛认为,中国必须走科学发展的道路。在 2007 年 10 月召开的中共十七大上,胡锦涛在报告中指出,科学发展观,第一要义是发展,核心是以人为本,基本要求是全面协调可持续,根本方法是统筹兼顾。

他认为,必须坚持把发展作为第一要务。要抓住经济建设这个中心,聚精会神搞建设、一心一意谋发展,不断解放和发展社会生产力。要更好地实施科教兴国、人才强国、可持续发展等战略,着力把握发展规律、创新发展理念、转变发展方式、破解发展难题,提高发展质量和效益,实现又好又快发展。要努力实现以人为本、全面协调可持续的发展,实现各方面事业有机统一、社会成员团结和睦的和谐发展,实现既通过维护世界和平发展自己,又通过自身发展维护世界和平的和平发展。要坚持以人为本,始终把实现好、维护好、发展好最广泛人民的根本利益作为一切工作的出发点和落脚点，走共同富裕道路，促进人的全面发展，做到发展为了人民、发展依靠人民、发展成果由人民共享。

3.4.2 强调自主创新已成为掌握中国发展之命运的关键

胡锦涛认为，"当今世界正在发生前所未有的历史性变革"①，国际关系、国际格局、国际秩序正处在新一轮调整变化之中，"一系列具有全局性和战略性影响的重大事件，对国际政经格局产生了重大而深远的影响"②，由此带来的国际政经格局演变十分深刻而复杂，"世界多极化前景更加明朗"，我们所处的"是一个充满机遇和挑战的时代"③。相应地，应正确把握全球发展方向，在全球历史性变革中谋求中国的经济利益。

胡锦涛认为，当今世界一个突出的特点，是发展中大国兴起，且发展中大国经济增长快于发达国家，世界经济主要依靠美国经济带动的格局正在改变，发展中大国的群体性兴起正在成为世界发展的重要趋势，但发达国家仍竭力维护并扩大于他们有利的国际政治经济秩序，千方百计地图谋取得更大的政治经济利益，发达国家综合国力和核心竞争力领先的格局没有变，它们在国际事务中仍处在重要地位。另一个特点，是科技成为推动时代进步的决定性因素，推动了全球生产力的巨大发展，引起了人类社会生产生活方式的重大变化；战略性高技术日益成为经济社会发展的决定性力量，成为综合国力竞争的焦点；科学技术正在酝酿着新的重大突破，未来科学技术引发的重大创新将会推动世界范围生产力、生产方式以及人们生活方式进一步的深刻变革，必然对世界经济、科技发展和综合国力竞争形成重大影响。④ 基于此，自主创新已成为掌

---

① 胡锦涛：《促进中东和平建设和谐世界》，《人民日报》，2006年4月24日。
② 《第十一次驻外使节会议在京召开》，《中国青年报》，2009年7月21日。
③ 胡锦涛：《全面推进中美建设性合作关系》，《人民日报》，2006年4月22日。
④ 胡锦涛：《在中科院第14次院士大会和工程院第9次院士大会的讲话》，《人民日报》，2008年6月23日。

握中国发展之命运的关键之举。①

3.4.3 强调发展战略性新兴产业，培育新的国际竞争力

在2011年5月30日中共中央政治局第29次集体学习时，胡锦涛强调，加快培育发展战略性新兴产业，是加快转变经济发展方式的必然要求，是努力掌握国际经济竞争主动权的必然要求，是加快建设创新型国家的必然要求，关系经济社会发展全局。②

胡锦涛认为，加快培育发展战略性新兴产业，有利于中国充分发挥科技引领作用、在更高起点上形成新的经济增长点、提高经济增长质量和效益，有利于抓住国际产业调整转移和生产要素优化重组的时机、加快形成参与国际经济合作和竞争新优势，有利于有效吸引、集聚、整合创新资源，加强经济社会发展的创新驱动。

胡锦涛认为，要把战略性新兴产业培育成为中国进一步发展的先导产业和支柱产业，需要抓好六方面工作。一是应综合考虑我国国情和科技及产业基础，根据战略性新兴产业的发展阶段和特点，统筹规划、系统布局、协调推进，选择最有基础和条件的领域重点突破。二是应着力增强自主创新能力，完善以企业为主体、市场为导向、产学研相结合的产业技术创新体系，发挥国家科技重大专项核心引领作用，结合产业发展规划，强化企业技术创新能力建设，建设产业创新支撑体系，集中力量突破一批支撑战略性新兴产业发展的关键共性技术。三是应着力培育市场需求，组织实施重大应用示范工程，支持市场拓展和商业模式创新，完善标准体系和市场准入制度，加快建立有利产业发展的行业标准和重要产品技术标准体系，为企业开拓市场创造必要条件。四是应深化国际合作，坚持"引进来"和"走出去"结合，有效推进广泛深入的国际科

---

① 胡锦涛：《在庆祝神舟七号载人航天飞行圆满成功大会上讲话》，《人民日报》，2008年11月7日。
② 胡锦涛：《加快培育发展战略性新兴产业》，www.chinanews.com，2011年5月31日。

技交流合作，更好地利用全球科技成果和智力资源，支持重点产品、技术、服务开拓国际市场，支持企业培育国际化品牌；同时应引导外资企业投向战略性新兴产业，以期形成合作发展新格局。五是应强化政策扶持，集中力量办大事，同时借鉴发达国家经验，围绕加快培育发展战略性新兴产业的目标和任务，建立健全科学、合理、有效的政策保障体系，调动各方面积极性，集聚创新资源，形成发展合力。①

3.4.4　强调对外携手其他国家，建设共同繁荣的和谐世界

胡锦涛认为，求和平、促发展、谋合作，是不可阻挡的历史潮流，中国应携手其他国家，"努力建设共同繁荣的和谐世界"②。胡锦涛指出，在当今世界多极化、经济全球化进程中，各国纷纷利用总体和平的国际环境，积极谋求快速发展。"尽管当今世界还存在这样那样的矛盾和冲突，不确定不稳定因素有所增加，但和平与发展仍是当今时代的主题，世界要和平、国家要发展、人民要合作是不可阻挡的历史潮流"③，全球经济已经成为一个有机互动的整体。他强调，"面对纷繁复杂的世界，应更加重视和谐，强调和谐，促进和谐"④，努力建设持久和平、共同繁荣的和谐世界，这才符合世界各国人民的共同福祉。由此，国际社会应通力合作、不懈努力、相互合作、优势互补，共同推动经济全球化朝着均衡、普惠、共赢方向发展。⑤

胡锦涛认为，国家间应"客观认识和正确对待对方的发展，相互视为合作双赢的伙伴，而不是零和竞争的对手，应相互支持对方和平发

---

① 2012年7月，国务院以国发〔2012〕28号文，专门印发《"十二五"国家战略性新兴产业发展规划》，分背景、指导思想、基本原则和发展目标、重点发展方向和主要任务、重大工程、政策措施、组织实施等六个部分。其中，重点发展方向是节能环保产业、新一代信息技术产业、生物产业、高端装备制造产业、新能源产业、新材料产业、新能源汽车产业。
② 胡锦涛：《加强友好合作共创美好未来》，《人民日报》，2005年11月18日。
③ 胡锦涛：《中国的发展、亚洲的机遇》，《人民日报》，2004年4月25日。
④ 胡锦涛：《促进中东和平建设和谐世界》，《人民日报》，2006年4月24日。
⑤ 胡锦涛：《在发展中国家领导人集体会晤时的讲话》，《人民日报》，2006年1月17日。

展"①。相应地，应加强发展中国家与发达国家的对话，增加发展中国家在对话形式、议题设定、对话成果等方面的发言权，建立平等、互利、共赢的全球发展伙伴关系。发达国家要帮助和支持发展中国家加快发展，从体制机制等基础入手，改革和完善国际经济、贸易、金融体制，建设可持续发展的世界经济体系，建设包容有序的国际金融体系，建设公正合理的国际贸易体系，建设公平有效的全球发展体系；要在开放市场、转让技术等方面兑现承诺，推动各国共同繁荣发展。发展中国家要拓展合作领域，合作方式多样化，实现优势互补、互利共赢、共同发展。②

胡锦涛强调，应维护世界多样性和发展模式多样化。③ 各国发展的关键在于找到一条适合自身情况的道路。"世界上没有放之四海而皆准的发展道路和发展模式，必须适应国内外形势的新变化、顺应人民过上更好生活的新期待，结合自身实际、结合时代条件变化不断探索和完善适合国情的发展道路和发展模式。"④ 中国必须坚定不移地走和平发展道路，奉行互利共赢的开放战略，充分利用世界和平发展机遇发展自己，同时以更好的发展维护世界和平、促进共同发展。⑤

3.4.5 强调各国应共担责任、统筹兼顾、携手应对国际风险

固然求和平、促发展、谋合作是不可阻挡的全球时代潮流，但同时金融危机、能源资源、粮食危机、气候环境、自然灾害、公共卫生等重大挑战和威胁频发多发并发。这些挑战和威胁严重影响世界和平、稳定和繁荣。面对这种局面，胡锦涛强调，世界各国应从人类生存和发展高度，用相互联系的眼光看待和应对挑战和威胁，树立共同责任意识，统筹兼

---

① 胡锦涛：《在日本早稻田大学的演讲》，《人民日报》，2008 年 5 月 9 日。
② 胡锦涛：《全面推进中美建设性合作关系》，《人民日报》，2006 年 4 月 22 日。
③ 胡锦涛：《促进中东和平建设和谐世界》，《人民日报》，2006 年 4 月 24 日。
④ 胡锦涛：《坚持改革开放推进合作共赢》，《人民日报》，2008 年 4 月 13 日。
⑤ 胡锦涛：《在日本早稻田大学的演讲》，《人民日报》，2008 年 5 月 9 日。

顾，携手应对。①

胡锦涛认为，解决全球性挑战和威胁的出路在于国际社会加强合作。②应建立健全多边国际合作机制，通过对话协商解决分歧和矛盾；合作要公正公平，考虑各国的发展阶段、国情及能力；要发挥科技的作用，加强应对挑战和威胁的能力建设。特别是，各国应遵循"责任共担原则"③。应对能源和环境挑战"是世界各国的共同责任"；应对气候变化要遵循"共同但有区别的责任原则"④；应对国际金融危机，发达经济体应该承担应尽责任及义务，实施有利于世界经济金融稳定和发展的经济政策，积极稳定自身和国际金融市场，维护投资者利益。同时，各国应加强宏观经济政策协调，改革国际金融体系，深化金融监管合作，稳定国际金融市场，强化企业特别是跨国企业的全球责任，促进实体经济增长；还应加强和完善全球经济治理，促进世界经济协调可持续发展。⑤

胡锦涛进一步认为，中国的前途命运日益紧密地与世界的前途命运联系在一起，中国是国际社会负责任成员，应积极参与应对挑战和威胁的国际合作。⑥"必须把坚持独立自主与参与经济全球化结合起来，统筹好国内国际两个大局，为促进人类和平与发展作出贡献。"⑦中国必须把独立自主、自力更生作为发展的根本基点，坚持自己选择的社会制度和发展道路，始终把国家主权和安全放在第一位，坚决维护国家主权、安全、发展利益，坚决反对外部势力干涉我国内部事务。

---

① 胡锦涛：《在日本早稻田大学的演讲》，《人民日报》，2008年5月9日。
② 胡锦涛：《深化亚太合作共创和谐未来》，《人民日报》，2005年11月19日。
③ 胡锦涛：《深化亚太合作共创和谐未来》，《人民日报》，2005年11月19日。
④ 胡锦涛：《在亚太经合组织第十五次领导人非正式会议上的讲话》，人民日报，2007年9月9日。
⑤ 胡锦涛：《推进全面合作实现持续发展》，《人民日报》，2007年9月7日。
⑥ 胡锦涛：《在纪念党的十一届三中全会召开30周年大会上的讲话》，《人民日报》，2008年12月19日。
⑦ 胡锦涛：《在纪念党的十一届三中全会召开30周年大会上的讲话》，《人民日报》，2008年12月19日。

3.4.6 以胡锦涛同志为主要代表的中国共产党人关于经济发展的安排

2006年3月十届全国人大四次会议通过了《国民经济和社会发展第十一个五年规划纲要》（以下简称《纲要》）。《纲要》特别提出，要加快建设社会主义新农村；推进工业结构优化升级；加快发展服务业；促进区域协调发展；建设资源节约型、环境友好型社会；实施科教兴国战略和人才强国战略；实施互利共赢的开放战略；建立健全规划实施机制。

"十一五"规划实施效果良好。一是GDP增长超规划安排。《纲要》提出宏观经济平稳运行，GDP年均增长7.5%。实际情况是，2006—2010年GDP增速皆高于9%，最高年份的2007年甚至达到11.6%。二是资源利用效率提高。《纲要》提出单位GDP能源消耗降低20%左右。实际情况是，"十一五"期间单位GDP能耗累计大约下降15.7%。三是居民可支配收入增加。其中，2006—2009年，城镇居民全年人均可支配收入逐年增长，分别为11759元、13786元、15781元、17175元；全年农村居民人均纯收入分别是3587元、4140元、4761元、5153元。

2011年我国进入"十二五"规划时期。2010年10月18日中共十七届五中全会通过了《关于制定国民经济和社会发展第十二个五年规划的建议》（以下简称《建议》）。《建议》提出，要加快转变经济发展方式，开创科学发展新局面；坚持扩大内需战略，保持经济平稳较快发展；推进农业现代化，加快社会主义新农村建设；发展现代产业体系，提高产业核心竞争力；促进区域协调发展，积极稳妥推进城镇化；加快建设资源节约型、环境友好型社会，提高生态文明水平；深入实施科教兴国战略和人才强国战略，加快建设创新型国家；加快改革攻坚步伐，完善社会主义市场经济体制；实施互利共赢的开放战略，进一步提高对外开放水平。

《建议》特别提出，五年期内，要确保科学发展取得新的显著进步，确保转变经济发展方式取得实质性进展。要坚持把经济结构战略性调整作为加快转变经济发展方式的主攻方向;坚持把科技进步和创新作为加快转变经济发展方式的重要支撑;坚持把保障和改善民生作为加快转变经济发展方式的根本出发点和落脚点;坚持把建设资源节约型、环境友好型社会作为加快转变经济发展方式的重要着力点;坚持把改革开放作为加快转变经济发展方式的强大动力。

按照与"应对国际金融危机冲击重大部署"紧密衔接、与"到2020年实现全面建设小康社会奋斗目标"紧密衔接的要求,综合考虑未来发展趋势和条件,"十二五"规划提出的主要目标,一是经济平稳较快发展。GDP年均增长7%,城镇新增就业4500万人,城镇登记失业率控制在5%以内,价格总水平基本稳定,国际收支趋向基本平衡,经济增长质量和效益明显提高。二是结构调整取得重大进展。农业基础进一步巩固,工业结构继续优化,战略性新兴产业发展取得突破,服务业增加值占GDP比重提高4%,城镇化率提高4%。三是科技教育水平明显提升。九年义务教育巩固率达到93%,高中阶段教育毛入学率提高到87%。研究与试验发展经费支出占GDP比重达到2.2%,每万人口发明专利拥有量提高到3.3件。四是资源节约环境保护成效显著。耕地保有量保持在18.18亿亩。单位工业增加值用水量降低30%,农业灌溉用水有效利用系数提高到0.53。非化石能源占一次能源消费比重达到11.4%。单位GDP能源消耗降低16%,单位GDP二氧化碳排放降低17%。森林覆盖率提高到21.66%,森林蓄积量增加6亿立方米。五是人民生活持续改善。全国总人口控制在13.9亿人以内。人均预期寿命提高1岁,达到74.5岁。城镇居民人均可支配收入和农村居民人均纯收入分别年均增长7%以上。新型农村社会养老保险实现制度全覆盖,城镇参加基本养老保险人数达到3.57亿人,城乡三项基本医疗保险参保率提高3%。贫困人口显著减少。

实际情况是,到2015年底,"十二五"规划确定的主要目标全面完成①。一是经济持续较快发展。GDP年均增长7.8%(超过规划的7%),

---

① 参阅:李克强:《2016年政府工作报告》,见2016年3月7日中国政府网。

经济总量稳居世界第二位，成为全球第一货物贸易大国和主要对外投资大国。二是产业结构调整取得标志性进展。服务业成为第一大产业，工业化与信息化融合加深，农业综合生产能力明显增强。消费成为支撑经济增长的主要力量。单位 GDP 能耗下降 18.2%（超过规划的 16%），主要污染物排放量减少 12% 以上。三是基础设施水平全面跃升。铁路营业里程达到 12.1 万公里。高速公路通车里程超过 12 万公里。建成全球最大的第四代移动通信网络。四是科技创新实现重大突破。载人航天、探月工程、深海探测等项目达到世界先进水平。五是人民生活水平显著提高。居民收入增长快于经济增长，城乡收入差距持续缩小。城镇新增就业人数超过 6400 万人（超过规划的 4500 万人）。农村贫困人口减少 1 亿多。经过五年努力，我国经济实力、科技实力、国际影响力又上新的台阶。

3.5 以习近平同志为主要代表的中国共产党人的国家经济利益观

以习近平同志为主要代表的中国共产党人在继承的基础上，结合国内外新的形势，与时俱进地提出了新的国家经济利益观。这主要体现为，将国家经济利益视为总体国家利益的基础和重要内容；推动实施创新驱动发展战略，坚定不移走科技强国之路；强调创新创业创造新动能，积极发展新经济产业；强调积极推动我国能源生产和消费革命；从维护国家经济利益出发，强调共创国家间安全合作新局面。

3.5.1 将国家经济利益视为总体国家利益的基础和重要组成部分

国家安全的本质是国家利益，国家经济安全的本质是国家经济利益。

在中央政治局第 26 次集体学习时（2020 年 12 月 12 日），谈到国家安全和经济安全，习近平总书记强调，要坚持总体国家安全观，把国家安全贯穿到党和国家工作各方面和全过程，同经济社会发展一起谋划、一起部署，坚持系统思维，构建大安全格局。

他提出，贯彻总体国家安全观，要坚持政治安全、人民安全、国家利益至上有机统一，以人民安全为宗旨，以政治安全为根本，以经济安全为基础，捍卫国家主权和领土完整，防范化解重大安全风险。要坚持统筹发展和安全，坚持发展和安全并重，实现高质量发展和高水平安全的良性互动，既通过发展提升国家安全实力，又深入推进国家安全思路、体制、手段创新，营造有利于经济社会发展的安全环境，在发展中更多考虑安全因素，努力实现发展和安全的动态平衡。

在早先提出"总体国家利益观"的"四个核心""十三个方面"中，以习近平同志为主要代表的中国共产党人将国家经济利益放在十分重要的位置。其中，"四个核心"之一即为"坚持以经济建设为中心，不断提高综合国力"。在"十三个方面"中，第二、五、六、七、八、十、十二方面谈的都是国家经济利益，分别提出：要确保中国的经济发展进程不被外部因素所打断，使中国经济以较快速度持续发展；要积极参与国际分工，在继续对外开放的同时，使世界市场、世界金融体系、世界科学技术体系持续稳定公平地对中国开放；要确保中国经济发展所必需的能源、资源稳定、可靠地供应；要维护民族、国家最基本的生存空间即生态环境等的可持续利用，大力开发海洋空间、信息空间、太空空间；要在区域化进程中保持主导地位，积极促进区域内建立在平等自愿基础上的经济一体化；要积极参与全球范围内重大问题的解决与磋商，如生态环境的保护、汇率形成；要积极参与维护稳定的国际经济秩序，对与中国国家利益密切相关的有关国际交易制度与规则的制定与形成，积极参与并尽可能施加影响。

3.5.2　强调实施创新驱动发展战略，坚定不移地走科技强国之路

在以胡锦涛为总书记的党中央强调"提高自主创新能力，建设创新型国家"的基础上，鉴于国内外环境及经济格局的新变化，特别是我国经济发展的新进程，以习近平同志为核心的党中央进一步明确提出，要实施创新驱动发展战略，坚定不移地走科技强国之路。

在中科院第十七次院士大会、工程院第十二次院士大会上（2014年6月9日），习近平总书记强调，科技是国家强盛之基，创新是民族进步之魂。[1]科技实力决定着世界政治经济力量对比的变化，决定着各国各民族的前途命运。科技创新是提高社会生产力和综合国力的战略支撑，必须摆在国家发展全局的核心位置。新一轮科技革命和产业变革正在兴起，面对科技创新发展新趋势，抢占未来经济科技发展的先机，我们必须迎头赶上、奋起直追、力争超越。要加快从要素驱动、投资规模驱动发展为主，向以创新驱动发展为主转变。实施创新驱动发展战略，最根本的是要增强自主创新能力，要破除体制机制障碍，最大限度解放和激发科技作为第一生产力所蕴藏的巨大潜能。要坚定不移走中国特色自主创新道路，坚持自主创新、重点跨越、支撑发展、引领未来的方针，加快创新型国家建设步伐。

习近平总书记特别强调，只有把核心技术掌握在自己手中，才能真正掌握竞争和发展的主动权，才能从根本上保障国家经济安全、国防安全和其他安全。要高度重视原始性专业基础理论突破，加强科学基础设施建设，保证基础性、系统性、前沿性技术研究和技术研发持续推进，强化自主创新成果的源头供给。要积极主动整合和利用好全球创新资源，从我国现实需求、发展需求出发，有选择、有重点地参加国际大科学装置和科研基地及其中心建设和利用。要准确把握重点领域科技发展的

---

[1] 见新华网2014年6月9日消息：《习近平在中国科学院第十七次院士大会、工程院第十二次院士大会上的讲话》。

战略机遇，选准关系全局和长远发展的战略必争领域和优先方向，通过高效合理配置，深入推进协同创新和开放创新，构建高效强大的共性关键技术供给体系，努力实现关键技术重大突破，把关键技术掌握在自己手里。

习近平总书记进一步指出，实施创新驱动发展战略是一个系统工程。科技成果只有同国家需要、人民要求、市场需求相结合，完成从科学研究、实验开发、推广应用的"三级跳"，才能真正实现创新价值、实现创新驱动发展。相应必须深化科技体制改革，破除一切制约科技创新的思想障碍和制度藩篱，处理好政府和市场的关系，推动科技与经济社会发展深度融合，以改革释放创新活力，加快建立健全国家创新体系，让一切创新源泉充分涌流。要着力以科技创新为核心，全方位推进产品创新、品牌创新、产业组织创新、商业模式创新，把创新驱动发展战略落实到现代化建设整个进程和各个方面。

3.5.3 强调中国应积极推动能源供给革命和消费革命

随着第四次产业革命的推进，全球能源供给发生了新的变化。习近平总书记及时指出，能源安全是关系国家经济社会发展的全局性、战略性问题，对国家繁荣发展、人民生活改善、社会长治久安至关重要。面对世界能源供需格局新变化、国际能源发展新趋势，为保障国家能源供给安全，我们必须推动能源供给和消费革命。推动能源供给革命和消费革命是长期战略，必须从当前做起，加快实施重点任务和重大举措。[①]

习近平总书记强调，我国已成为世界上最大的能源生产国和消费国，形成了煤炭、电力、石油、天然气、新能源、可再生能源全面发展的能源供给体系。但我们也面临能源需求压力巨大、能源供给制约较多、能源生产和消费对生态环境损害严重、能源技术水平总体落后等挑战。必

---

① 见新华网 2014 年 6 月 13 日消息：《习近平主持召开中央财经领导小组会议，强调积极推动我国能源生产和消费革命，加快实施能源领域重点任务重大举措》。

须从国家发展和安全的战略高度，审时度势，借势而为，找到顺应能源大势之道。同时，要推动能源消费革命，抑制不合理能源消费，把节能贯穿经济社会发展全过程和各领域，加快形成能源节约型社会。

习近平总书记强调，推动能源供给革命，我们必须建立多元供应体系；要立足国内多元供应保安全，推进煤炭清洁高效利用，发展非煤能源，形成煤、油、气、核、新能源、可再生能源多轮驱动的能源供应体系，同时加强能源输配网络和储备设施建设。要推动能源技术革命，紧跟国际能源技术革命新趋势，以绿色低碳为方向，把能源技术及其关联产业培育成带动我国产业升级的新增长点。要推动能源体制革命，打通能源发展快车道，构建有效竞争的市场结构和市场体系，形成主要由市场决定能源价格的机制。要全方位加强国际合作，在主要立足国内的前提条件下，在能源供给和消费革命各方面加强国际合作，有效利用国际资源。

3.5.4 从维护国家经济利益出发强调共创国家间安全合作新局面

习近平总书记强调，中国要坚定不移地走和平发展的道路，始终不渝地奉行互利共赢的开放战略，积极倡导"共同、综合、合作、可持续"的国际安全观，在和平共处五项原则基础上发展同世界各国的友好合作。[①]

习近平总书记认为，"共同"就是要尊重和保障每个国家的安全。安全应该是普遍的，不能牺牲别国的安全来谋求自身的安全。安全应该是平等的，各国都有平等参与国际安全事务的权利，也都有维护国际安全的责任。安全应该是包容的，应把各国的差异性转化为促进国家间安全合作的活力和动力，要恪守尊重主权、独立和领土完整、互不干涉内政等国际关系基本准则，尊重各国自主选择的社会制度和发展道路。"综

---

① 见习近平在亚洲相互协作与信任措施会议第四次峰会上的讲话《积极树立亚洲安全观，共创安全合作新局面》，2014 年 5 月 21 日。

合"就是要统筹维护传统领域和非传统领域安全。"合作"就是要通过对话来谋求合作,促进各国和本地区安全。

习近平总书记认为,要通过国家间的对话沟通,增进战略互信,减少相互猜疑,求同化异、和睦相处,不断扩大合作领域、创新合作方式,以合作谋和平、以合作促安全,努力实现双赢、多赢、共赢。"可持续"就是要发展和安全并重,以实现持久安全。发展就是最大安全,也是解决安全问题的"总钥匙"。应聚焦发展主题,积极改善民生,缩小贫富差距,不断夯实国际安全的根基。

3.5.5 以习近平为核心的党中央关于经济发展的安排

以习近平同志为核心的党中央履职时期,中国制定了"十三五"和"十四五"规划。其中,《国民经济和社会发展第十三个五年规划纲要》提出,紧紧围绕全面建成小康社会奋斗目标,针对发展不平衡、不协调、不可持续等突出问题,要牢固树立和贯彻落实创新、协调、绿色、开放、共享的新发展理念。

一是要保持经济中高速增长,推动产业迈向中高端水平,全面建成小康社会。到2020年GDP和城乡人均收入比2010年"翻一番",GDP年均增长6.5%以上。加快推进产业结构优化升级,到2020年,先进制造业、现代服务业、战略性新兴产业比重大幅提升,全员劳动生产率从人均8.7万元提高到12万元以上。

二是强化创新引领作用,深入实施创新驱动发展战略,为发展注入强大动力。启动一批国家重大科技项目,建设一批高水平国家科学中心和技术创新中心,培育壮大一批有国际竞争力的创新型领军企业。持续推动大众创业、万众创新。全社会研发经费投入强度达到2.5%,科技进步对经济增长的贡献率达到60%。

三是推进新型城镇化和农业现代化,促进城乡区域协调发展。深入推进以人为核心的新型城镇化,实现1亿左右农业转移人口和其他常住人口在城镇落户，完成约 1 亿人居住的棚户区和城中村改造，引导 1 亿人在中西部地区就近城镇化。推动农业适度规模经营和区域化布局、标准化生产、社会化服务，粮食等主要农产品供给和质量安全得到更好保障，农业现代化水平明显提高。高铁里程达到 3 万公里、覆盖 80% 以上大城市，新建改建高速公路通车里程约 3 万公里，实现城乡宽带网络全覆盖。

四是推动形成绿色生产生活方式，加快改善生态环境。坚持在发展中保护、在保护中发展，持续推进生态文明建设。深入实施大气、水、土壤污染防治行动计划，加强生态保护和修复。单位 GDP 用水量、能耗、二氧化碳排放量分别下降 23%、15%、18%，森林覆盖率达到 23.04%，能源资源开发利用效率大幅提高，生态环境质量总体改善，地级及以上城市空气质量优良天数比率超过 80%。

2020 年 11 月，中共中央提出了《关于制定国民经济和社会发展第十四个五年规划和二〇三五年远景目标的建议》（以下简称《建议》）。《建议》指出，"十四五"时期是我国全面建成小康社会、实现第一个百年奋斗目标之后，乘势而上开启全面建设社会主义现代化国家新征程、向第二个百年奋斗目标进军的第一个五年。①

《建议》认为，我国发展环境面临深刻复杂变化。当今世界正经历百年未有之大变局，新一轮科技革命和产业变革深入发展，国际力量对比深刻调整，同时国际环境日趋复杂，不稳定性不确定性明显增加，世界进入动荡变革期。我国已转向高质量发展阶段，同时发展不平衡不充分问题仍然突出。要深刻认识我国社会主要矛盾变化带来的新特征新要求，深刻认识错综复杂的国际环境带来的新矛盾新挑战。

《建议》提出，"十四五"时期要坚定不移贯彻创新、协调、绿色、开放、共享的新发展理念，坚持稳中求进工作总基调，以推动高质量发展为主题，

---

① 参阅：中共中央关于制定国民经济和社会发展第十四个五年规划和二〇三五年远景目标的建议（2020 年 10 月 29 日中国共产党第十九届中央委员会第五次全体会议通过），新华社，2020 年 11 月 3 日。

以深化供给侧结构性改革为主线,以改革创新为根本动力,以满足人民日益增长的美好生活需要为根本目的,统筹发展和安全,加快建设现代化经济体系,加快构建以国内大循环为主体、国内国际双循环相互促进的新发展格局,实现经济行稳致远、社会安定和谐,为全面建设社会主义现代化国家开好局、起好步。要坚持新发展理念,构建新发展格局,切实转变发展方式,推动质量变革、效率变革、动力变革,实现更高质量、更有效率、更加公平、更可持续、更为安全的发展。要坚持系统观念。加强前瞻性思考、全局性谋划、战略性布局、整体性推进,统筹国内国际两个大局,办好发展安全两件大事,坚持全国一盘棋,更好地发挥中央、地方和各方面积极性,着力固根基、扬优势、补短板、强弱项,注重防范化解重大风险挑战,实现发展质量、结构、规模、速度、效益、安全相统一。

《建议》提出的"十四五"时期的经济发展主要目标,一是在质量效益明显提升的基础上实现经济持续健康发展,增长潜力充分发挥,国内市场更加强大,经济结构更加优化,创新能力显著提升,产业基础高级化、产业链现代化水平明显提高,农业基础更加稳固,城乡区域发展协调性明显增强,现代化经济体系建设取得重大进展。二是生态文明建设实现新进步。国土空间开发保护格局得到优化,生产生活方式绿色、转型成效显著,能源资源配置更加合理、利用效率大幅提高,主要污染物排放总量持续减少,生态环境持续改善,生态安全屏障更加牢固,城乡人居环境明显改善。三是民生福祉达到新水平。实现更加充分更高质量就业,居民收入增长和经济增长基本同步,分配结构明显改善,基本公共服务均等化水平明显提高,多层次社会保障体系更加健全,卫生健康体系更加完善,乡村振兴战略全面推进。

同时,《建议》进一步强调,坚持创新驱动发展,全面塑造发展新优势;加快发展现代产业体系,推动经济体系优化升级;形成强大国内市场,构建新发展格局;全面深化改革,构建高水平社会主义市场经济体制;优先发展农业农村,全面推进乡村振兴;优化国土空间布局,推进区域协调发展和新型城镇化；推动绿色发展，促进人与自然和谐共生；实行高水平对外开放，开拓合作共赢新局面；改善人民生活品质，提高社会建设水平。特别是，统筹发展和安全，加强经济安全风险预警、防控机制和能力建设，实现重要产业、基础设施、战略资源、重大科技等关键领域安全可控；增强产业体系抗冲击能力，确保粮食安全，保障能源和战略性矿产资源安全，维护水利、电力、供水、油气、交通、通信、网络、金融等重要基础设施安全；维护金融安全，守住不发生系统性风险底线；确保生态安全；构建海外利益保护和风险预警防范体系。

3.6 历代中国共产党人关于国家经济利益认识的比较

在持续努力下，党和政府对国家经济利益形成了较为系统的思想。具体有以下特点。

3.6.1 始终将发展经济作为维护国家经济利益的基本要务

从新中国成立起，毛泽东始终思虑着中国经济发展的战略问题，明确提出要制定具有中国特色的国家经济发展战略，提出要"使中国稳步地由农业国转变为工业国，把中国建设成一个伟大的社会主义国家"。强调为了达到这个目标，必须制定明确的奋斗步骤，即稳步由农业国转变为工业国、实现四个现代化、赶超世界上最先进的资本主义国家。20世纪50年代中后期，毛泽东多次指出，"现在的中心任务是建设"。即使在1974年10月，毛泽东还指示"要把国民经济搞上去"。

以邓小平同志为主要代表的中国共产党人，以经济建设为中心，致力于解放生产力，协调国内外各种经济关系，一心一意加快经济社会发展，成为坚定不移的国家经济利益观。邓小平基于对国内外形势的判断，始终将经济工作视为党和政府工作的重心。他提出了"发展是硬道理"的著名论断，明确指出："要把经济建设当作中心。离开了经济建设这个中心，就有丧失物质基础的危险。其他一切任务都要服从这个中心，围绕这个中心，决不能干扰它，冲击它。"同时清晰地认识到，"我们在国际事务中起的作用的大小，要看我们自己经济建设成就的大小。如果我们国家发展了，更加兴旺发达了，我们在国际事务中的作用就会更大"。他始终将发展经济看成是全面实现国家利益的物质基础和决定性因素，并希望通过经济发展增强国力，提高中国的国际地位。

以江泽民同志为主要代表的中国共产党人，强调国家间的竞争突出地表现为以经济实力为基础的综合国力的竞争，发展经济居各国战略的首要位置；经济实力决定着国防潜力的大小，决定着国家的安全和国际地位。江泽民反复强调，"经济是基础，解决中国的所有问题，归根结底要靠经济的发展"。他认为，经济发展了，综合国力增强了，国家利益和安全就有了坚实的保障。胡锦涛担任总书记期间，面对全球多极化进一步发展，提出在充满机遇和挑战的时代，要正确把握人类发展方向，走科学发展之路，为中国谋求最大化的国家经济利益。以习近平同志为核心的党中央则强调，要坚持以经济建设为中心，不断提高综合国力；要确保中国的经济发展进程不被外部因素所打断，使中国经济以较快速度持续发展。

3.6.2 始终把建立独立自主的国民经济体系作为国家经济利益的核心内容

新中国成立后，毛泽东即认为当务之急就是必须摆脱旧中国受制于人的路子，要建立起适合中国国情的工业体系和国民经济体系，以此为新中国奠定坚不可摧的基础。毛泽东认为，只有建立和发展我国的工业事业，尤其是重工业，中国才能获得独立发展经济的条件。党的八大又明确提出"为把我国由落后的农业国变为先进的社会主义工业国，我们必须在三个五年计划或者再多一点的时间内,建成一个基本上完整的工业体系"。相应地,在第一个、第二个两个"五年计划"期间,依托苏联援建的"156项工程",再加上党和政府以及全国人民的努力,新中国初步建立了自己的国民经济体系。经过第三、四、五、六等四个"五年计划",新中国的国民经济体系日渐羽翼丰满。这对于后来中国经济的改革开放与持续发展,起到了重要的奠基性作用。

此后,邓小平、江泽民、胡锦涛等,对建立独立自主的国民经济体系皆给予与时俱进的关注。20世纪80年代初,鉴于我国与西方工业发达国家的关系逐步改善,不少国家对向我国转让技术放松管制,以邓小平同志为主要代表的中国共产党人适时推动大规模技术引进工作,有效提升了我们不少经济部门的技术水平,缩小了相关经济部门与发达国家的生产技术差距。鉴于20世纪90年代国际上发达国家高新技术产业的急剧发展,以江泽民同志为主要代表的中国共产党人适时提出,要加快发展高新技术产业。鉴于新世纪以来诸多发达国家在新兴产业领域加快布局,以胡锦涛同志为主要代表的中国共产党人适时提出,要加快发展战略性新兴产业,以培育新的国际竞争力。以习近平同志为主要代表的中国共产党人,鉴于当今世界正经历百年未有之大变局,新一轮科技革命和产业变革深入发展,我国已转向高质量发展阶段,同时发展不平衡不充分问题仍然突出,即提出要加快建设现代化经济体系,推动经济体系优化升级,提升产业基础高级化及产业链现代化水平。

3.6.3 始终强调中国要坚定不移地走科技强国之路

在以毛泽东同志为主要代表的中国共产党人时代,1956年9月党的八大通过的党章中即规定,要有系统有步骤地进行国民经济的技术改造,使中国具有强大的现代化的工业、农业、交通运输业和国防。1964年12月,周恩来在三届全国人大会议上正式宣布,今后发展国民经济的主要任务,就是要在不太长的历史时期内,把我国建设成为一个具有现代化农业、工业、国防和现代化科技的社会主义强国，赶上和超过世界先进水平。

在以邓小平同志为主要代表的中国共产党人时期，邓小平深刻认识到科学技术对于经济发展的重要作用，旗帜鲜明地提出"科学技术是第一生产力"的论断。他进一步提出，要通过引进国外先进技术，加快我国的科技进步；要引进国际上的先进技术和设备，充分利用"后发优势"来促进我国的经济发展。邓小平强调，中国必须在国际高科技领域占有一席之地，中国必须发展自己的高科技。[1]继而，他亲自推动了我国"863高科技发展计划"的实施。为确保中国科技可持续发展，他强调对教育事业的投入，认为只有教育兴旺发达了，持续培养出高级科技人才，才能保证中国的科技发展跟上先进国家的步伐。

在以江泽民同志为主要代表的中国共产党人时期，江泽民在1999年8月23日召开的首次全国技术创新大会上明确指出，大力推动科技进步，加强科技创新，是事关祖国富强和民族振兴的大事。努力在科技进步与创新上取得突破性进展，是个伟大的战略性任务。同时，中共中央、国务院发布的《关于加强技术创新，发展高科技，实现产业化的决定》强调，要加强技术创新和科技成果产业化，走有中国特色的技术跨越发展道路。

在以胡锦涛同志为主要代表的中国共产党人时期，胡锦涛明确指出，自主创新已成为掌握中国发展之命运的关键之举。[2]要充分发挥科技引领作用，提高自主创新能力，加快建设创新型国家，加强经济社会发展的创新驱动，加快培育发展战略性新兴产业，在更高起点上形成新的经济增长点，提高经济增长质量和效益，并强调这是加快转变经济发展方式和掌握国际经济竞争主动权的要求。[3]

党的十八大后，以习近平同志为核心的党中央鉴于国内外环境及经济格局的新变化，特别是我国经济发展的新进程，习近平总书记进一步

---

[1] 见《邓小平文选》（第3卷），人民出版社，1993，275。
[2] 胡锦涛：《在庆祝神舟七号载人航天飞行圆满成功大会上讲话》，人民日报，2008年11月7日。
[3] 胡锦涛：《加快培育发展战略性新兴产业》，www.chinanews.com，2011年5月31日。

明确提出,要实施创新驱动发展战略,坚定不移地走科技强国之路。他强调,科技是国家强盛之基,创新是民族进步之魂。科技实力决定着世界政治经济力量对比的变化,决定着各国各民族的前途命运。科技创新是提高社会生产力和综合国力的战略支撑,必须摆在国家发展全局的核心位置。面对科技创新发展新趋势,必须迎头赶上、奋起直追、力争超越。他强调,只有把核心技术掌握在自己手中,才能真正掌握竞争和发展的主动权,才能从根本上保障国家经济安全、国防安全和其他安全。他指出,实施创新驱动发展战略,最根本的是要增强自主创新能力,最大限度解放和激发科技作为第一生产力所蕴藏的巨大潜能。要坚定不移走中国特色自主创新道路,坚持自主创新、重点跨越、支撑发展、引领未来的方针,加快创新型国家建设步伐。①

3.6.4 始终强调要借助国际资源和国际环境发展中国经济

新中国成立之初,党中央即明确提出,要借助对外经济技术交流与合作来发展中国经济,提升中国的经济利益。鉴于当时特定的国际环境,党中央坚定地将对外经济交流与合作的重点放在苏联及东欧社会主义国家范围。毛泽东要求,"只要有可能,就发展同世界上任何愿意和我们往来的国家的通商贸易关系"。

邓小平强调,各国经济是相互依存、共同发展的。基于对"和平与发展"时代主题的认识和把握,邓小平认为,国际社会已进入相互依存的时代,一国的发展不能孤立进行,经济发展必须具有全球眼光。他指出,把自己孤立于世界之外是不利的,要利用有利的国际和平环境来发展自己;要通过建立国际政治经济新秩序,在平等、合作、互利的基础上实现本国的经济利益。他提出了"全方位开放的思想",认为要以超越时空的洞察力来把握国家经济利益问题;为了中国经济的发展,在国际上,

---

① 见新华网 2014 年 6 月 9 日消息:《习近平在中国科学院第十七次院士大会、工程院第十二次院士大会上的讲话》。

我们可以"同什么人都打交道""与所有国家都来往";要发现国家间的共同点,找到友好合作、共谋发展的基础。

江泽民进一步强调国家间合作对于维护中国经济利益的至关重要性。江泽民提出了发展国际经济合作的"五项原则",一是要把世界和亚太经济持续发展作为开展合作的根本目的;二是要为发展中成员国经济持续发展创造有利的外部条件;三是要坚持自主自愿原则,要尊重差别,适当把握贸易投资自由化的合理速度;四是要实行贸易投资自由化与经济技术合作并重的方针;五是在合作观念上必须摒弃一切强加于人的做法。江泽民进一步强调,不但要坚持平等互利、优势互补,更应该提倡发达国家以其经济基础优势帮助发展中国家,把贸易投资自由化和经济技术的交流与合作结合起来、相互促进。同时,他认为,中国企业必须走出去,实施"走出去"的战略;"引进来"和"走出去"是中国对外开放基本国策的两个紧密联系、相互促进的方面,二者缺一不可。

胡锦涛认为求和平、促发展、谋合作是不可阻挡的历史潮流,中国应携手其他国家,"努力建设共同繁荣的和谐世界"。他同时提出,国际社会应该从人类生存和发展出发,树立共同责任意识,统筹兼顾、携手应对。

以习近平同志为核心的党中央,在"总体国家利益观"的"四个核心""十三个方面"中,多处强调借助国际资源和环境发展中国经济的重要性,提出要积极参与国际分工,在继续对外开放的同时,使世界市场、世界金融体系、世界科学技术体系、持续稳定公平地对中国开放;要积极参与全球范围内重大问题的解决与磋商,如生态环境保护、汇率形成;要积极参与维护稳定的国际经济秩序,对与中国国家利益密切相关的有关国际交易制度与规则的制定与形成,要积极参与并尽可能施加影响。

3.6.5 与时俱进地给国家经济利益注入新的内容

从历史的角度看,在"四个始终"(始终将发展经济作为维护国家经济利益的基本要务、始终把建立独立自主国民经济体系作为国家经济利益的核心内容、始终强调中国要坚定不移地走科技强国之路、始终强调要借助国际资源和国际环境发展中国经济）的基础上，中国共产党人与时俱进地给国家经济利益注入了新的内容。

典型的是，以邓小平同志为主要代表的中国共产党人，前所未有地关注并重视农村农业的稳定发展。通过给农民松绑，有效地解放了广大农村的生产力，同时使广大农民不再受夏收之前两三月缺粮之苦。基于1997年后亚洲金融危机的背景，以江泽民同志为主要代表的中国共产党人提出，金融国际化是经济全球化的突出特征，经济运行和发展都要求安全、稳健的金融体系，要"突出金融安全在国家经济利益中的地位"。江泽民指出，"金融体系的正常安全运行，对经济全局的稳定和发展至关重要""金融市场的渗透难以避免。我们只有沉着应对，趋利避害，才能掌握主动权"。他多次强调要把防范金融风险、维护金融安全，作为维护国家经济利益的主要工作来抓；要保持中国经济所依赖的国外资源和市场的相对稳定和持续，以免受国际游资的冲击和打击。

针对经济增长方式粗放，技术含量低，经济效益差，可持续发展的资源和环境压力日益加剧，同时盲目投资和低水平扩张的体制性根源日益凸显、社会事业发展滞后的矛盾日益尖锐、区域协调发展面临的挑战日益严峻、外部经济环境的不确定因素和不稳定因素日益增加的情况，胡锦涛适时提出，中国必须走科学发展的道路；科学发展观，第一要义是发展，核心是以人为本，基本要求是全面协调可持续，根本方法是统筹兼顾。针对世界多极化、经济全球化进程中还存在这样那样的矛盾和冲突，不确定不稳定因素有所增加，胡锦涛适时提出，求和平、促发展、谋合作是不可阻挡的历史潮流，中国应携手其他国家，"努力建设共同繁荣的和谐世界"[①]。他强调，"面对纷繁复杂的世界，应更加重视和谐，

---

① 胡锦涛：《加强友好合作共创美好未来》，《人民日报》，2005年11月18日。

强调和谐，促进和谐"①，努力建设持久和平、共同繁荣的和谐世界，这才符合世界各国人民的共同福祉②。

以习近平同志为核心的党中央，面对当今世界正经历百年未有之大变局，新一轮科技革命和产业变革深入发展，国际力量对比深刻调整，同时国际环境日趋复杂，不稳定性不确定性明显增加，世界进入动荡变革期，我国虽已转向高质量发展阶段，但发展不平衡不充分问题仍然突出。习近平总书记适时提出，要深刻认识我国社会主要矛盾变化带来的新特征新要求，深刻认识错综复杂的国际环境带来的新矛盾新挑战；要坚持总体国家安全观，把国家安全贯穿到党和国家工作各方面和全过程，同经济社会发展一起谋划、一起部署，坚持系统思维，构建大安全格局；要坚持政治安全、人民安全、国家利益至上有机统一，以人民安全为宗旨，以政治安全为根本，以经济安全为基础，捍卫国家主权和领土完整，防范化解重大安全风险；要坚持统筹发展和安全，坚持发展和安全并重，努力实现发展和安全的动态平衡。同时，要积极推动能源消费革命和能源供给革命。

---

① 胡锦涛：《促进中东和平建设和谐世界》，《人民日报》，2006年4月24日。
② 胡锦涛：《在发展中国家领导人集体会晤时的讲话》，《人民日报》，2006年1月17日。

第 4 章

界定新时期中国国家经济利益的主要依据

进入 21 世纪以来，中国以前所未有的风貌展示于全球。一方面，中国成为 WTO 成员方，世界本身也发生了巨大变化，我们所面对的国际环境已今非昔比；另一方面，经过改革开放 40 多年的努力，中国已稳定地成为全球第二大经济体，面对的竞争态势及国内人民的期盼也与以往不同。由此，我们需要十分明晰地界定新时期中国的国家经济利益，以期为国家、政府、业界当下和未来的相关决策提供依据。需要强调的是，界定新时期的国家经济利益，需要以中国国情、国际环境、国家的战略诉求作为依据。

4.1 中国国情

现阶段，中国的基本国情有以下几个特点。

4.1.1 政治制度：社会主义国家

我国是社会主义国家，全体国民的共同利益与国家利益高度一致，故应当将全体国民的共同利益作为思考国家经济利益问题的基本出发点和落脚点。

新中国成立后，作为社会主义国家，全体人民当家做主，"一个阶级对另一个阶级的利益剥削与对立"已不存在，全体国民的共同利益高度一致，国家谋求全体国民共同利益的最大化。邓小平说过："社会主义财富属于人民，社会主义的致富是全民共同致富。社会主义原则，第一是发展生产，第二是共同致富。我们允许一部分人先好起来，一部分地区先好起来，目的是更快地实现共同致富。"江泽民在庆祝建党80周年大会上强调："我们党始终坚持人民的利益高于一切。党除了最广大人民的利益，没有自己特殊的利益。党的一切工作，必须以最广大人民的根本利益为最高标准。"胡锦涛在中国共产党成立90周年大会上强调："要坚持发展为了人民、发展依靠人民、发展成果由人民共享。"习近平总书记强调国泰民安是人民群众最基本、最普遍的愿望，保证人民安居乐业、国家安全是头等大事；要坚持国家安全一切为了人民、一切依靠人民，不断提高人民群众的安全感、幸福感。

基于以上，我们应将"全体国民共同的经济利益"视为"国家经济利益"的基本内涵，作为思考国家经济利益的基本出发点和根本落脚点。这在逻辑上才符合党和国家的治国理念，符合全体国民共同的利益诉求。

4.1.2 经济体制：实行社会主义市场经济体制

改革开放40多年来，我们逐步转变成社会主义市场经济体制。一方面，社会主义市场经济具有一般市场经济的共性特征：一是经济活动市场化；二是企业行为自主化；三是国家宏观调控间接化；四是政府经济管理法治化。另一方面，社会主义市场经济还具有社会主义基本制度的规定性，即市场经济体制与社会主义基本制度结合而成的经济制度。这是社会主义市场经济体制所特有的，也是社会主义市场经济体制区别于资本主义市场经济体制的根本特征。这主要表现在以下三个方面[①]：

---

① 参见党的十九届四中全会通过的《中共中央关于坚持和完善中国特色社会主义制度、推进国家治理体系和治理能力现代化若干重大问题的决定》，对我国社会主义基本经济制度作出了新的概括，将"按劳分配为主体、多种分配方式并存"的分配制度与"社会主义市场经济体制""公有制为主体、多种所有制经济共同发展"并列，上升为社会主义基本经济制度的内涵之一。

第一，在所有制结构上，以公有制（含全民所有制和集体所有制经济）为主体，多种所有制经济（含个体经济、私营经济、外资经济）共同发展。不同经济成分企业还可以自愿实行多种形式的联合或股份制。同时，坚持公有制的主体地位，并不意味着其他经济性质的企业与公有制企业处于不平等的竞争地位，且国有企业、集体企业和其他经济性质的企业都要进入市场，通过公平竞争取得收入、赢得利润、谋求发展。

第二，在分配制度上，以按劳分配为主体，多种分配方式并存，处理好效率和公平的关系。社会主义市场经济体制决定了劳动者的个人收入获取应以按劳分配为主体，兼顾其他生产要素的贡献。同时，既鼓励先进，促进效率提高，拉开收入差距，又要防止两极分化，进而逐步实现全社会共同富裕。

第三，在宏观管理上，国家必须把人民的当前利益与长远利益、局部利益与整体利益结合起来，以市场机制为资源配置的基础性机制，更好地发挥计划与市场两种机制的作用。国家规划、计划是宏观调控的重要手段之一，要全国一盘棋，集中力量办大事，处理好中央与地方、全局与局部的关系，力求实现经济整体的健康运行与可持续发展。同时，要集中必要的财力、物力、人力进行重点建设，综合运用经济杠杆，促进经济更好更快地发展。相应地，政府要转变经济管理职能，以间接手段为主调控经济运行。

4.1.3　经济发展阶段：进入工业化中期的新兴发展中大国

作为新兴的发展中大国，中国有四个特点：

第一，人口众多。根据国家统计局公布的数据，截至2023年底，全国人口140967万人。其中，城镇常住人口占总人口比重超过60%。人口众多的特点，决定了凡是"好事"，人均后，"好"的程度都会大大降低（例如，人均GDP世界排位靠后）；凡是"坏事"，求和后，"坏"的程度都会大大加重（例如，生活垃圾总量很大）。

第二，GDP总量已稳居世界第二。作为经济总量主要指标，改革开放40多年来,中国的GDP大幅增长。从改革开放之初1978年的3650亿元人民币(约合2168亿美元),到2019年达到99.0865万亿元人民币(合14.4464万亿美元),2020年超过100万亿元人民币,2023年达到126万亿元人民币,在世界上仅次于美国。

第三,增长速度领先全球。改革开放以来,中国的经济增长远快于早期工业发达国家和其他新兴国家,41年间增长了456倍(见表4-1)。中国的GDP在2005年(合计2.2837万亿美元)超过"西方七强"中的法国,位列全球第五;2006年(合计2.7873万亿美元)超过英国,位列全球第四;2008年(合计4.2220万亿美元)超过德国,位列全球第三;2010年(合计5.8786万亿美元)超过日本,跃居世界第二位;即便在新冠疫情干扰的2020年,GDP仍比上年增长2.3%。尽管受"新冠后遗症"和国际大环境影响,按不变价格计算,2023年我们的GDP也比上年增长5.2%。

表4-1 中国改革开放以来年度GDP增长率　　　　%

年份	GDP增长率	年份	GDP增长率	年份	GDP增长率	年份	GDP增长率
2023	5.2	2011	9.3	1999	7.6	1987	11.6
2022	3.0	2010	10.4	1998	7.8	1986	8.8
2021	8.4	2009	9.2	1997	9.3	1985	13.5
2020	2.3	2008	9.6	1996	10.0	1984	15.2
2019	6.10	2007	14.2	1995	10.9	1983	10.9
2018	6.57	2006	12.7	1994	13.1	1982	9.1
2017	6.76	2005	11.3	1993	14.0	1981	5.2
2016	6.74	2004	10.1	1992	14.2	1980	7.8
2015	6.91	2003	10.0	1991	9.2	1979	7.6
2014	7.3	2002	9.1	1990	3.8	1978	11.7
2013	7.7	2001	8.3	1989	4.1		
2012	7.8	2000	8.4	1988	11.3		

第四,已进入传统意义上的工业化中期。依据钱纳里的人均GDP标准判断,我国已处于经济发展的工业化中期偏后(见表4-2);依据产业结构比标准判断,我国亦处于工业化中期偏后;依据三次产业就业比例标准判断,我国正处于工业化中期偏前。综合这三个视角可以认为,

我国在 20 世纪 90 年代（1992—1997 年）已进入工业化中期，目前仍处于该阶段。①

表 4-2　工业化程度的人均 GDP 标准列表

工业化各阶段	人均GDP（1970年美元）	时　期	中国达到该阶段的年份	达到该阶段人均GDP值（1970年美元）
第一阶段	140～280	工业化起始时期	1978—1987	147～293（人均GDP达到280美元年份为1987年左右）
第二阶段	280～560	工业化初期	1988—1996	293～562
第三阶段	560～1120	工业化中期	1997—2004	562～1171
第四阶段	1120～2100	工业化成熟期	2005—2007	1171～1483
第五阶段	2100～3360	工业化发达期		
第六阶段	3360～5040	发达经济		

若作个粗略的比拟，目前我国经济发展的工业化程度，大致相当于英国 19 世纪末 20 世纪初的工业化程度，相当于美国 20 世纪 40 年代中期的工业化程度，相当于日本 20 世纪 60 年代的工业化程度。

但需要说明的是，这并不意味着我们的工业技术水平相当于那些国家当时的水平，而仅仅是说工业在整个经济中的比重相当于它们当时的程度。实际情况是，我们进入工业化中期后的工业技术水平，大大地先进于它们当时的技术水平。在某些领域，我们的工业技术水平甚至与英美日现时的水平不相上下。

4.1.4　外部环境：融入全球经济体系但存在西方挑起的摩擦

改革开放特别是加入 WTO 以来，中国加快了融入全球经济体系的步伐，逐渐以"有影响、负责任"的大国形象参与国际经济事务和新秩序的建设，同时更为有效地开发国际国内两个市场，利用两类资源。中国已在相当程度上深层次融入全球经济体系。这相应引发了以下问题：

---

① 郭濂：《中国经济面临的矿产资源能源约束及对策——基于工业化中期的思考》，清华大学出版社，2011 年 9 月，180-186。

一是"中国威胁论"成为西方政客甚至业界和学界常常重复的话题。二是早期发达国家利用 WTO 规则允许的"贸易技术性壁垒"加大了狙击中国商品出口的力度。特别是近些年一些发达国家出现了"去全球化"倾向，进一步加大了狙击中国商品出口的力度。其他新兴国家甚至发展中国家则利用 WTO 规则，加大了借助"反倾销、反补贴"诉讼狙击中国商品出口的力度。三是随着中国对外输出资本，一些早期发达国家，如美国、德国、英国等，开始利用"国家安全审查"手段，来限制中国竞争力较强的企业在东道国的投资和贸易活动。一些新兴国家和发展中国家开始利用"环境评估"手段，来限制中国企业在东道国的投资和贸易活动。四是中国承担了越来越多的国际责任及义务。

深层次地融入全球经济体系，使中国经济与全球经济愈加紧密地融为一体，经济受国际因素影响日益增大，既难以独善其身，又必须在全球经济体系中主动或被动地承担更多的国际责任。所有这些现象和问题的出现，要求我们在不少方面调整自己的国际战略。①

4.1.5　基本态势：诸多问题需要靠经济持续发展来解决

尽管中国现阶段已成为仅次于美国的全球第二大经济体，但中国毕竟还是发展中国家，诸多问题还是要靠进一步的经济持续发展来解决。

第一，人均 GDP 水平低，说明中国总体上发展不足。2019 年，IMF 发布的最新数据显示，2018 年世界 GDP 总量为 84.74 万亿美元，总人口为 74.96 亿，人均 GDP 为 11305 美元。其中，中国 GDP 为 13.41 万亿美元，占世界 GDP 总量的 15.8%；人口为 13.95 亿，占世界总人口的 18.6%，人均 GDP 在 193 个国家中仅排在 72 位。人均 GDP 排在中国之前的经济体的 GDP 为 58.08 万亿美元，占世界 GDP 总量的 68.5%，人口为 15.79 亿，占世界总人口的 21.1%，人均 GDP 为 36775 美元，远超过中国。

---

① 雷家骕、林苞、王艺霖：《多重复杂背景下的中国经济安全问题》，机械工业出版社，2012，128-142。

第二，产业技术能力不强，产品技术水平低、附加值低，产业改造的任务艰巨、提升的空间很大。对工业化国家而言，出口结构最能反映其产业技术能力和产品技术水平。尽管早在 2006 年我国高新技术产品出口额即达到 2815 亿美元，占全部外贸出口的 29%，高新技术产业规模和出口总额均跻身世界前两位；2009 年高新技术产品出口已占我国全部出口额的 30% 左右，成为中国第一大出口产业；2011 年高新技术产品出口规模已达到 5488 亿美元，占全国外贸出口的 39%，居世界第一位。然而，其中较为先进的主要是移动电话、彩电、计算机等装配类产品，附加值并不高。

更为严重的是，现阶段我国产业创新与发展所需要的技术，不少形成对于发达国家技术的"双重依赖"，一些产业因持续的技术落后而依赖发达国家，一些产业受限于发达国家企业的专利及标准布局，而被对方锁定了产业发展的技术范式和路径，在技术来源上长期依赖对方。特别是，"十二五"规划推动发展的七大战略性新兴产业，不少产业的基础性核心技术基本在美国、欧盟国家、日本甚或韩国企业和公立研究机构手中[①]。例如，信息化、网络化时代，集成电路是最为基础的"产业元器件"，但我国每年必须进口大量集成电路，所花外汇额竟然比进口石油还要多（2019 年，石油进口花费 2300 亿美元，芯片进口花费 3100 亿美元）。这些皆显示我国产业改造提升的任务艰巨且空间巨大。

第三，区域经济发展极不平衡，诸多省区经济发展水平仍然很低，居民生活质量亟待提高。我国省域经济分为四个梯队。从 20 世纪 90 年代开始，广东、江苏、山东长期位居经济第一梯队。这三大省份一直位居全国经济前列，并与其他省份明显拉开差距，经济总量早已高过 7 万亿元。浙江、河南、四川、湖北、河北、湖南、福建则属于中国经济的第二梯队，经济总量为 3 万亿~5 万亿元。陕西、广西、云南、贵州以及黑龙江、吉

---

① 雷家骕、彭勃：《两种现象并存之下我国的技术供给安全问题》，《国有资产管理杂志》2009 年第 12 期。

林为中国经济的第三梯队，经济总量为 1.5 万亿~2.5 万亿元。第四梯队多为边缘省份，GDP 不到 1 万亿元，一省体量尚不如浙江宁波、江苏无锡等二线城市，这些省份包括甘肃、宁夏、青海、西藏、海南。2018 年，全国 GDP 十强省份分别为广东（9.73 万亿元）、江苏（9.26 万亿元）、山东（7.65 万亿元）、浙江（5.62 万亿元）、河南（4.8 万亿元）、四川（4.07 万亿元）、湖北（3.94 万亿元）、湖南（3.64 万亿元）、河北（3.6 万亿元）、福建（3.58 万亿元）。其中广东、江苏继续领跑，与其他省份明显拉开差距，这些皆反映落后省份有着很大的发展空间。

总体上看，我国人均 GDP 水平低，产业技术能力不强，产品技术水平低、附加值低，区域经济发展极不平衡。所有这些问题都需要通过进一步的持续发展来解决。我们必须坚持"创新是第一动力、科技是第一生产力、人才是第一资源"的基本认识，切实转变经济增长与发展方式，优化投资方向与结构，加快发展市场需求大的新兴产业，协调发展（产业间、区域间、虚拟经济与实体经济之间），实质性提高全要素生产率（广义技术进步），中国经济才会有所期待的更好的发展前景。

4.2 国际环境

习近平总书记强调，中国要坚定不移地走和平发展的道路，始终不渝地奉行互利共赢的开放战略，积极倡导"共同、综合、合作、可持续"的国际安全观，在和平共处五项原则基础上发展同世界各国的友好合作。[1] 界定新时期中国的国家经济利益，也必须考虑我们所置身的国际环境。

---

[1] 见习近平在亚洲相互协作与信任措施会议第四次峰会上的讲话《积极树立亚洲安全观，共创安全合作新局面》，2014 年 5 月 21 日。

4.2.1　当今世界正在发生前所未有的历史性变革

进入新世纪新时期以来，国际形势持续发生复杂而又深刻的变化，一系列具有全局性和战略性影响的重大事件对国际政治、经济、科技格局产生了重大而深远的影响，世界多极化前景更加明朗。

第一，"金砖五国"等新兴大国的兴起正在改变世界，但发达国家仍处在国际事务中的重要位置。一方面，伴随20世纪80年代以来全球经济发展的大趋势，以"金砖五国"为代表的新兴国家积极探索适合本国国情的发展道路，抓住国际产业转移调整和生产要素全球流动、优化重组的机遇，实现了本国经济的快速跃升。近年来，更多发展中国家经济增长快于发达国家，世界经济主要依靠美国经济带动的格局有所改变，发展中大国的群体性兴起正在成为全球经济发展的重要驱动力量。另一方面，发达国家竭力维护和扩大于它们自己有利的国际政治经济秩序，千方百计地图谋取得更大的政治经济利益。迄今为止，发达国家综合国力和核心竞争力领先的格局并没有发生根本性变化。

第二，伴随第四次产业革命，科技和金融成为推动时代进步的决定性因素。20世纪中后期以来，在科技领域，以信息科学、人工智能、生命科学、大数据、云计算、量子科技为标志的现代科学技术突飞猛进，再加上经济全球化的趋势，促发了人类第四次产业革命。这不仅给生产力的发展形成了巨大推动，而且开始在政治、经济、文化、军事、社会等领域得到应用并产生广泛影响，引起了人类社会生产方式和生活方式的重大变化。战略性高技术日益成为经济社会发展的决定性力量，成为综合国力竞争的焦点。同时，伴随着新的科技革命和产业革命，科学技术正在酝酿新的重大突破。未来科学技术引发的重大创新将会推动世界范围内生产力、生产方式以及人们生活方式持久而深刻的变革，必然对世界经济、科技发展和国家间综合国力竞争产生重大影响。在金融领域，从1997年前后的亚洲金融危机开始，以索罗斯为代表的"量子资本""国际游资"重创了国际经济，但金融工程学、行为金融学等新领域的快速发展，使金融资本（特别是新兴金融）一旦与科技结合，必将成为推动时代进步的决定性因素，诸如美国硅谷及其高新技术产业"迭代升级"、中国的"大众创业、万众创新"，都有着金融资本的巨大作用和新兴金融自身的崛起，这必将使人类社会发生翻天覆地的变化。

4.2.2 我们所处的是一个充满机遇和挑战的时代

当今世界正在发生的历史性变革，即百年未有之大变局，使人类正面对着机遇和挑战并存的局面[①]：

第一，政治上，当今世界正发生深刻而复杂的变化。一方面，世界多极化不可逆转，国际关系民主化不断推进；另一方面，霸权主义、强权政治有新的发展和表现，国际力量对比呈现"北强南弱、西强东弱"的基本态势。同时，当今世界仍不安宁，局部冲突和战争不断，传统安全威胁和非传统安全威胁相互交织，军事能力作为维护国家安全和发展利益的支撑作用更加强化。

第二，经济上，整个世界出现了新的失衡。一方面，科技进步日新月异，高新技术与传统产业融合日益深化，新兴产业方兴未艾、蓬勃发展，整个世界的财富生产力显著增强。另一方面，经济全球化的发展使全球性经济发展失衡更加严重，发达国家是经济全球化和科技进步最大的受益者，财富和技术力量更加集中于发达国家，发展中国家在激烈的国际经济科技竞争中总体上处于不利地位。同时，发达国家的"逆全球化思潮"又在兴起，特别是美国拟重构全球化规则。

第三，文化上，国家间的相互认同和不认同并存。一方面，不同文明的相互认同感得到增强，国际文化交流及合作日益拓展；另一方面，世界范围内思想文化交锋深刻而复杂，西方国家加紧向全世界推销其意识形态、社会制度、发展模式，时刻不忘记策动他国发生形形色色的"颜色革命"。

---

① 胡锦涛：《加强全球合作—促进共同发展》，人民日报，2005年10月16日。

第四,全球生态环境安全问题日益突出。[①]新兴及发展中国家工业化的进程加快,资源环境压力正在增大。《全球气候变化公约》对各国提出了新的要求。不愿遵守或没有能力遵守该公约的国家,在"地球大家庭"的位置将十分尴尬。

4.2.3 国家间利益交融,多数国家谋求共赢发展

人类所面临的机遇和挑战并存的局面,以及全球经济发展和区域性发展失衡,使得国家间利益交融,迫使多数国家谋求共赢发展。[②]

第一,国与国相互依存日益紧密。一是各国利益相互交织,更加广泛的国际合作和更为激烈的国际竞争同时并举。各国围绕市场、资源、资金、人才、知识产权等方面的争夺日趋激烈,围绕制定国际投资及贸易规则的博弈日趋尖锐。二是国际产业转移趋势不减,跨国公司在全球的并购和布局调整仍在进行之中,以专业化分工和供应链全球化为基础的全球生产体系持续调整并发展。

第二,国家间合作才有利于各国共同发展。经济全球化的飞速发展,使得信息、观念、人才、资源、资本和商品以史无前例的方式和速度在全球范围内流动,越来越深刻地影响着国家间相互认识及相处的方式。相应地,经济全球化使世界各国发展日益呈现出"一损俱损、一荣俱荣"的生态系统效应,凡不合作的国家,其发展必然受损,或者难以取得更好的发展业绩。

第三,各国都需要维护"发展模式的多样性"。各国有效发展的关键在于找到一条适合自身国情的经济发展道路,这成为一个国家能否在日趋激烈的国际竞争中胜出的关键。发展经济学对这一问题早有相关认识。因此,各国都应尊重他国的发展模式,在相互尊重的基础上交流发展经验,在自愿基础上同其他国家分享发展经验,甚至相互加持和促进发展。

---

① 胡锦涛:《抓住机遇、全面合作、共同发展》,人民日报,2005年4月22日。
② 胡锦涛:《深化互利合作 促进共同发展》,人民日报,2006年4月21日。

4.2.4 各国必须共同担当全球责任及义务

护和平、促发展,各国必须共担全球治理责任及义务。"二战"后特别是20世纪90年代中期"冷战"结束以来,经济全球化浪潮迅速扩展,人类交往的时空约束近乎被彻底打破,"地球村"意识广泛传播,国际社会越来越意识到各国必须共同担当全球责任及义务。

第一,人类社会开始承受"全球化异化"带来的严重后果。金融危机、能源资源短缺、粮食危机、气候环境恶化、自然灾害、公共卫生危机等全球性挑战和威胁频发多发并发。这些挑战和威胁涉及人类政治、经济及社会生活诸多方面,严重影响世界和平稳定与发展繁荣。特别是,2008年4月美国次贷风波引发的金融危机,因全球经济金融深度融合而迅速演化为1929年以来全球经历的最为严重、最具破坏性的金融危机。

2009年春天,墨西哥和美国又发生甲型H1N1流感疫情,并迅速传播扩散到世界各大洲的168个国家和地区,造成全球性流感大流行。据世界卫生组织2009年8月4日公布的数字:全球甲感确诊病例超过16万例。2020年发生的新冠疫情,使不少国家呈现万人级死亡规模。正是因为全球化时代风险莫测,全球化快速进程中的"地球村"又被称为"全球风险社会"。

第二,各国普遍意识到应该从人类生存和发展的高度,用相互联系的眼光看待和应对全球性挑战和威胁,树立共同责任及义务意识。通过前述事件,各国普遍认识到,一方面,应对全球性重大挑战和威胁攸关各国国计民生,对维护世界和平稳定,对促进各国共同繁荣发展,都是至关重要的,甚至是致命的;另一方面,各国携手共同应对全球性重大挑战和威胁,发挥各自专长和优势,有助于降低应对重大挑战和威胁的成本,提高应对重大挑战和威胁的效率,达成更好的应对效果。[①]

第三,共担责任及义务的制度性保障是建立健全多边国际合作机制。

---

① 胡锦涛:《深化亚太合作共创和谐未来》,人民日报,2005年11月19日。

"共担责任及义务"要求各国通过对话、磋商和协商解决分歧和矛盾，要求各国发挥各自专长和优势，公正公平互利合作，"制度性统筹"。相应地，需要建立健全多边国际合作机制，甚至需要发挥联合国及相关国际组织的作用。这类机制的建立和作用发挥，进一步要求构建合理的"责任及义务共担原则"，且责任和义务共担应体现国家"原始责任及能力差异"。

诸如应对国际金融危机，主要发达经济体应该承担更多的责任及义务，实施有利于本国和世界经济金融稳定和发展的宏观经济政策，积极稳定自身和国际金融市场，维护投资者利益，反对各种形式的贸易及投资保护主义。要深化国际金融体系改革和金融监管合作，强化跨国企业的全球责任。[①] 应对能源和环境挑战及气候变化，要遵循"共同但有区别的责任原则"。发达国家应正视自己的历史责任和当前人均排放高的现实，严格履行《京都议定书》确定的减排目标；未批准《京都议定书》的发达国家也应作出"可比性贡献"；发展中国家应该根据自身情况，积极采取相应措施，特别是要注重引进、消化、吸收发达国家的先进清洁技术，为应对全球气候变化作出力所能及的贡献。[②]

4.2.5　中国作为新兴大国应为人类作出更大贡献

各国必须共同担当全球责任及义务，中国是负责任的发展中的社会主义东方新兴大国，自然也必须勇于和善于担当全球责任及义务。

第一，当代中国与世界的关系发生了历史性变化。中国已成为全球经济中举足轻重的经济体。改革开放40多年来，中国经济高速增长，远快于早期工业发达国家和其他新兴国家。这使得中国的GDP在2010年（合计58786亿美元）超过日本，跃居世界第二位，至今稳坐第二的位置。

---

① 胡锦涛：《在亚太经合组织第十五次领导人非正式会议上的讲话》，人民日报，2007年9月9日。
② 胡锦涛：《深化亚太合作共创和谐未来》，人民日报，2005年11月19日。

中国的发展也为国际资本提供了广阔市场，2008年底，中国累计实际利用外资超过8500亿美元，成为仅次于美国的全球第二大商品期货市场。在应对1997年、2008年的区域性和全球性金融危机中，中国发挥了积极而重要的作用，体现了"负责任大国"的担当。当时，中国经济对世界经济增长的贡献率已超过10%，对国际贸易增长的贡献率超过12%。中国经济的崛起为"全球经济创造了机遇""美国从与中国不断扩大的经济交往中获得的利益，相当于每年700亿美元或平均每个家庭625美元"[①]。

中国全面融入全球政治和经济体系，已成为国际社会的重要成员，全面参与联合国工作，认真履行承担的责任及义务。中国加入了130多个政府间国际组织，签署了300多个国际公约，参加了20多项联合国维和行动，累计派出维和人员2万多人次，是目前安理会五个常任理事国中派出维和人员最多的国家。中国参与解决朝鲜半岛核问题、伊朗核问题、苏丹达尔富尔问题等重大国际热点问题，参与应对国际金融危机、气候变化、环境保护、能源安全、公共卫生等全球性问题。国际舆论认为，中国"向世界传递和平信息""世界需要中国"。中国发展对世界的作用和影响不断提高，国际环境发展变化对中国发展的作用和影响也不断增大。这种历史性改变，是世界各国有目共睹的。

第二，中国是发展中国家中最为重要的"责任及义务共担主体"。我们必须把坚持独立自主与参与经济全球化紧密结合，统筹好国内国际两个大局，为促进人类和平与发展事业作出贡献。改革开放40多年来，中国坚持对外开放基本国策，大力实施"引进来"和"走出去"战略，"当代中国的前途命运已经日益紧密地同世界的前途及命运联系在一起"[②]。中国离不开世界，世界也离不开中国。

---

① ［美］战略与国际研究中心：《账簿中国——美国智库透视中国崛起》，中国发展出版社，2008年，132。
② 胡锦涛，《在纪念党的十一届三中全会召开30周年大会上的讲话》，人民日报，2008年12月19日。

从国内国际两个大局相互联系的高度，审视中国和世界发展问题，思考和制定中国发展战略，我们必须既坚定不移地坚持独立自主，又勇于和善于参与全球治理。中国屡次宣布自己"是国际社会负责任的成员"，即必须积极参与应对全球性挑战和威胁的国际合作与治理。实践中，中国也是这样做的。诸如在全球气候变化问题上，中国始终坚持实施可持续发展战略，坚持节约资源能源，努力保护生态环境。

中国是发展中国家中第一个响应并签署《应对气候变化国际公约》的国家。中国政府采取了提高能源效率、改善能源结构、加强生态保护、减缓人口增长、推进法治建设等系列措施，确立了单位 GDP 能耗降低目标、主要污染物排放总量减少目标、森林覆盖率目标。在应对国际金融危机中，中国高度重视"保增长与调结构的有机结合"，坚定不移地推进产业结构的战略性调整，坚持不懈地开展节能减排，大力发展循环经济、新能源和节能环保等新兴产业，促进经济增长及发展方式的转变。

同时，中国政府坚持"互利共赢"开放原则，主动加强与世界各国的经贸合作，真诚维护 WTO 等多边贸易体制。在以往已实施的应对国际金融危机的经济刺激计划中，中国遵守 WTO 相关规定，平等对待国内外商品及投资，为外国企业提供了大量商机，赢得了国际社会的广泛赞誉。

第三，面对新的发展机遇，要求中国承担更大的国际责任及义务。对中国而言，当下及未来的机遇大于挑战。以 2003 年人均 GDP 达到 1000 美元为标志，我国的改革与发展进入了关键阶段。这个阶段是"发展的关键期、改革的攻坚期、矛盾的凸显期"，同时面对着全面参与经济全球化的新机遇及新挑战，面对着工业化、信息化、城镇化、市场化、国际化深入发展的新形势及新任务，面对着科学发展的新矛盾及新课题，面对着维护国内社会和谐稳定的诸多新情况及新问题，甚至面对着某些西方国家从多个领域加大防范和遏制我国发展的新动向及新困难。

与此同时，我们必须坚持走和平发展及崛起的道路，在国际事务中争取主动和有利地位，在诸多方面显示我国的综合国力，显示全国人民的凝聚力和向心力，不断提升国际地位和国际影响力。基于此，在构建全球治理机制、承担全球治理责任过程中，客观上我们也必须承担更大的国际责任及义务。

第四，中国必须统筹好国内国际两个大局，始终掌握自己经济社会发展的主动权。任何时候我们都必须把国家主权和安全放在第一位，将独立自主、自力更生作为自己发展的根本基点，必须坚持自己选择的社会主义政治制度和中国特色的经济社会发展道路，始终维护国家主权、安全、发展利益，坚持中国的事情按照中国的情况来办，依靠中国自己的力量来办，依靠中国人民来办，坚决反对外部势力干涉我国内事务。

同时，在坚持和平共处五项原则的基础上，积极参与全球治理，尊重世界多样性，同所有国家开展平等互利共赢的交流合作，反对霸权主义和强权政治；不断扩大对外开放，把"引进来"和"走出去"紧密结合起来，坚持趋利避害，促进形成经济全球化条件下参与国际治理的新优势，推动经济全球化朝着均衡、普惠、共赢的方向发展；要持续提高统筹国内国际两个大局的能力，不断提高把握科学发展机遇、应对风险挑战的能力，始终把握我国在全球竞争及合作格局中的发展主动权。

4.3 国家战略诉求

国家经济利益有其客观性，诸如国家经济主权和安全利益；也有其主观性，即各国会有一些自己独特的利益诉求。诸如一些国家往往将他国看来"不构成国家经济利益"的某些事务纳入本国的国家经济利益范围。基于此，我们考虑中国的国家经济利益，也必须考虑我国相关战略诉求。

4.3.1　中国共产党人关于国家经济利益的基本认识

首先，应借鉴新中国成立后中国共产党人一脉相承的国家经济利益思想。一是始终将发展经济作为维护国家经济利益的基本要务；二是始终把建立独立自主国民经济体系作为国家经济利益的核心内容；三是始终强调中国要坚定不移地走科技强国之路；四是始终强调要借助国际资源和国际环境发展中国经济；五是与时俱进地给国家经济利益注入新的内容。

其次，应更多地借鉴改革开放以来中国共产党人关于国家经济利益的新认识。要考虑到改革开放后基本国情及国内外环境的变化，从而与时俱进地更多地借鉴改革开放以来中国共产党人关于国家经济利益的新认识。例如：以邓小平同志为主要代表的中国共产党人"以经济建设为中心，致力于解放生产力，协调国内外各种经济关系，一心一意加快经济社会发展"的国家经济利益观；以江泽民同志为主要代表的中国共产党人"强调经济利益在国家利益中的显著地位，强调技术创新、突出金融安全与国际化"的国家经济利益观；以胡锦涛同志为主要代表的中国共产党人"强调科学发展、自主创新、培育新的国际竞争力、共建和谐安全世界"的国家经济利益观。

第三，特别是应依据以习近平同志为核心的党中央的新思想。例如：确保中国经济发展的进程不被任何外部因素所打断；在继续对外开放的同时，要使世界商品市场、金融体系、科技体系等持续稳定公平地对中国开放；要确保中国经济发展所必需的能源资源稳定可靠地供应；要大力开发海洋空间、信息空间、太空空间；要在区域化进程中保持主导地位，积极促进区域内国家在自愿、平等的基础上走向经济一体化；要积极参与全球重大问题的磋商与解决，积极参与维护稳定的国际经济秩序；积极关注与中国利益密切相关的国际制度与规则的制定与形成，积极参与并尽可能地施加影响。强调积极推动我国能源生产和消费革命；从维护国家经济利益出发，强调共创国家间安全合作新局面。

4.3.2 新时期中国经济发展的战略目标与战略安排

党的十九大报告指出，综合分析国内外形势和我国发展条件，从 2020 年到本世纪中叶将分两个阶段安排中国的经济发展。第一阶段，从 2020 年到 2035 年，在全面建成小康社会的基础上，再奋斗 15 年，基本实现社会主义现代化。第二阶段，从 2035 年到本世纪中叶（即到 2050），在基本实现现代化的基础上，再奋斗 15 年，把我国建成富强民主文明和谐美丽的社会主义现代化强国。

相应地，在 2020 年到 2035 年的第一阶段，我国将致力于经济实力、科技实力的大幅跃升，努力跻身创新型国家前列；国家治理体系和治理能力现代化基本实现；人民生活更为宽裕，中等收入群体比例明显提高，城乡区域发展差距和居民生活水平差距显著缩小，基本公共服务均等化基本实现，全体人民共同富裕迈出坚实步伐。在 2035 年到本世纪中叶的第二个阶段（即到 2050 年），我国将致力于在基本实现现代化的基础上，成为综合国力和国际影响力领先的国家，全体人民共同富裕基本实现，人民将享有更加幸福安康的生活。

由此可见，以经济建设和发展为中心，对内加快社会主义现代化强国建设，对外谋求部分领域的竞争优势和长远利益，是我国关于经济发展的基本考虑。

4.3.3 新时期中国经济社会发展必须坚守的原则

习近平总书记明确指出：我们要坚持走和平发展的道路，但决不能放弃我们的正当权益，决不能牺牲国家核心利益。任何外国不要指望我们会拿自己的核心利益做交易，不要指望我们会吞下损害我国主权、安全、发展利益的苦果。这是我们实现党的十九大确定的战略目标和战略安排最为基本的保障。在此基础上，我们还需要坚持以下原则：

第一，坚定不移地维护基本经济制度。我们建设社会主义制度仅 70

多年。在相当长时间内，我们仍将处于社会主义初级阶段。基于社会主义初级阶段的基本国情，坚定不移地维护基本经济制度不动摇，才可能为加快经济发展、建设现代化强国、谋求国际竞争优势等提供稳定的制度基础，同时也才能够使人民群众有理性的制度环境预期。

第二，充分调动全体人民的创造力和积极性。马克思主义历来认为，"人"是最为重要的生产要素。为加快经济发展、建设现代化强国、谋求国际竞争优势，必须构建有效的激励机制，以及多层类的国民收入分配体系和坚实的社会保障体制。通过有效的激励机制，激发全体人民的创造力和积极性；通过多层类的国民收入分配体系，让全体人民合理地分享改革与发展的成果；通过坚实的社会保障体制，保障全体人民都过上体面而有尊严的生活。

第三，充分利用国际国内两类资源和市场。中国正处于传统意义上的工业化中期，这将是一个相当长的时间段。我们一方面面对着发展经济所必需的巨大的资源能源需求和全球市场需求，另一方面又置身于全球化、逆全球化思潮、美国等西方国家力求重构经济全球化规则这三者并存的国际环境。当下和未来，我们必须充分利用国际国内两类资源和市场，以确保经济运行与发展所需的资源能源供给和市场需求规模。

第四，坚持实事求是、谦虚谨慎、戒骄戒躁的国民精神。新中国经过70多年发展，迅速成为世界瞩目的发展中新兴大国，各项发展成果来之不易。未来走向2035年、2050年的宏伟目标，我们还有很长的路要走。正如习近平总书记在庆祝中华人民共和国成立65周年招待会上讲话时所言："中国仍处于并将长期处于社会主义初级阶段的基本国情没有变，实现13亿多人共同富裕任重道远。"我们必须坚持实事求是、谦虚谨慎、戒骄戒躁的态度，正确看待发展的成绩和发展过程中遇到的问题，正确把握"新时期主要矛盾"化解的进程，着眼于国家的长远利益及发展，将踏踏实实地建设社会主义现代化强国作为我们维护国家经济利益的具体追求。

第 5 章

新时期中国国家经济利益的界定与分级

5.1 对中国国家经济利益的基本界定

5.1.1 概念要素与基本界定

（1）基本概念要素

从学理上讲，国家经济利益是在特定时代和国际环境下，一国生存与发展不可或缺的经济要素的有机集成。相应地，在国家经济利益的概念界定中，至少须包含以下要素：①基本经济制度；②经济主权；③经济基础；④宏观经济四大目标及经济运行的特征要素；⑤国家经济战略及发展的特征要素；⑥利己的国际经济环境要素；⑦国家长期坚持的国家经济利益思想要点。

（2）国家长期坚持的经济利益思想要点

新中国成立后中国共产党人一脉相承的国家经济利益思想，反映了他们兴业强国利民的基本追求。如前文所述，一是始终将发展经济作为维护国家经济利益的基本要务；二是始终把建立独立自主的国民经济体系作为国家经济利益的核心内容；三是始终强调中国要坚定不移地走科技强国之路；四是始终强调要借助国际资源和国际环境发展中国经济。这些思想要点也应该体现在新时期中国国家经济利益的内涵界定之中。

（3）新时期中国国家经济利益基本内涵界定

基于前述"界定依据、应有的概念要素及长期坚持的国家经济利益思想要点"，新时期我国的国家经济利益，应是指在经济全球化和百年未有之大变局的国际背景下，在我国社会主义初级阶段的时代背景下，对内维护公有制为主体、多种经济成分共同发展，按劳分配为主及其他形式为重要补充的基本经济制度不被伤害；对外确保国家的经济主权和发展利益不被伤害，且国际环境和谐利我；确保经济运行和发展的物质基础稳固及可靠供给、产业体系完整、科技自立自强；确保宏观经济年度运行目标的可靠实现，确保国家经济发展战略的配套措施有效实施及战略目标的可靠实现。

5.1.2　新时期中国国家经济利益的主要特征

新时期我国的国家经济利益主要有以下三大特征：

（1）体现全体人民的共同利益

"一切为了人民"是新时期我国国家经济利益的本质内涵。正如江泽民在庆祝建党80周年大会上所言："我们党始终坚持人民的利益高于一切。党除了最广大人民的利益，没有自己的特殊利益。党的一切工作，必须以最广大人民的根本利益为最高标准。"也如胡锦涛在中国共产党成立90周年大会上所言："要坚持发展为了人民、发展依靠人民、发展成果由人民共享。"更如习近平所言，"要坚持一切为了人民、一切依靠人民""不断提高人民群众的安全感、幸福感"。国家必须把人民的当前利益与长远利益、局部利益与整体利益结合起来。前述内涵界定中的"维护公有制为主体、多种经济成分共同发展，按劳分配为主及其他形式为重要补充的基本经济制度不被伤害；确保国家的经济主权和发展利益不被伤害；确保国家经济发展的战略及配套措施有效实施，宏观经济运行目标可靠实现"，正体现了全国人民的共同利益。

（2）体现国家经济利益是总体国家利益的基础

国家经济利益是总体国家利益的重要内容之一，也是维护总体国家利益的重要基础。要维护总体国家利益，诸如安全利益、科技利益、文化利益、生态利益、国际利益等，主权国家首先需要维护好自己的国家经济利益。有了足够的经济基础和实力，主权国家才可能更为有效地维护自己其他方面的利益，也才有能力在国际上拓展自己的利益，更好地为本国人民谋求更大的福祉。主权国家追求、维护、拓展自身国家经济利益的努力是一种历史的过程，不可能一蹴而就，而是需要有相应的战略性努力。同时，必须将相关战略性努力落实到年度目标的实现上。基于此，在国家经济利益的内涵中，必须强调"确保经济运行和发展的物质基础稳固及可靠供给、产业体系完整、科技自立自强；确保宏观经济年度运行目标的可靠实现，确保国家经济发展战略的配套措施有效实施及战略目标的可靠实现"。

（3）体现新时期国家经济利益必须有新的内涵

我国国家经济利益基本内涵的"内核"是必须坚持的，诸如"以公有制为主体，经济主权和发展利益不被伤害，发展的物质基础稳固及可靠供给，产业体系完整，科技自立自强"，但也需要根据时代的变化及新时期的特点，注入新的内涵。诸如关于基本经济制度，新中国成立之初，要建立建设社会主义政治制度，我们强调公有制为主体、按劳分配为主；而在现在的改革开放大时代，随着民营经济的崛起和生产要素的多样化，即必须强调公有制为主体、多种经济成分共同发展，按劳分配为主、其他分配形式为重要补充。关于国际关系，改革开放之前，我们强调联合第三世界国家拓展我们的国际利益；改革开放后随着中国融入全球体系，我们必须强调国际环境和谐利我。

5.1.3 主要论据

（1）社会主义制度与经济全球化是必须考虑的背景

在中国，考虑任何发展、战略和管理问题，社会主义政治制度都是必须考虑的国情背景。政府的宏观经济调控和企业的微观运行及市场竞争，都必须主动适应社会主义初级阶段特有的经济运行规律。社会主义政治制度决定了我们必须坚持公有制为主体的基本经济制度，必须维护公有制为主体的基本经济制度不被伤害。在所有制结构上，必须以公有制包括全民所有制和集体所有制经济为主体，个体经济、私营经济、外资经济、股份经济等多种经济成分共存并共同发展。在分配制度上，必须以按劳分配为主体，其他分配方式为补充，处理好效率和公平的关系。为维护基本经济制度，必须坚定有效地实施国家相关法律法规和政府政策，坚决有效地遏制伤害基本经济制度的现象发生。

在当今世界，尽管"逆全球化思潮"时而泛起，但任何国家考虑国家发展、战略和利益问题，全球化都是必须考虑的国际背景。思考中国的国家经济利益问题，经济全球化也是必须强调的国际环境。特别是，针对美国特朗普政府时期对华贸易挑衅，决不能以为"他不想搞经济全球化了"。实际恰恰是，特朗普当局认为"现在的经济全球化不利于美国了"。他认为中国已成为美国的"长期战略竞争者"，于是力图重构经济全球化规则，以确保美国的经济利益最大化。若美国政府真能重构经济全球化，对我国的国家经济利益威胁及危害会更大。

（2）社会主义市场经济制度是我国经济活动的制度基础和保障

社会主义市场经济制度是我国一切经济活动有序运行的制度基础和保障。特别是，随着第四次产业革命中更多新业态、新产业、新经济形态的出现，必然对企业市场关系和政府规制提出新的要求，我们应为更好地发挥市场机制在资源配置中的基础性作用而与时俱进地调整完善社会主义市场经济制度本身。这将是一个较为长期的任务。宏观管理上，必须把当前利益与长远利益、局部利益与整体利益恰当结合，充分发挥政府规划计划的引导作用，发挥好市场机制在资源配置中的基础性作用。同时，实践中应将建议完善社会主义市场经济制度的呼声，与国内外某些势力要求我们放弃这一制度的思潮清晰地区分开。

（3）确保经济主权不被伤害且国际环境和谐有利是自主发展基础

适应经济全球化的国际环境的同时，要确保我国的经济主权和发展利益不被伤害。经济主权至少包括国土（含陆地、海洋、领空、太空、网络）资源开发、经济发展及运行调控决策，国际投资与贸易，对侵害我国经济运行与发展利益的行为作出合法合理反应等内容。不受外部力量干扰的经济运行及发展的决策权及实施权，是国际法赋予主权国家的权利。确保这些权利的独立、完整、不被伤害，是我们推动国家发展、维护人民利益的基础。在确保国家经济主权不被伤害的前提下，我们要积极发展国际投资、贸易和合作，且要在这些活动中谋求与相关国家共赢。

适应经济全球化的国际环境，必须确保我国的国际关系和谐利我。即在坚持和平发展道路的同时，在国际交往中绝不能放弃中国在经济领域的正当权益，绝不能牺牲国家核心、重大及重要经济利益；不能拿国家任何核心及重大经济利益与其他国家相交换，要确保中国在陆域、海域、空域、太空、网域的经济活动权与发展权；商品及其他货物运输的国际通道不被阻塞并得到必要拓展，同时确保与相关国家在国际规则下和谐友好相处，谋求共赢发展，坚决杜绝任何国家或国际组织对我国的经济封锁。

（4）确保经济基础稳固及可靠供给是达到运行及发展目标的保障

早期工业化国家的经验以及旧中国的教训，特别是新中国成立以来经济发展的实践告诉我们，若无经济运行与发展的稳固基础，特别是各种资源（粮食、矿产资源能源、金属产品、大宗物资、科技资源、人力资源等）可靠而有效供给，经济将难以稳健增长、持续发展。若无国内外市场稳定、国际通道不被阻塞并有效拓展，将难以保障我国经济运行与发展所必要的资源供给和产品价值的顺利实现。这些都是我们稳步走向经济运行与发展目标的保障条件。

特别值得关注的是，确保经济运行与发展的基础稳固及可靠供给的支撑力量，一是我们对国土资源合理且有效的开发；二是各类主要供给和商品价值实现的国内外市场稳定；三是我们的产业体系完整、科技自立自强；四是我们的重要企业在全球产业链上处于合理的环节，重要企业的供应链安全可靠。尤其是，面对各种传统及非传统安全威胁，我们的各个经济领域需具有强劲的韧性，特别是抗打击能力。当今全球竞争的本质是科技实力的竞争，科技基础及发展进程对我国国际竞争力的提升及技术追赶至关重要，我们必须持续推动科技创新与进步。

（5）确保相关战略及配套措施有效实施是走向目标的过程

战略是国家经济发展的蓝图，是政府宏观引导的重要手段。在社会主义市场经济体制下，国家战略及体现战略意图的政府规划对整个经济发展具有强劲的引导作用。与特定战略相关的配套措施多数情况下体现为政府政策、领域计划等，它们是相关战略得以有效实施的保障。为确保相关战略达到既定的愿景及目标，国家必须借助政府相关政策及计划来引导全体人民及企事业单位的努力，同时也需要借助国家相关法律法规及政府政策排除各种不利因素的干扰。

改革开放以来为加快经济发展，我们先后实施科教兴国战略、贸易强国战略、人力资源强国战略、自主创新战略、创新驱动发展战略等，它们皆对我们发展到今天的状态起到了重要作用。未来为引导我国经济更好更快更高质量地发展，我们还会实施新的战略。对这些新的战略，我们也必须通过系统的机制安排，即"战略愿景及目标→体现战略意图的规划→配套政策→产学研政金协同努力"，来保障相关战略愿景及目标的实现。

（6）经济发展战略目标和宏观经济四大运行目标的实现体现全民共同利益

国家经济发展战略目标反映党和政府对于全民共同利益的长期考虑和承诺。在我国现阶段基本体现为党的十九大报告提出的"从2020年到本世纪中叶分两个阶段来安排中国经济发展"，2035年基本实现社会主义现代化；2050年建成富强民主文明和谐美丽的社会主义现代化强国。为确保国家经济发展战略目标的实现，基础是步步为营、年年努力，努力实现年度宏观经济四大运行目标（经济增长、充分就业、物价稳定、国际收支平衡）。改革开放以来的各个年度，我国经济年度业绩基本超过了五年规划计划的预期，这对保障国家发展中长期规划目标及各个五年规划计划目标的实现起到了有效的支撑作用。

宏观经济四大运行目标是以国家为单位的年度经济运行目标，反映全体人民的年度追求，体现了全体人民对于年度全民共同利益的期盼，故其无疑应作为国家经济利益而加以维护。特别是，经济稳健增长，规避各类风险，有效规避和防范经济运行大起大落，才有助于宏观经济其他三大运行目标（物价稳定、充分就业、国际收支平衡）的实现，也是经济可持续发展的年度基础，故应将维护经济稳健增长作为国家经济利益的必要内容。

民生是一国之本，确保就业率达到适当水平，是人民生活的基本保障。物价稳定固然是相对的，但若无这个"相对稳定"，则必会引发民心躁动而影响社会稳定，甚至会引发产业间投入产出关系的紊乱。国际收支平衡特别是保有适量的外汇储备，是保障正常投资与贸易、应对他国金融危机冲击我国经济的必要条件。基于此，也应将充分就业、物价稳定、国际收支平衡并保有适量的外汇储备等，作为国家经济利益的必要内容。

5.2 中国国家经济利益的解构：分级分组

5.2.1 解构的依据

（1）可借鉴的国际经验

在经济全球化时代，但凡涉及国家经济利益，国家间既谋求共赢，又相互竞争，甚至不惜相对抗。在国家间对抗过程中，谈判、磋商、适当让步是化解分歧、谋求共赢的途径和过程。在谈判、磋商过程中，相关各方会根据各自力图维护的国家经济利益等级，向对方提出不同的要求。对自己认定的高等级经济利益，多会持比较强硬的态度；对自己认定的较低等级的经济利益，则会采取比较变通甚至适当让步的态度。基于此，对新时期我国的国家经济利益，也需要借鉴国际经验进行适当的分级分组，以期为政府相关部门有选择地采取对策提供借鉴。

典型的是，美国学界曾将其国家经济利益分为四级，奥巴马政府将国家经济利益分为三级。俄罗斯政府及学界对其国家经济利益虽无"文字"上的明确分级，但从"语义"上看大致是分为五级。日本将其国家经济利益分为三级。印度将其国家经济利益分为四级。这些都很值得我们借鉴。

美国学界将美国的国家经济利益分为四级：将防止贸易、金融、能源和环境等全球体系出现灾难性解体，作为美国最为根本的经济利益；将鼓励有关国家接受国际法制和机制，推动各种争端（包括经济争端）的和平解决，保证美国能够安全地获得外国的能源和矿物资源、保证美国能够公平地进入世界市场并使用海洋与太空等,视为美国极端重要的经济利益;将以较低代价防止和结束在具有战略意义的地缘地区发生的各类(包括经济)冲突,视为美国重要的经济利益;将平衡双边贸易赤字,作为美国较为次要的经济利益。①

俄罗斯对其国家经济利益的"语义"分级:第一层次是确保俄罗斯相对于发达国家经济的独立地位,恢复苏联时期的国际地位,俄联邦技术进步水平及对世界进程的影响力都居于领先地位;第二层次是最大限度地提升俄罗斯的科技实力和确保国家的粮食自给能力,确保能源资源的可靠供给,确保经济结构协调及所有经济部门稳定运行,以及确保政府对于经济运行与发展的必要调控;第三层次是维护多极世界条件下的战略稳定和互利伙伴关系,同时提高国民经济的竞争力,跻身 GDP 五大强国之列;第四层次是公民具有体面的生活水平,抑制人口负增长及居民社会分化的加重,抑制贫困和赤贫人口的增加;第五层次是最大限度地抑制经济犯罪、地下经济、黑手党与腐败。②

日本将"遏制或排除外部经济或非经济威胁对日本利益的危害"作为维护国家经济利益的"首要原则";将扩展生存空间,稳定与扩大海外市场,保障海外资源能源的超稳定供应,促进经济和军事相互融合的领域不断扩大,经济利益与军事利益互动,以及实施贸易立国战略、科技立国战略、科学立国战略、知识产权立国战略等作为"具体的国家经济利益";将以日美联盟为依托,实施经济外交,发展与世界各国的依存关系,与经济关系密切的国家建立友好关系,维护自由贸易体制,在与其他国家进行经济事务交往时"把可能增加的威胁抑制到最小限度"等作为维护具体利益的"保障";将保持生产率的持续提高和增强出口竞争力,以较低的安全代价获取经济的最大限度增长等,作为维护国家

---

① 见美国国家利益委员会(民间机构)1996 年发布的《美国国家利益报告》。
② 见维·康·辛恰戈夫(俄罗斯自然科学院院士、戈尔巴乔夫时期的国家财政部副部长、叶利钦时期的国家经济安全顾问)的《俄罗斯经济现状、威胁与挑战》一文和 B. 梅德韦杰夫(俄罗斯科学院通讯院士、曾任俄罗斯总统、总理)的《俄罗斯经济安全问题》一文。

经济利益的"目标"。

稍作整理即可看到，日本实际上将遏制或排除外部经济或非经济威胁对日本利益的危害，保持生产率的持续提高和增强出口竞争力，以较低的安全代价获取经济的最大限度增长作为第一层次的国家经济利益。将扩展生存空间，稳定与扩大海外市场，保障海外资源能源的超稳定供应，促进经济和军事相互融合的领域不断扩大，经济利益与军事利益互动，实施贸易立国战略、科技立国战略、科学立国战略、知识产权立国战略等作为第二层次的国家经济利益。将以日美联盟为依托，实施经济外交，发展与世界各国的依存关系，与经济关系密切的国家建立友好关系，维护自由贸易体制，在与其他国家进行经济事务交往时"把可能增加的威胁抑制到最小限度"等作为第三层次的国家经济利益。

印度对自己国家经济利益的分级分层有以下特点：将追求国家"经济独立"作为"最为基本的经济利益"，强调争取自身经济独立，摆脱他国控制；将逐步提升国内经济稳定发展、对外应对冲击并抵御风险的综合能力视为"最为重要的国家经济利益"；将加快实现产业替代、确保能源可靠供给、确保国际收支平衡、提升粮食供给能力，充分就业、实现经济平等和社会公平等作为印度"具体的国家经济利益"；将加快发展电子信息特别是软件产业、提升产业国际竞争力等作为"国家经济利益的重点领域"。

（2）历代中国共产党人关于国家经济利益不同部分重要性的认识

习近平总书记2020年12月11日在主持中央政治局第26次集体学习时强调，要"以人民安全为宗旨，以政治安全为根本，以经济安全为基础，捍卫国家主权和领土完整，防范化解重大安全风险，为实现中华民族伟大复兴提供坚强安全保障"。用这一思想来理解国家经济利益的分级，一国的基本经济制度是该国经济运行和发展的制度保障，一国的经济主权是该国在国际经济体系的立身之本，二者自然应该是一国最高层次的国家经济利益。

新中国成立后，历代中国共产党人对国家经济利益的基本内容有着一脉相承的认识，如始终"把发展经济作为维护国家经济利益的基本要务，把建立独立自主的国民经济体系作为国家经济利益的核心内容，强调中国要坚定不移地走科技强国之路，强调要借助国际资源和国际环境发展中国经济"。相应地，这些即应该被视为我们较高层次的国家经济利益。

同时，历代中国共产党人对国家经济利益的部分内容有着与时俱进的认识。改革开放以来，历代中国共产党人就国家经济利益一再提出新的内容，比如：提升综合国力和人民生活水平；突出金融安全地位；确保中国经济发展进程不被外部因素所打断；确保经济发展所需的资源能源的可靠供应；大力开发海洋、太空、信息领域的空间资源。由此即不难看到这些"利益内容"的重要程度。

5.2.2 具体利益的分级分组

基于前述分级依据，可对现阶段我国的国家经济利益进行以下分级分组：一是分为三级，二是尽量勾画出国家经济利益每个级组的具体内容。

（1）分级分组

关于我国国家经济利益的分级分组如表 5-1 所示。

表 5-1　关于我国国家经济利益的分级分组

利益分组	范畴	概念化内容	具 体 内 容
核心利益	制度与主权	对内维护基本经济制度不被伤害；对外确保国家经济主权完整并不被伤害	基本经济制度得到有效维护且不被伤害；经济主权及发展利益（国土资源开发、经济运行及发展、涉外经济等的决策权与实施权）独立完整且不被伤害
重大利益	基础与战略	确保经济运行及发展的物质基础稳固；确保经济发展必须实施的战略规划等有效实施	资源能源基础稳固且可靠有效供给，技术体系及产业体系完整；重要产业健康发展、科技体系持续提升；财政金融稳定及外汇储备达到合理规模；抑制外资在华恶意并购；重要产业布局不被干扰；相关战略规划及配套措施得到有效实施

续表

利益分组	范畴	概念化内容	具 体 内 容
重要利益	环境与运行	确保经济运行与发展有良好的生态环境、国际环境及产业布局；确保经济运行稳健和谐，实现宏观经济运行的四大目标	生态环境持续改善；国际经济关系不被恶化，境外资产安全，国际地位得以提升；信息安全得到保障；经济稳健增长、居民充分就业、物价相对稳定、国际贸易稳定增长且收支平衡；有效规避和防范经济运行受国内外不利因素影响而大起大落

（2）主要释义

核心利益：社会主义基本经济制度是我国一切经济活动的制度基础，也是社会主义政治制度的经济保障。值得关注的是，央企资产是真正的全民资产，是维护社会主义基本经济制度和政治制度最为核心的资产保障，故必须确保央企资产的保值增长，保证央企资产不流失或被任何人或组织非法侵占。经济主权既是我国一切经济活动的权利基础，也是我国作为主权国家与其他国家及国际组织平等交往的身份基础，更是我国在涉外经济中维护国家利益的经济权利基础。具体应包括我国在国土资源开发、经济运行及发展、对外经济活动等方面的决策权与实施权。基于此，经济制度与经济主权应是我国最为核心的经济利益。

重大利益：中国是新兴发展中大国，诸多问题的缓解以致解决，民族复兴目标的实现，都有赖于经济的可持续发展，故凡涉及经济运行及发展基础和发展战略的，都是中国的重大经济利益。资源能源基础稳固且可靠有效供给，技术体系及产业体系完整，重要产业健康发展，科技体系持续提升，财政金融稳定及外汇储备达到合理规模，抑制外资在华恶意并购，重要产业布局不被干扰，这些都应视为我国的重大经济利益。特别是，国家外汇储备既是国际支付的货币保障，又是应对国际金融危机的保障，还是我国在境外实施相关战略布局的资金保障，故确保国家外汇储备达到必要的合理规模，也应被视为我国的重大经济利益。

重要利益：生态环境既是人居生存环境，又是经济可持续发展的自然保障，必须按照国际社会共识的原则、规范和我国经济发展的阶段性特点（如仍处于工业化中期），确保我国的生态环境是持续改善和安全的。国际经济关系和国际地位皆会影响我国经济的中长期发展，故必须确保国际经济关系对我国友善且不被恶化，同时确保我国的国际地位得以提升。我国在境外的资产，是我们在境外开展相应经济活动的基础，也是属于我国的财富，故必须确保其安全。信息安全是经济发展决策和运行管理的基础，故必须保障信息安全。经济发展及相关战略实施，是以经济的良性运行为基础的，故应努力实现经济运行的稳健和谐，努力实现宏观经济年度运行的四大目标。特别是，中国是人口大国，民生是国家稳定之本，就业是居民生存与发展的基本保障，故必须努力实现居民充分就业。中国经济已经深层地融入全球经济，国家间的经济技术交流、贸易及合作频繁而深入，国际市场需求稍有萎缩，即可能负面影响我国国内经济的稳健增长；他国经济中的不利因素，也可能跨国传导并影响我国经济整体。故必须努力实现国际贸易及投资的稳定增长及国际收支平衡，尤其应有效规避和防范国外各种不利因素或问题导致我国国内经济运行大起大落。

（3）各级组利益之间的关系：系统性与共生性

系统性：国家经济利益各个级组相互关联，形成了有机整体系统，且是复杂巨型大系统。其中，越是级别高的国家经济利益，对于国家整体经济利益实现程度的影响越大。越是级别高的经济利益，尤其疏忽不得，稍有闪失，就可能"形成颠覆性失误"。相应地，级别低的国家经济利益对级别高的国家经济利益的实现起着基础和支撑的作用。基于此，提出维护国家经济利益的相关战略、规划及措施时，必须坚持"有机联系、系统优化"的思维。

共生性：国家经济利益的系统性，决定了不同级组的利益之间存在共生性关系。这主要表现在两个方面。一是各级组的利益是相互依存的。

任何一个级组的利益如不能实现，都可能影响其他级组的利益的实现。二是在全球化时代，国家间也是共生关系，竞争、博弈、磋商、合作都是为了利益上的共赢。一国如果损害他国的经济利益，本国的经济利益也不一定能得到保障。相应地，一国提出维护自身国家经济利益的战略和措施时，不能不顾更不能伤害其他国家的利益，必须注意兼顾与相关国家利益的共生、协调和共赢。

5.2.3 维护各级组国家经济利益应有的原则

（1）基本原则：坚定性与灵活性结合

对特定国家而言，层次越高的经济利益越是重要，越是不宜与他国进行交换，维护的难度越大，所采取措施的力度应越强，立场应越坚定。一国可与他国交换的主要限于个别"不太重要的利益"。同时，一国为维护自身的国家经济利益，不免会与其他国家相竞争，相应也需要兼顾对方的想法。即便在国内，为了维护较高层次的国家经济利益，政府有时也需要拿较低层次的经济利益"照顾"某些利益群体的"情绪"。于是有如表5-2所示的维护国家经济利益的原则性做法。其中，"可磋商性"指国家间的磋商，"可交换性"指国家间的交换，"可调整性"指国内不同利益群体之间的利益调整。

表 5-2 维护各级组国家经济利益的原则及手段示意

利益级组	可磋商性	可交换性	可调整性	维护手段
核心利益	不可磋商	不可交换	可完善性调整	经济、法律、行政、外交、军事
重大利益	部分可磋商	不可交换	可磋商性调整	经济、法律、外交、科技
重要利益	部分可磋商	个别可交换	可磋商性调整	经济、外交、法律、科技

（2）维护核心经济利益的原则

核心经济利益是国家最高层次的经济利益，美国学界将其称为"根本性经济利益"。这类利益有以下特点：

一是事关基本经济制度。基本经济制度是我国社会主义市场经济体制及一切经济活动的制度保障，也是社会主义政治制度的经济制度基础，不可与任何外国或国内利益群体进行交换。维护这类国家经济利益，必须综合使用经济、行政、法律手段。如遇国外力量欲改变我国的基本经济制度，甚至可以用军事手段应对。

二是事关国家经济主权。必须坚决维护国家经济主权。不可与任何国家或国际组织进行交换。在维权的力度上，应不惜付出代价。在维权的手段上，应综合使用经济、法律、行政、外交、军事等。如遇在境外的主权利益受损，即应动用外交和国际法手段。如在我军力可触及的范围，万不得已也应可在军事上施压。

值得借鉴的是，"美国国家利益委员会"在其1996年发布的《美国国家利益报告》中明确指出，防止贸易、金融、能源和环境等全球体系出现灾难性解体，是美国最为根本的经济利益。进而，该报告指出，利益层级不同，国家应采取的行动也应有所差异；对于"根本利益"受损，即便孤立无援，美国也应全力以赴捍卫之，并综合采用经济、外交、法律和军事手段。

（3）维护重大经济利益的原则

国家重大经济利益主要集中在经济发展的基础和重要战略实施上，具体涉及资源能源供给、技术体系及产业体系、重要产业及科技体系等的构建与发展，还涉及财政金融与外汇储备、外资在华并购、重要产业布局和国家重要战略实施。这类国家经济利益有以下特点：

一是其作用的基础性。资源能源供给、国家技术体系及产业体系、重要产业及科技体系等是全面实现国家经济利益的物质基础。正如邓小平在20世纪80年代所言，"发展自己关键是发展经济，中国解决所有问题的关键是要靠自己发展""在国际事务中反对霸权主义，台湾回归祖国，实现祖国统一，归根到底，都要求我们的经济建设搞好""我们在国际事务中起的作用的大小，要看我们自己经济建设成就的大小"。构建并维护强大的物质基础，才有助于我们的经济又好又快地高质量发展。相应地，维护国家重大经济利益必须有基础观。

二是所涉及领域的复杂性。国家重大经济利益所涉及的每个领域都具有"复杂系统"的特征，要做好每个领域的事情，实现该领域的发展，维护该领域的国家经济利益，都需要付诸巨大努力。相应地，维护这些领域的经济利益，需要综合使用经济、法律、行政及科技手段。如果涉及境外事务，还需要使用外交甚至国际法手段。值得借鉴的是，尽管"美国国家利益委员会"在《美国国家利益报告》中称，对"极端重要利益"（相当于我们所言的"重大利益"），只有在盟国受到威胁时，才可出兵并组成联合部队以制止威胁。但我国历来不会走"对外军事扩张"的道路，故为维护并实现我国的"重大经济利益"，我们可采取的主要是经济、法律、科技、外交等类手段。相应地，维护国家重大经济利益必须有综合观。

三是发展过程的长期性。重大经济利益事关国家整体经济发展，而经济发展是一个历史的过程。改革开放以来我们仅用40多年时间，即走过了西方发达国家300多年走过的发展道路，并于20世纪90年代中期进入了工业化中期，于2010年成为全球第二大经济体。但我们要赶超发达国家、实现民族复兴，还需要经历更为漫长的发展过程。经济发展具有长期性，"发展基础稳固"作为国家重大经济利益的实现也具有长期性。故为维护国家重大经济利益，也必须有"乐于长期坚持"的耐性、韧性和努力，即维护国家重大经济利益必须有长期观。

四是部分利益的可磋商性。国家重大经济利益也有"缓急之别"。为实现较为急迫的国家重大经济利益，如果涉及国家间关系，对个别不是十分急迫的重大经济利益，即可以与相关国家进行磋商，以争取相关国家理解。如果是建设会引发国内某些利益群体不满的重要工程项目，政府也可以用"小的利益"去补偿利益受损的群体；如果引发了居民与政府的冲突,政府则应以第三方机构的评估来引导居民。可见,维护国家重大经济利益的方式方法应有一些灵活性。

(4)维护重要经济利益的原则

国家重要经济利益包括年度经济运行,以及经济运行及发展的生态环境与国际环境。这类利益有以下特点:

一是实现程度的实时性。宏观经济运行的四大目标即经济稳健增长、居民充分就业、物价相对稳定、国际贸易与投资稳定增长且收支平衡,四者是国家经济利益实现程度的"年度体现",具有实时性。四者能否实现,阶段性地决定着国家重大经济利益的实现程度,对国家核心及重大经济利益的整体实现具有重要的基础性作用。故我们必须通过有效努力,确保宏观经济运行四大目标的实现,为国家经济利益的整体实现奠定基础。换言之,维护国家重要经济利益必须有"实时观",相应干好每个时段的事情。

二是影响范围的全局性。生态环境及国际关系影响国家经济全局。如果生态环境安全程度高,则经济社会发展即会有可靠的生态环境保障;反之,国民的生活、生存都会遇到麻烦,一些工业生产活动也难以实施。如能与多数国家及国际组织维持良好关系,中国经济运行与发展就会有和谐的国际环境;反之,我们在国际上就会十分艰难。信息安全是经济发展决策与经济运行管理的信息保障。万一出现"信息灾难",即可能引发经济发展决策无据或经济运行的混乱。相应地,维护国家重要经济利益必须有时空上的全局观。

三是要求应对策略的适时性。万一宏观经济运行、国际经济环境、生态环境、信息安全等出现大的问题,政府及业界即应适时采取措施。政府如能针对经济运行的实际态势,合理有效调控,即有助于宏观经济四大运行目标的实现向好的方向转化。如果宏观经济四大运行目标中的某些目标与预期实现程度有较大的负向差异,即要求政府"适时"采取相关措施。诸如经济增长速度较大程度下降，或是居民就业出现较大程度困难，或是物价升高幅度过大，或是国际投资与贸易过度放缓，如果是"周期性成因"，即要求政府采取"反周期调节"措施。例如，1997年亚洲金融危机和2008年美国金融危机对中国经济的影响，我国政府都适时采取了相关措施，有效抑制了外部因素对我国经济的干扰。由此可见，应对这方面利益受挫应有"适时观"。

四是部分国际投资与贸易利益具有可交换性。例如，为了扩大我国某些商品向某个国家的出口，而对方国家有些抵触，即可以通过与对方国家的磋商，而减少另一些商品的出口。再如，为了某些重大或重要利益，而减少对方向我国出口的某些商品的限制，或增加对方需要的某些商品的出口（诸如我国某些丰裕的矿产品或工业品的出口）；或是使我国在该国的投资布局在双方共赢的前提下，给对方带来更大的利益。总体上看，在不伤害我经济主权、发展利益的前提下，可以用"小的利益"的让渡，来换取更大的利益，或者是平衡其他利益。

总体上看，为维护国家重要经济利益，如仅涉及国内，应主要靠经济、行政、法律手段来协调；如涉及其他国家或国际组织，则应将经济手段、外交手段及国际法手段结合使用。

第6章

维护我国经济利益可借鉴的国际经验

6.1 各国维护国家经济利益的基本考虑

6.1.1 各国维护国家经济利益的总体目标

各国维护国家经济利益,既有总体目标的相似性,又有具体诉求的差异性。

(1)总体目标的相似性

在当今经济全球化的时代,面对国家经济利益这个对各国都十分重要的问题,各国维护国家经济利益的总体目标是大致类似的;各种政策设计基本上围绕经济增长、充分就业、稳定物价和国际收支平衡这些宏观经济运行目标展开的。其中,经济增长是核心目标,充分就业和物价稳定是经济社会稳定的基础和经济增长的前提,国际收支平衡则保证国民财富不会过度流失,或是避免国家在国际交往中陷入困难境地。

(2)具体诉求的差异性

因为国家经济体量、综合国力、贫富程度、发展阶段等的差异,各国对国家经济利益的具体诉求有很大差异。典型的是,在贫富程度处于两个极端的美国和印度,这种差异最为显著。

虽然现阶段世界多极化趋势日益明显，但当今世界的贸易体系、金融体系依然由美国主导。美国维护其国家经济利益的基本诉求之一，就是要维护和拓展当前由其主导的国际体系，并以2018年以来美国对华贸易挑衅为契机，力图将全球投资及贸易体系及其规则调整到更有利于美国的格局。同时，美国强调对世界资源的占有和使用，多个年度的《国家安全战略报告》都强调，要保证美国安全地使用国内外资源，包括海洋资源和太空资源。"二战"后，美国相继发动的巴拿马战争、索马里战争、科索沃战争、伊拉克战争、阿富汗战争等，其核心目的之一即是保证美国在海外资源获取上的绝对可靠和安全。

而印度对国家经济利益的追求，一是遇事而思，与时俱进。从20世纪50年代初谋求"经济独立"起步，先是追求"实现工业品的进口替代"；20世纪60年代大旱，开始追求"确保粮食充足、可靠的供给"；20世纪70年代看到日本、巴西的工业化，开始明确追求"加强经济的工业化进程，在更多工业领域实施进口替代"。经历两次国际石油危机，即开始将"确保能源的可靠供给"作为"最值得关注的国家经济利益领域"。1990年、1991年遇到了"国际收支危机"，即将"确保国际收支平衡"作为国家经济利益的重要范畴。进入21世纪前后看到发展电子信息产业对于提升印度产业国际竞争力的价值，即将"重点加快发展电子信息特别是软件产业"作为重要的国家经济利益领域。二是在这些利益追求中，蕴含着对于"国内人均收入可持续增长、企业国际竞争力提升、居民不平等程度减少、维持国际收支平衡、合理的外汇储备和可控的外债水平"的综合考虑，力求提升国内经济稳定发展、对外应对冲击并抵御风险的能力。

6.1.2 重视国家经济利益的战略构思与管理体制建设

各国维护国家经济利益的共同做法，就是既有战略构思，又有相关管理体制机制建设。

（1）将战略作为维护国家经济利益的导向

不少国家认为，维护国家经济利益必须有相应的战略。在他们看来，"战略"对于立法和制度建设具有引领性，对于管理部门的工作具有指导性。例如，在美、英、法、德、俄、日等国，即为维护国家经济利益构建了产业保护战略、对外贸易保护战略、知识产权保护战略、再工业化战略、战略资源储备与保护战略。这些具体战略，经常体现在他们的国家安全战略之中。诸如美国和俄罗斯的国家安全战略。这些战略有时与执法还存在互动关系，即当执法中发现了某些重大问题时，国家在战略层面即会作出调整。

在构建相关战略方面，日本和美国更为见长。20世纪50年代以来，日本陆续构建了贸易立国战略、科技立国战略、科学立国战略、知识产权立国战略。美国则是在与其他国家发生贸易争端时，陆续抛出相关战略，并有相应的配套措施。因为他们认为，"小打小闹"的政策举措不足以"最大化地"维护美国的经济利益，而是必须有体现长期、整体考虑的战略框架。

例如，在2018年发起对华贸易挑衅前后，先是1月19日由国防部发布2018年版《国防战略报告》，明确提出针对中国的"遏制战略"。进而提出针对更多国家的"确保美国先进制造业领先地位战略""国家生物防御战略""国家反恐战略"，并由相关部门发布《重新评估中国的技术进步》《制造业和国防工业基础及供应链弹性评估》《更新美国与发展中国家的经济联系》《2018年网络威胁防御》等报告，以支撑相关战略，同时构建具体配套对策。

（2）将相关管理体制机制建设作为体制保障

国家经济利益具有多维性，影响因素较多，涉及国家经济运行、发展及治理的方方面面。基于此，多数国家认为，维护国家经济利益必须有相应的管理体制机制建设。相应地，诸多国家就此设计并构建了相关管理体制机制，如按需立法、建立制度、明确程序、设立管理机构并明确权限。它们力求借助这几方面的努力，来保障相关决策的合理性、决策实施及管理效果的有效性。

"立法"是以法律法规形式呈现的制度安排，既是相关管理程序设置及管理机构设立的依据，也是机构执法和管理的依据。相应的法律法规也会明确界定"管理程序""管理权限"的权威性及其边界。相应的"管理程序"和"管理权限"安排，既在逻辑上保证了"基于相关制度"来决策的科学性，又保证了"管理程序"的严谨性和"管理权限"的有效性。

"管理机构"是前述几个方面中的实体部分。针对国家经济利益的各个领域，在多数国家，相关法律法规会对相应管理机构的设立及其权限作出规定。国家及政府有关维护国家经济利益的具体思想、思路、措施和办法，都由这些体系化的机构逐级传导并落实。同时，不同机构间的权限划分以及内部稽查关系，既有助于规避法律法规及制度实施过程中可能遇到的干扰，也可在一定程度上遏制渎职、滥权、谋私等现象发生。

6.2 各国维护国家经济利益的两大基石和三根支柱

6.2.1 维护国家经济利益的两大体制基石

维护国家经济利益必须有相应的体制机制建设。基于此，诸多国家将推动立法、建立制度作为维护国家经济利益的两大体制基石。

（1）立法明确维护国家经济利益的依据

发达国家维护国家经济利益的各种方式方法都有其法律依据，形成了"专门法""法规"和"细则"三者构成的法律体系。

一是法律覆盖范围广泛且全面。例如，美国的《产业保护法案》渗透到产业运行和发展的各个方面：能源保护依据《1975年能源政策与节约法案》《1975年能源政策和储备法案》《1977年能源组织法案》《2006年国家能源政策法》等；金融监管依据《1933年银行法》《1933年证券法》《1940年投资公司法》《1956年银行持股公司法》《1960年银行合并法》《1970年证券投资者保护法》《1978年国际银行法》《1980年放松对存款机构管理与货币管制法》《1982年加恩－杰尔曼存款机构法》《1991年联邦存款保险公司改进法》《1996年全国性证券市场促进法》《1999年金融服务现代化法案》等；农业、冶金业、商业等方面的情况类似。

二是相关法律深入细节，操作性强。例如，在贸易保护方面，欧洲各国有本国及欧盟的《反倾销法》《反补贴法》和《绿色标准法案》的保护。欧盟的"双反调查"基本上是依据欧盟理事会1997年10月6日颁布的《关于对来源于非欧洲共同体国家的补贴进口货物可采取的保护措施（第2026/97号）条例》《关于保护欧盟产业免受非欧盟成员国补贴产品进口（第（EC）2009/597号）理事会条例》《欧盟条约（第3284/94号）和（第1285/95号）条例》等法案进行的。

（2）建立维护国家经济利益的专门制度

在诸多国家，根据相关法律确立的各种制度，皆是为了确保特定领域具体经济活动的合规开展，进而确保整个经济的健康运行和良性发展。例如，《能源法》规定了公共能源供应的"准入制度"和"储备制度"，《外汇法》规定了"利率管制制度"和"外汇储备制度"，《信息安全法》规定了"安全产品认证许可制度"。

特别值得关注的是美国、日本的"战略储备制度"。在日本，黄金、外汇、粮食、铀、某些稀有金属、化工原料等皆在战略储备范围之内。尤其是在国家间产业及科技竞争日益激烈的背景下，不少国家借助《垄断法》《专利法》《商标法》《著作权法》等规定了"知识产权保护制度"，既借助该制度激励创新，又借助该制度抑制各种侵权行为，特别是防范和抵御国外企业的侵权。美国、英国及欧盟国家的相关法律都规定侵权者要给专利权所有者或持有人以高额赔偿。

6.2.2 维护国家经济利益的三根支柱

在维护国家经济利益的体制机制中，"管理程序""管理机构""管理机构的权限"是将相关立法与制度付诸实施的三根支柱。正是在这些支柱的支撑下，相关国家维护国家经济利益的立法与制度才得到了有效实施，保障国家经济利益得到了足够的维护。

（1）设立清晰的管理程序

"管理程序"是管理制度和管理体制的必要组成部分，作用在于保证相关监管活动有序有效实施，同时避免可能的失误。例如，在欧盟，相关法律规定欧盟理事会形成决议之前，需要向欧盟咨询委员会咨询。在美国，动用石油等战略资源储备之前，需要先得到总统签署的命令。在诸多国家，都有"财政预算、国会审批、政府审查供应商资格"的程序、外资并购审查程序、能源准入许可证程序等。在很多国家，各种法律、制度的实施都有相应的管理程序规定，这就保证了"内部监控、机构监管、部门间协调、高层级整体调度、避免重大错误"落到实处，也避免了"人为疏忽"和"制度缺陷"等可能造成的问题。

（2）建立依法行事的管理机构

在既定的法律框架之下，不少发达国家设置了各种旨在维护国家经济利益的管理机构，如美国的国家安全委员会、美中经济与安全评估委员会，欧盟的欧盟委员会、欧盟理事会及欧盟咨询委员会，俄罗斯的联邦安全会议经济安全跨部门委员会、国家杜马安全委员会，德国的政府景气委员会、财政计划委员会等。其中一些是实体机构，一些则是议事机构。它们负责国家重大经济战略和行动的设计、决策和实施中的监督，以及对下一层级对应部门的宏观协调等。

例如，在俄罗斯，联邦安全会议经济安全跨部门委员会由以下人员组成：联邦安全会议第一副秘书（任委员会主席）、国家杜马信贷与财政市场委员会副主席（任委员会副主席）、俄罗斯经济发展和贸易部第一副部长（任委员会副主席），以及国家杜马安全委员会、国家杜马经济政策和经济活动委员会、俄罗斯联邦会议联邦委员会及各个职能部委负责人（任委员会委员）。该委员会按法定程序确定俄罗斯联邦在经济领域的国家利益，分析所面临的内外威胁，并研究防范威胁的措施；研究和实施在经济领域保障国家利益的方针和政策；协调相关国家机关的监管活动。

又如，在日本，首相掌握国家经济利益相关事务的决策权和协调权。"内阁联席会议"专门讨论相关事务的决策。1980年12月，日本内阁会议决定设立"综合安全保障会议"，以将经济、外交等决策和政策统一并协调。该"保障会议"是根据1980年《安全保障会议设置法》设立的，是研判和决定国家经济利益事务的主要议事机构。"保障会议"由首相亲自出席，官房长官主持，成员有外务、大藏、农林水产、通产、运输等大臣，经济企划、防卫、科技等厅长官，以及执政党（目前是自民党）的干事长、总会务长和政调会长。日本不设立独立的国家经济利益事务权力部门，而是将现有权力框架整合，具体政策和措施由政府现有职能部门（通产、经济企划、科技、外务、大藏等省厅）参与制定、承担责任、分别执行。其中，经济企划厅和通产省是负责国家经济利益政策的最重要部门。

再如，在欧盟，重大经济决策由欧盟委员会、欧盟理事会及欧盟咨询委员会三个部门共同完成。欧盟委员会负责决议的执行、反馈、新法案的起草等，欧盟理事会负责对是否决定征税等重大决议的表决。同时，相关法律规定上述两个机构（欧盟委员会、欧盟理事会）在工作中需要与欧盟咨询委员会进行磋商。

（3）赋予各个机构以清晰的管理权限

设立了各种"管理机构"，即需要规定各级各类管理机构的权限，以协调机构间、层级间的关系，进而保证相关制度和管理程序的有效实施，以切实维护国家经济利益。各级各类管理机构的监管权限，一般是由法律法规规定的。

例如，在美国，《联邦宪法》将征税权授予国会，同时对联邦政府的征税权力作了限制。关于各级政府的职责划分，宪法规定了联邦、州和地方政府的权限。其中，对联邦政府的权限采取"列举式"限定，明确规定中央的权限范围；而对州等地方政府的权限，大多采取"保留式"限定。

在美国，如想在"非常时期"动用石油战略储备，必须由总统签署命令，且"非常时期"必须满足相应的条件，即石油供应可能中断，或者可能严重影响国家安全和经济，且对石油战略储备动用的程度有全面动用、有限动用、测试性动用三种。如果能源中断情况很严重，即可由总统签署"全面动用"命令；如果相对没有那么严重，则可采取"有限动用"；而"测试性动用"类似于军事演习，是为了保障万一出现"紧急状况"，石油供给系统能够正常运行而进行的"测试和演练"。

6.3 各国维护国家经济利益的战略、政策及方法

战略及政策体现一国维护自身国家经济利益的具体思路，方法则是落实相关战略及政策的手段。

6.3.1 维护国家经济利益的四大典型政策

(1) 将科技创新纳入国家经济利益范围

创新是经济增长的核心要素与过程。基于此,不少国家将科技创新纳入国家经济利益范围,出台系列"法案"与政策来促进创新,并保护创新成果。例如,美国 1980 年出台《史蒂文森－威德勒技术创新法》,明确指出联邦政府对国家投入的科研成果的转化负有责任,要求政府相关部门推动联邦政府支持的技术向地方政府和企业转移,将技术转移纳入联邦政府相关部门的职责中。白宫 1994 年发布的《科学与国家利益报告》,强调"科学既是无尽的前沿,也是无尽的资源,更是国家利益中的关键性投资""增进基础研究与国家目标之间的联系"被作为美国科学政策的核心目标之一。在《联邦法律全编》中,科技发展方面的内容更为丰富,50 个专题中有 13 个涉及科学技术。

英国政府 2003 年发布了《2004—2014 年科学与创新投入十年框架》,提出基于国家发展利益,建立世界级科技创新中心,保障可持续的财政科研投入,提升基础研究对经济和公共服务需求的反应能力,增加企业的研发投资和参与,加强高素质劳动力的培养,培养公众对科学研究的参与和信任等,并提出了 29 个子目标和 40 项指标。此后,英国内政部还发布了《2009—2012 年科技与创新战略》,描述了未来三年的科研重点及科研管理的程序规定。

日本 1995 年起多次编制《科学技术基本计划》,其中确立了"科学技术创造立国"的战略目标,将知识创造作为科技政策的基本方向。相对于其他发达国家,日本更注重政府对科技创新的引导,长期实施官产学研合作战略,积极协调政府、企业、高校和科研机构的科技创新活动,以期提高科技成果的产业化率。

（2）完善专利制度并强化专利保护

创新是一种商业行为，目的是获得商业利润。创新收益是激发并促进创新的根本，而创新收益需要专利制度的保护。自有专利制度以来，专利制度即为创新提供了三方面帮助：一是依法肯定了创新的成果；二是专利授权后依法保护创新者的收益；三是借助专利公开，并要详细到专业工程师可以复制的程度，以期向市场提供特定创新信息。在当今发达国家企业、机构、个人拥有的国际专利数量远多于发展中国家和新兴国家的情形下，发达国家依法对专利侵权（者）给予严厉惩罚，也具有保护本国经济利益的长期效果。

发达国家皆十分重视专利制度建设。一是与时俱进地完善专利制度。典型的是，美国颁布了《大学和小企业专利程序修正案》，统一了联邦政府的专利政策，规定由联邦政府资助的小企业、非营利机构（包括大学）的研究成果由小企业和非营利机构所有，研究人员可以分享其收益，同时允许研究机构有偿向产业界转让专利许可；鼓励大学与企业界合作转化由联邦政府资助的科研成果，许可权优先授予小企业，并建立统一的许可权授予规范。二是规定对专利侵权给予严厉惩罚。典型的是，美国、英国及欧盟国家的相关法律都规定侵权者要给专利权所有者或持有人以高额赔偿。

值得关注的是，发达国家与时俱进地完善专利制度，以专利制度激发并促进创新，目的在于活跃本国的创新，继而提升本国的产业竞争力。发达国家依法对专利侵权（者）给予严厉的惩罚，目的则在于直接保护专利权人的商业利益。

（3）采取审慎的外资并购和私有化政策

"保护幼稚产业"是不少国家司空见惯的产业保护政策。与此同时，不少国家高度重视外资并购本国企业，相应实施了"审慎的外资并购政策"，以防范"因外资并购本国企业而引发国家经济利益损失"。

典型的是美国，1975年其设立了外资并购审查机构"外国投资委员会（CFIUS）"。该委员会先后由国务院、财政部、商务部、国防部、司法部、国土安全部、白宫贸易代表办公室、科技办公室、国家安全助理、经济政策助理、经济顾问委员会、管理和预算办公室等12个政府部门的人员组成，职责是监督、评估外资在美并购对国家利益及安全的影响程度。

日本是对外商投资并购限制很严的国家。在日本，外资并购受《禁止垄断法》《外国投资法》《外汇管理法》等一系列法规管制。政府设立"公正交易委员会"来履行外资并购审查职责，并赋予法院对外资并购发出"紧急停止令"的权力。强大的行业协会也是"干预外资并购"的重要力量。日本甚至限制任何外国企业涉足日本轴承企业的股权，对外国企业并购日本轴承企业实行"零容忍"。

法国2004年通过法案，规定如外商投资法国"战略产业"，则必须与法国财经工业部签订"遵守准入条件"的协议，包括严禁窃取工业机密、剽窃和出售核心技术、将生产基地移到法国境外、随时满足政府的采购需求，违约须负刑事责任，并明确战略产业包括航空航天、生物技术、密码技术、核能、武器、微电子、传输敏感数据的信息系统等。

韩国2005年颁布的《关于在资本市场限制外资恶意收购的规则》，规定韩国公司成为外资收购目标后，公司可以增发股票或发债券（目的是扩大资产规模，增加外资收购的难度）；如果投资者在柜台市场公开收购某公司5%以上股份，目标公司可以发行可转换债券或其他证券以进行自我保护。

俄罗斯也实行了限制外资并购的相关规定。所颁布的《地下资源法修正案》规定，限制外资介入战略资源储藏区，包括铀、金刚石、石英和稀土等矿产资源，储量超过1.5亿吨的油田，储量超过1万亿立方米的天然气田，储量超过1000万吨的铜矿；处于国防工业所辖区域内的矿藏也被列入战略资源储藏区名单。此外，俄罗斯对"国有企业的私有化"作出了严格规定。2004年普京签发了《关于确定国有战略企业和战略股份公司名单》的总统令,指定514家国有战略企业和549家战略股份公司,政府机构无权将其私有化,如欲私有化,须经总统特批。这些企业包括石油天然气、铁路、电力等大型基础产业企业和军工企业。

此外,德国2005年立法,授权联邦政府控制外资入股战略产业,并将军工和密码企业的外资股份限制在25%以下。加拿大规定任何超过2亿美元的并购协议,须经过加拿大政府批准方可生效。

(4)采取适度的对外贸易保护政策

由于WTO成员方在关税制定方面受到限制,近年来更多国家转而寻求新的"非关税贸易保护措施"来保护本国产业。典型的是,欧盟利用"非关税贸易保护措施"维护成员国的国家经济利益。相应的非关税贸易保护措施大致分为三类,即技术性贸易壁垒,反倾销、反补贴调查及保障措施。

"技术性贸易壁垒"又称"技术性贸易措施"或"技术壁垒",涉及内容广泛,涵盖科技、卫生、检疫、安全、环保、计量、质量和认证等诸多技术性体系和名目繁多的规定,主要有技术法规、技术标准、产品和体系认证等合格评定、绿色技术壁垒等形式。其中的技术法规分为三个层次:一是条例,具有基础条约实施细则的性质,相当于议会通过的法令;二是指令,要求各国把有关立法纳入欧盟的法律条文,是对成员国具有约束力的共同体法律;三是决定,是有明确针对对象的有约束力的法律文件,适用范围指向特定、具体、确定的问题。

欧盟还使用严格的技术标准来阻止外国产品对欧盟市场的渗透。目前欧盟针对各种进口产品制定的技术标准有10多万个,从不同层面限制外来商品。同时,欧盟成员国除执行欧盟统一的技术标准外,还有本国的技术标准,基本构成了成套的技术标准体系,统称"CE"标准,对产品的技术细节、安全性、卫生和环保等方面作出了明确而具体的要求。

欧盟还有产品、体系认证等合格评定。凡在欧盟各成员国市场上流通的产品，至少须达到三个条件：一是必须符合欧洲标准（EN），取得欧洲标准化委员会（CEN）认证标志；二是要经过 ISO 9001 认证注册；三是要取得 CE 标志。

绿色贸易壁垒（green trade barrier）是新兴的非关税贸易壁垒，其具有两重性。从形式上看，适应环境保护的要求，却是对贸易自由的限制；从实质上看，是贸易保护与环境保护的契合。绿色贸易壁垒是欧盟最为严厉的技术性贸易壁垒，主要内容有：①绿色生产；②绿色关税制度；③绿色技术标准制度；④绿色环境标志制度；⑤绿色包装制度；⑥绿色补贴制度；⑦绿色卫生检疫制度。

反倾销、反补贴调查及保障措施，是更多国家所实施的另一类非关税贸易保护。其中，"反倾销"的初衷是创造公平的竞争秩序，但反倾销措施实施至今，常被一些国家以"维护公平竞争"之名，行贸易保护之实。反倾销措施正成为欧盟和新兴国家较频繁使用的贸易保护工具。

"反补贴"指凡进口商品在生产、制造、加工、买卖、输出过程中，企业接受了出口国政府直接或间接的奖金或补贴，并对进口国已建立的国内产业造成实质性损害或产生了实质损害威胁，或对进口国建立同类产业造成了实质性障碍，进口国即可对该产品进行调查，进而采取反补贴措施，对该产品按补贴数额征收反补贴税。"反补贴"是符合 WTO 规定的贸易救济措施，同时又是一把"双刃剑"，具有名为反对不公平贸易实为实施贸易保护的特点，属于合规性贸易壁垒。

"保障措施"是指在紧急情况下，如一种产品的进口（包括服务）一直在大量增加，对进口国国内生产相似产品，或生产与进口产品相竞争产品的国内产业造成了严重损害或严重损害的威胁，则进口国政府可采取措施限制进口的法律制度。

6.3.2　维护国家经济利益的四大典型战略

（1）实施确保能源资源可靠供给战略

确保能源资源的可靠供给，是早期发达国家和新兴国家普遍关注的问题。典型的是，日本将"确保海外物资的超稳定供应"作为维护国家经济利益的"重要国际战略"。日本国内资源匮乏，经济发展严重依赖于海外资源，政界业界乃至普通国民对严重依赖海外资源能源供给普遍有危机感。确保海外战略物资的"超稳定供应"，被认为是日本"生死攸关的国家经济利益"。基于此，日本制定了综合能源政策，建立了确保资源能源"超稳定供应"的危机管理体制。

为保障海外资源的"超稳定供应"，日本采取了系列措施：①综合开发，厉行节约。两次石油危机后，日本政府全力开发太阳能、地热、煤炭液化和节能技术。先后制订了"日光计划"和"月光计划"，重点开发太阳能、地热、煤炭液化、海洋温差发电。同时研究超导电力应用技术、燃料电池发电等，以提高能源的有效利用率。②资源能源获取由单纯进口转为综合开发，即与资源能源生产国建立"风险共担的综合性开发进口依存关系"；加强与有潜在能源资源供应能力的环太平洋国家在资源能源领域的经济技术协作，增强从这些地区的能源进口。③建立主动型危机应对体系。20世纪80年代初，日本在"综合安保战略构想"中即强调建立危机应对体系，包括：建立官民结合的储备体系；要求有关机构准确迅速地掌握可能出现的危机动向，制订紧急状态下的资源能源供求计划；建立多层次应急国际合作机制。④确保海上运输线。日本将霍尔木兹海峡、马六甲海峡和巴拿马运河等列入主要海上运输要道。通过对上述海域有关国家提供经济援助、技术合作等，加强双边关系，以保障日本海上运输线的安全畅通。

(2)实施重点行业领域发展战略

实施重点行业领域发展战略,以维护国家的发展利益,这对于日本、韩国、美国等都有甚之而无不及。典型的是,针对2008年次贷危机引发的全面金融危机对美国经济的广泛影响,2009年2月17日奥巴马签署《2009年美国复兴与再投资法案》。该法案规划通过设计、制造和推广新的"绿色能源"来恢复美国的工业,以培育超过数十万亿美元价值的新能源产业。美国贸易委员会官员认为,奥巴马"能源新政"及其"绿色产业革命"对于美国维持全球霸主地位,很可能起到与20世纪后半叶的"数字化革命""信息高速公路"同等重要的作用。

针对2008年美国金融危机对日本经济的跨国影响,2009年日本政府把信息通信、节能和生物工程、宇宙航空、海洋开发等产业作为发展的重点领域。日本还放眼2025年,在工程技术、信息技术、医药等领域制定长期战略"技术创新2025"并加以实施,力图通过创新和开放给日本经济注入新的活力。

针对2008年美国金融危机对韩国经济的跨国影响,韩国政府制定了《新增长动力规划及发展战略》。该战略将绿色技术、尖端产业融合、高附加值服务三大领域共17类新兴产业确定为新增长动力。规划通过政府投入研发资金,向26个商业项目共投资1550亿韩元,以支持促进经济发展的新兴产业。在此计划下,韩国大型企业与中小企业将共同在生物制药、机器人技术、脱盐设备、发光二极管、新型半导体、绿色轿车等领域获得政府大量研发资金支持。

(3)实施多种递进性进取性战略

这主要分为三类,即动态的产业发展战略、国家发展战略和再工业化战略。

实施动态的产业发展战略和国家发展战略,旨在实现发展效果的最大化,这方面日本甚为典型。如前文所述,日本一是实施了"动态的产业发展战略",协调政府和产业的努力。二是实施了"动态的立国战略",先是 20 世纪 50 年代实施了贸易立国战略;到了 20 世纪 80 年代,日本提出了科技立国战略;20 世纪 90 年代又提出了科学立国战略;2000 年后又提出知识产权立国战略。由此,将科学、技术、知识产权发展全面纳入国家经济利益及其维护范围。

实施再工业化战略,这是早期工业化国家的"专利"。典型的是,鉴于 20 世纪欧盟大部分成员国发生了"去工业化"现象,不少国家将钢铁、化工、汽车制造等传统高污染、低附加值产业迁出本国,而在境内专注于发展虚拟经济,其中以西班牙、法国、英国、比利时等国为典型。到 20 世纪末,英国完成了去工业化,工业比重下降到低于 10%。而金融危机凸显了实体经济和强大工业的重要性。金融危机后,欧洲即实行了再工业化战略。欧盟委员会把强大的工业基础视为欧洲实现经济复苏、保持竞争力的关键,推出再工业化战略,提出到 2020 年使工业占 GDP 比重由 15.6% 提高至 20%。到 2008 年底,英国将 1/7 的工厂迁回境内,并注重高端装备等高附加值制造业的发展。到 2013 年 12 月,英国工业增加值创下 20 个年份的新高,工业明显复苏,失业率下降 7.6%。英国国内普遍认为,金融危机后英国经济复苏很大程度上应归功于再工业化战略。

(4)将谋求标准制定和国际市场定价权视为战略追求

在经济全球化时代,标准制定权和大宗物资等的定价权是竞争的高地。在这方面,早期发达国家几乎是"独领风骚"。历史上英国最先发生了产业革命,是多数工业标准的制定者。相应地,英国标准几乎统治了全球制造业、金融服务和服装设计业。近年来,德国已尝试制定工业 4.0 时代的标准。

目前值得关注的新现象是,不少发达国家企业先是把创新成果变为专利,继而"专利池化",进而根据自己的专利池,制定相关行业或领域的技术标准。而后进国家的企业要开发、产销相关产品,特别是跨出国境产销相关产品，既需要购买先行者的专利技术，又需要购买并执行先行者的技术标准。由此，先行者既从后来者那里获得了大量收费类经济利益，又锁定了后来者产品研产、产业发展的技术范式和路径。因此在国际市场上，后来者即先天性的难以形成针对先行者的竞争力。

谋求国际市场的定价权，也是发达国家限制其他国家发展，谋求超额利润的战略性措施。英国早拥有了全球有色金属期货市场的定价权。近年来，发达国家争相争夺"碳交易"的定价权，欧盟成立了欧盟碳排放贸易体系（EUETS），美国成立了芝加哥气候交易所，澳大利亚建立了 New South Wales 温室气体减排贸易体系。这其中的动力，就是这些国家都在谋求"碳交易"的市场定价权可能给自己形成的垄断利益。美国甚至发射了"嗅碳卫星"，力求通过碳排放检测技术上的领先优势，影响国际市场"碳交易"的定价。尽管它们开展这些工作时并没说要实施某种战略，但客观上给自己争取到了相关领域有利的战略地位。

6.3.3 维护国家经济利益的三大典型方法

相关国家维护国家经济利益的相关战略及政策，总体上是通过一系列"指标控制"来把握的，个案上的终极做法则是通过"国家安全审查"或"环境影响评估"实施的。

（1）总体维护方法：宏观指标控制

"宏观经济指标控制"通常是转轨国家从总体上维护自身国家经济利益的做法。典型的是，1996 年 12 月 27 日，由俄罗斯联邦经济部、国家统计委员会、财政部及联邦会议共同制定并经切尔诺梅尔金总理批准的《俄罗斯经济安全指标清单》，共包括 22 项临界值安全指标，以期借助落实这些经济安全指标来维护俄罗斯的国家经济利益。

2000 年 2 月，俄罗斯联邦安全会议学术委员会制定的《俄罗斯联邦经济安全指标清单》将原来的 22 项临界值安全指标调整为 19 项：

①GDP 占西方七国集团平均值的 75%，人均 GDP 相当于西方七国集团平均值的 50% 或与世界人均水平相等；②粮食收获量为 7000 万吨；③固定资本投资总额占 GDP 的 25%；④国防支出占 GDP 的 3%；⑤民用工业支出占 GDP 的 2%；⑥新产品占工业总产值的比重为 15%；⑦机器制造与金属加工业占工业生产的比重为 25%；⑧货币收入低于最低生活保障标准居民占总人口的比重为 7%；⑨10% 最富有居民与 10% 最贫困居民人均收入之比为 8；⑩居民人均货币收入与最低生活保障标准之比为 3.5；⑪按国际劳工组织方法统计的失业率为 5%；⑫年底货币化系数（M2）占 GDP 的 50%；⑬国家内外债占 GDP 的 60%；⑭偿还国家债务的支出占联邦预算支出总额的比重为 20%；⑮联邦预算赤字占 GDP 的 3%；⑯通货膨胀率为 25%；⑰年底黄金外汇储备为 400 亿美元；⑱进口食品占食品消费总量的比重为 25%；⑲矿产储量增长量与消耗量之比为 125%。

俄罗斯 2009 年 5 月 12 日出台的《2020 年前俄罗斯国家安全战略》进一步将经济安全指标缩减为 7 项：①失业率；②十分法系数（10% 最富有人口与 10% 最贫困人口人均收入之比）；③消费价格增长率；④国家内外债占 GDP 的百分比；⑤医疗卫生、文化、教育和科学资金保障程度（占 GDP 的比重）；⑥每年对武器、军事和专门技术的更新程度；⑦军事和工程技术干部保障程度。

（2）个案维护方法：国家安全审查

"国家安全审查"（national security review）是各国应对外商来投资（特别是并购）或销售商品，可能对东道国经济利益造成伤害的终极方法，通常是就具体个案事务实施安全审查。这方面美国的做法最为系统和典型。1988 年美国制定了《埃克森－弗罗里奥条款》（Exon Florio Provision），明确了外资并购安全审查的机构与职责。该法案授权 CFIUS 对特定外国人对美国企业的并购行为进行安全审查，由总统最后裁决是否中止交易。该条款作为《综合贸易竞争法案》第5021节获得通过，并被加入1950年《国防生产法》中，构成该法的第721节。1991年，美国财政部又出台了《外国人合并、收购和接管条例》，作为《埃克森－弗罗里奥条款》的实施条例，对外资并购的国家安全审查制度作出了实体和程序方面的规定。

1993年，《国防授权法》第837节对"721条款"进行了修订，规定凡有外国政府控制（或代表外国政府）的并购活动……涉及国家安全的，都应进行调查。该法案被称为"伯德修正案"。2007年美国出台了《外国投资与国家安全法》（FINSA），这是美国对外资并购国家安全审查新的重大修改，其中扩大了外资委成员单位（增加了能源部、劳工部、情报局）；审查程序更复杂，范围再扩大，包括"并购方是否由外国政府控制，并购方所在国在核不扩散、反恐、技术转移等方面的记录"。

其中，关系国家安全的基础设施、核心技术是主要审查内容。另外，是否影响就业也被并入审查范围。2008年，美国财政部颁布FINSA实施细则《外国人合并、收购、接管条例》。该条例规定，外国资本持股美国企业低于10%时无须经CFIUS审查，但任何超过股权比例10%的并购交易则不能通过审查。此外，美国的"美中经济与安全评估委员会"专门审查中国企业对美国的投资与贸易活动。

（3）个案维护方法：环境影响评估

环境影响评估（environmental impact assessment，EIA）是指对规划和建设项目实施后可能造成的环境影响进行分析、预测和评估，提出预防或者减轻不良环境影响的对策和措施，进行跟踪监测的方法与制度。通俗地讲，就是分析项目建成投产后可能对环境产生的影响，并提出污染防治对策和措施，或是指出不宜建设特定项目。

环境影响评估是国际上通行的做法。特别是自1992年联合国环发大会提出"可持续发展议程"（又称"21世纪议程"）后，环境影响评估得到了越来越多国家的重视，发达国家和新兴国家尤为重视这一做法和制度的实施。20世纪90年代开始，我国政府即多次要求重大决策之前需要开展社会、经济、环境等方面的可行性论证与评估。2019年国务院颁布的《重大行政决策程序暂行条例》规定："决策承办单位根据需要对决策事项涉及的人财物投入、资源消耗、环境影响等成本和经济、社会、环境效益进行分析预测。"这体现了我国对于重大决策前的环境影响评估的重视。我们不仅重视国内投资建设项目的环境影响评估，也很重视企业走出国门、进入他国市场后对于东道国生态环境的影响及保护。

但环境影响评估制度在国际上出现了"被扭曲使用"的现象。近年来，随着我国企业更多地"走出去"融入国际市场，在一些国家投资或销售产品时，却不时遇到东道国以环境影响评估为借口的打压。典型的是，我国某企业欲在某个"铁杆朋友国家"投资建设一家水厂，但最终该国以"环评不合格"为由否定了这个项目。而在其背后，是某个超级大国的施压并给予其他利益。该国不愿得罪两个大国，便以"环境影响评估不能通过"为由否定了我国企业的这个项目。由此可见，在全球化背景下，环境影响评估作为一种维护人类生存与发展环境的制度性手段，已成为一些国家维护自身多重利益的"借口性手段"。

在当今世界上，随着"跨界环境损害责任"研究的发展，"适当谨慎义务"作为一种折中的理论，被认为是能够解决可预见的跨境环境损害或环境损害发生时跨国责任承担的理论。该理论与国际环境法中的"预防原则"紧密相连，承担着保护全球环境及国际社会共同利益的责任，逐渐被各国接受。但现在一些国家对"适当谨慎义务"的认知，出现过度灵活的迹象。本来按照"适当谨慎义务标准"来实施国家管理，对于保护环境已经足够了。但若某个国家将其他因素放入"环境影响评估"之中，就可能使环境评估失去本来的意义。

更有甚者，随着《全球气候变化公约》的实施，一些早期工业化国家为了保护本国某个领域的经济利益，对其他国家特别是新兴国家提出了更为苛刻的"碳排放指标要求"。这固然保护了本国的利益，但却可能伤害其他国家的利益。例如，国际船级社对船舶的碳排放提出控制指标后，某个工业化国家就此提出了更高的指标控制要求，且直接影响我国，这就限制了其他国家海运公司采购我国制造的船舶，也限制了我国海运船舶在这个国家港口的停泊。

6.4 国外经验对我国的启示

6.4.1 旨在维护国家经济利益的体制机制建设的系统化

各国维护自身国家经济利益的系统化的体制机制建设，十分值得我们借鉴，如"两大基石""三根支柱""若干战略与政策"及"三大方法"。相对而言，我国缺少维护国家经济利益的系统化的体制机制。一是旨在维护国家经济利益的相关法律法规建设是一个短板，对维护国家经济利益至今没有系统的明确立法。虽然不少法律都在讲国家经济利益，但没有一部法律或法规明确界定现阶段我国国家经济利益的基本内涵和具体内容有哪些，以至于一些部门和地方政府往往将自己想为之事宣称为"国家经济利益"。二是诸多部门都从自己的理解出发，基于自己的职能来维护国家经济利益，但它们往往缺少清晰的"行权程序"和"管理权限"。三是我们维护国家经济利益缺少具体"抓手"。对地方政府蚕食国家整体经济利益的行为，除了撤换领导而没有其他手段；对国内企业和国民个人蚕食国家经济利益的行为，除了罚款和刑罚而没有其他手段。

基于新时期我国的国家经济利益，是指在经济全球化和百年未有之大变局的国际背景下，在我国社会主义初级阶段的时代背景下，对内维护公有制为主体、多种经济成分共同发展，按劳分配为主及其他形式为重要补充的基本经济制度不被伤害；对外确保国家的经济主权和发展利益不被伤害，并且国际环境和谐利我；确保经济运行和发展的物质基础稳固及可靠供给、产业体系完整、科技自立自强；确保宏观经济年度运行目标的可靠实现，确保国家经济发展战略的配套措施有效实施及战略目标的可靠实现。当下我们亟待明确制定《维护国家经济利益法》，并就前述内容，从制度建立、机构设立、权限划分、具体事务处理、违法惩处等方面作出明确规定。继而，应在完善立法的基础上，完善相关机构设立、程序设计、权限配置等制度性安排。

6.4.2　将抵御外部伤害作为维护国家经济利益的重点

由前文可以看到，相关国家皆把抵御来自国外的伤害作为维护本国国家经济利益的重点，其中主要关注他国商品出口、投资并购、技术性伤害、生态劣化等对于东道国经济利益的影响甚至侵蚀。相应地，它们颁布了一系列法律法规，构思了相应的战略，采取了严格的办事程序，以及各种不同程度的审查和审核制度。在国家间竞争日益激烈的经济全球化背景下这是十分必要的。

我国已深度融入全球经济，在可以利用国际国内两个市场、两类资源发展我国经济的同时，也不时面对着来自国外的各种冲击和不利的影响。诸如日益盛行的发达国家对我国出口设置技术性贸易壁垒，其他新兴国家和发展中国家对我国出口频繁实施"双反"，某些国家政府频繁地对我国企业"走出去"实施的"国家安全审查"，以及国外金融危机向我国的传播，特别是2018年以来美国对我国的贸易挑衅，都构成了对我国国家经济利益的伤害。基于此，我们也应将应对和抵御来自国外的伤害作为维护我国国家经济利益的重点。

相应地，围绕抵御来自国外的可能伤害，应综合运用立法司法、制度实施、机构设立、程序安排、权限配置等制度性安排。要切实维护我国公有制为主体的基本经济制度不被伤害，确保在国际贸易及投资事务中我国的经济主权不被伤害，确保我经济发展的国内外环境和谐有利，确保我经济发展必须实施的战略、规划、途径、手段得以有效实施。特别是，应围绕外资外贸、外资在华并购、我企业"走出去"等加快完善相关法律法规及审核审查制度，以期更为有效地抵御国外力量对我国国家经济利益的实质性伤害或潜在威胁。

6.4.3 作为转轨国家对部分国有企业的民营化应慎之又慎

如前文所述，俄罗斯对国有企业的私有化作出了严格规定。2004年普京签发《关于确定国有战略企业和战略股份公司名单》的总统令，指定514家国有战略企业和549家战略股份公司，政府机构无权对其私有化，如欲私有，须经总统特批。这些企业包括石油天然气、铁路、电力等大型基础行业企业和军工企业。

我国同属于转轨国家，有着大量不同层类的国有企业。经过40多年的改革，多数国企已转制为国有有限责任公司或国有控股公司，一些转制为国有非控股公司，一些通过拍卖、竞标、高管收购等途径转制为民营企业，还有一些在股市公开上市，再加上减员增效和企业内部体制机制改革，相对提高了企业的经营绩效。目前我国仍有百家左右的各类国有央企和数量更多的地方国企。

借鉴俄罗斯的经验，在新一轮的国企改革中，应适应市场化、现代化、国际化新形势，立足于破除体制机制障碍，以解放和发展社会生产力为标准，以提高国有资本效率、增强国有企业活力和抗风险能力为中心；坚持与时俱进地完善激励机制和约束机制，将二者有效结合，促使国有企业真正成为依法自主经营、自负盈亏、自担风险、自我约束、自我发展的独立市场主体。相应地，也不排除部分国有企业会改变国有独资体制或国有控股体制，甚至会在部分高新技术国有小企业实施员工持股制度，但绝不可将涉及国家安全和国家经济命脉主干的国有企业民营化。

第 7 章

积极构建国家经济利益维护能力

7.1 百年未有之大变局下的机遇和挑战

7.1.1 世界百年未有之大变局

改革开放 40 多年后的中国，目前正面对着世界百年未有之大变局。

一是新的科技革命与产业革命同时兴起，且中国已成为其中的主力军。科学技术革命迅猛推进。这场科技革命不同于前三次产业革命中的科技革命。前三次科技革命更多地体现为技术革命，这场科技革命则是真正的科学革命加技术革命；科学革命引领技术革命，科学与技术高度一体化；在全球范围内，多个科技中心正在形成，中国正成为新的科技创新中心。

在新的科技革命助推下，第四次产业革命已全面爆发，其发展正如火如荼。特别是美国、德国、日本、英国、法国等在前三次产业革命中得到巨大发展的早期工业化国家，有可能在 2030—2035 年间完成这场产业革命。这场产业革命中出现了一种独特的现象：基于科学的产业正在形成，科学家成为推动新兴产业形成与发展的重要力量；科学家直接创办企业在不少发达国家成为一道靓丽的风景。

二是全球市场格局剧烈变化。全球市场呈现实体市场与网络市场高度融合的态势，国家间的商品竞争从根本上超越了第二、三次产业革命形成的跨国界实体市场。这其中，数字经济在中国蓬勃而迅速发展，使得网络市场成为中国与世界连接的重要通道。随着全球性网络市场的形成，"超视距、跨国界、跨文化、精准营销"的商品交易变得十分活跃，同时也在相当程度上改变了"地球村民们"的交易方式和消费习惯，进而也迫使企业在产销组织和商业模式上持续创新。

三是国家间的竞争呈现新的特征。商品竞争背后是国家间的科技竞争。因此，国家间围绕争夺科技发展主导权的竞争成为常态，后发国家既在新兴和先进技术供给上依赖早期发达国家，又忧虑于早期发达国家对自己产业发展技术范式、技术路径的"锁定"。同时，围绕产业链的竞争也十分激烈，发达国家和新兴国家都在争夺同一产业链上的有利环节，但因总体上技术能力的落后和匮乏，新兴国家很难跳出并不有利甚至有些尴尬的产业链环节。

围绕供应链的竞争成为另一种竞争形式。发达国家企业为了保证自己供应链的先进、可控、可靠、经济，对新兴国家供应商实施了高度理性的筛选；而新兴国家供应商为了进入发达国家企业的供应链，相互之间的挤压性竞争十分惨烈。同时，产业集聚已成为不少国家发展新兴产业的重要业态，新兴国家为发展新兴产业集群，在吸引外资上又展开了各种优惠条件的竞争。

四是"中国龙"正在推动世界进步。在这场大变局中，中国既是科技革命、产业革命重要的推动力量，也是全球市场格局变化的重要推动力量之一。相对于第一、二次产业革命时中国不在其中，第三次产业革命时中国仅仅是迟到的跟跑者，经过40多年的改革开放和发展，中国已成为第四次产业革命的重要推动者。与此同时，中国不少企业也是全球产业链、供应链、实体市场与网络市场高度融合的积极建设者或参与者。面对全球科技、产业、市场的巨大变化，中国政府也与相关国家及国际组织理性磋商或合作，积极推动全球治理结构变革，积极倡导建设"人类命运共同体"，与"一带一路"国家同谋共赢与发展。这皆使得世界不得不对中国刮目相看，同时，不少国家也通过各种方式谋求与中国合作共赢。

五是部分国家出现了前所未有的"焦虑"。作为"中国威胁论"的升级版，特朗普上台后，美国表现出前所未有的深度焦虑，挑衅中国，四面出击，极力塑造"美国作为全球科技、经济、军事持续第一的国家，却被其他发达和新兴国家普遍占了便宜"的形象。特别是2018年起对中国的贸易挑衅，更是把美国的"修昔底德焦虑"暴露无遗，且这种焦虑在美国政界、业界、学界得到了普遍认同。

伴随着美国的焦虑，欧盟国家也表达了对中国日益发展、地位提升的焦虑。一些发展中国家甚至对中国的"一带一路"倡议产生了疑虑。而在中国国内，一些缺乏理性和科学方法的学者，则显示出"金德尔伯格焦虑"[①]，即在对中国基本国情、实力及国际地位缺少理性研判和把握的情况下，盲目鼓吹"厉害了，我的国""中国已全面超越了美国"。其后果是给中国业界制造了本不该有的麻烦，甚至使政府承受了处理一些国际事务时"本不该遇到的麻烦"。

7.1.2 大变局下中国面对的挑战

第一，尽管中国已是第四次产业革命的主力军之一，但中国在基础研究领域与早期发达国家仍有较大差距。尽管中国正成为全球新的科技创新中心，但中国的基础研究投入在世界上仍处于低水平（占研发投入5%左右，远低于美日等国20%的水平），基础研究成果积累及其水平与早期发达国家差距也很大，尚不足以支撑在这场科技革命加产业革命中我国应该承载的基础科学研究。同时，基于科学的产业在早期工业化国家已成为重要的业态（如生物及化学制药、基础化学材料、高端微电子器件研制、新兴功能材料、复杂电子信息系统等），但在中国却刚刚

---

① "一战"后国力明显下降的英国，已无力继续维护全球海洋航运自由、国际货币体系稳定以及相对自由开放的贸易秩序。同时，当时美国还难以代替英国承担起相应的国际责任，但美国又想冲上去，最终导致20世纪20年代末的经济大萧条爆发，并进一步导致了"二战"，此即所谓的"金德尔伯格焦虑"。

起步，更谈不上发展起来、形成规模。

第二，制造业不少商业级技术供给，我们还有赖于早期发达国家，同时又面对着诸多发展中国家企业在全球供应链上的竞争。一方面，在诸多先进产业的产业链上，我国众多企业还处于低附加值的产业链环节。一些业界人士提出向"微笑曲线"两端（研发、营销）寻找商机和利润空间，但这并非易事。究其成因，基本是因为制造业的不少商业级技术供给，我们还有赖于早期发达国家技术使用权的让渡。另一方面，我国众多企业已成为发达国家企业供应链上的重要成员，但正遭遇更多发展中国家（如越南等）企业以更低成本供应发达国家企业的竞争，以及一些原本在华的外资企业移向综合商务成本更低的其他国家的压力。

第三，"走出去"是我国企业可持续发展的必由之路，但一些发达国家和发展中国家对我国企业实施堵截。在几乎"全球焦虑"的大背景下，中国企业去海外投资办厂，往往在发达国家遭遇"国家安全审查"堵截，在新兴国家和发展中国家遭遇"环境评估"堵截；中国商品走向国际市场，在发达国家遭遇较多的"技术性贸易壁垒"堵截，在新兴国家遭遇更多"反倾销、反补贴"诉讼堵截。其中一些貌似是符合WTO规则的，但更多的则出于对东道国自身国家利益和其他因素的考量。相应地，我国企业需要付出更多的努力，才可能将"走出去"做得更有效果。

第四，特朗普政府发动的美对华贸易挑衅，并未随着达成新的协议或特朗普下台而终结，目前仅是表面的宁静，欧盟也有在贸易上遏制中国的迹象。在美国对华贸易挑衅的大背景下，中国要吸引国际先进新兴产业企业投资中国，必然受到美国对华贸易挑衅的"长尾效应"的影响。特别是，美对华贸易挑衅之下，严控先进技术和新知识向我国出口和流动已成常态。另外，诸多发达国家的逆全球化思潮，必然抑制国家间的知识及技术流动。这些都很不利于"以科技革命为动力"的第四次产业革命在中国加快推进。

第五，美、德、日、英、法等国都是第一、二、三次产业革命的直接受益者，它们的工业文明、制造能力、经济发展水平都得到了长足提升，我们必须在跟它们竞争中完成第四次产业革命。特别是，这些国家也是第四次产业革命的早期推动者和现时领先者，同时在全球资源的实际控制上，它们又有着在前三次产业革命过程中所积累的优势。这使得它们有可能在 2030—2035 年间领先于我们完成第四次产业革命。中国不是第一、二次产业革命的直接受益者，在第三次产业革命中仅仅是跟跑者，第四次产业革命中的原始创新又主要来自这些国家，同时中国经济发展自身又存在很大的国内区域间的不平衡以及产业间的不平衡。这都增加了我们在与它们竞争中尽快完成第四次产业革命的难度。

第六，中国在国际上倡导的新理念及新思路，要被更多国家接受还有一个渐进的过程。尽管中国所倡导的"人类命运共同体""一带一路"倡议等理念及思路从根本上是有利于各国受益、全球可持续发展的，但终因国际霸权主义国家及其思潮的存在，以及国家间意识形态的差异，中国这些美好的想法要让一些国家真诚认同和接受，必有一个渐进的过程。

7.1.3　大变局下中国可能的机遇

世界百年未有之大变局下，中国既面对着挑战，也有一些可期待的机遇。

第一，美国前所未有地焦虑，挑衅中国，四面出击，营造"美国被发达和新兴国家普遍占了便宜的形象"，这恰恰可能在一定程度上孤立美国。这种"孤立"更多地表现为一些国家对美国采取"惹不起、躲着走、谈到合作打太极"的态度。而中国与各类国家平等交往，不将自己的意识形态、意图、思路强加于人，这恰恰有可能促进相关国家与中国的友好交流及合作。诸如"一带一路"倡议的实施，中国将东道国的发展放在首位，然后才考虑自身利益，这就赢得了更多国家的响应和项目落地东道国的人心。

第二，有别于前三次产业革命，中国已成为第四次产业革命的推动者之一，这无疑有助于中国与更多国家开展广泛的经济技术合作。一方面，中国是新兴发展中大国，有 14 亿人口，有着旺盛的市场需求，有着广大的实体市场和发达的网络市场，这对诸多发达国家有着巨大的市场吸引力。即便特朗普限制美国诸多公司向中国销售某些产品，但仍有很多公司与中国企业保持着较为正常的交往，另有一些美国公司还在谋求政府获准向中国销售产品。另一方面，相对于众多发展中国家，中国的技术及产品有相当程度的先进性，这些国家市场加总后也很有规模，这就增加了中国高新技术及产品进入这些国家市场的机会。

第三，尽管国家间围绕"争夺科学发展主导权的竞争"成为常态，但中国作为第四次产业革命的推动者之一，已成为正在兴起的全球科技创新中心之一，已站在全球科技发展较高的平台。特别是围绕目前发达和新兴国家竭力发展的战略性新兴产业，中国与发达国家的技术差距日趋缩小。围绕发达和新兴国家竭力发展的新经济产业，除了生物科技和人工智能，中国在绿色经济、创意经济等领域也与发达国家并驾齐驱，在数字经济、流量经济、共享经济等领域甚至在世界上领先，这就使得"大众创业、万众创新"为中国经济创造新的动能提供了可能。

第四，尽管全球产业链竞争、供应链竞争都十分激烈，但中国在其中已有一定的位置和份额。即便在美对华贸易挑衅背景下，美国防部等力图将中国企业挤出与美国国防、军工相关的产业链、供应链，但企业跨国形成的深层次交错融合，已使得美国很难将中国企业从中挤出。而不同国家企业在同一产业链上的相互嵌入，也会诱发上下游企业的创新。与此同时，新兴产业集聚现象在中国最为兴盛，以高新区为代表的高新技术产业集群在不少省市蓬勃发展。同时，我国政府对所有"国民企业"自主创新无差别的鼓励和扶持政策，皆为中国吸引更多外国企业在华投资及发展形成了良好的区域氛围。

7.2 国家经济利益维护能力应有结构及特点

世界百年未有之大变局增加了全球经济运行与发展正反两方面的不确定性,也增加了中国经济的不确定性和不稳定性。这要求我们以强烈的风险意识和责任意识、积极审慎的态度,构建维护国家经济利益的国家整体能力,以更为有效的思路和方法维护中国现阶段和未来的国家经济利益。

7.2.1 国家经济利益维护能力应有的结构

(1) 国家经济利益维护能力的结构

国家经济利益本质上是全体国民共同的经济利益。维护全民共同的经济利益,是主权国家政府永恒的责任。政府要担当并履行好这一责任,即必须构建维护国家经济利益的国家整体能力(可简称"国家经济利益维护能力")。国家经济利益维护能力是主权国家确保各层面国家经济利益不被损害,或受到损害后能够有效修复,并合理拓展国家经济利益的能力。国家这方面能力构建在结构上的体现,一是政府、业界、社会组织、民间力量等四类力量的集成,二是国家科技、经济(产业、金融、财政、外贸)、法律、军事、外交、文化、教育等七方面能力的集成。

这对政府有如下要求:一是应勇于并善于担当维护国家经济利益的责任,并就维护国家经济利益制定明确的战略和策略;二是应积极投资于科技发展,在以科技促进经济社会发展的同时,为维护国家经济利益提供有效且可与竞争者博弈的科技手段;三是应在坚持发挥市场机制在资源配置的基础性作用的前提下,以财政的有限投入引导产业发展的方向,以合理的财政与金融政策维护经济的稳健运行,同时有效促进对外贸易及投资的健康运行和发展,进而使国家具有足够的产业、金融、财政及国际收支能力;四是应有效加强国家军事能力建设,必要时使用军事力量维护我国的海外经济利益,包括海外资产安全;五是要适应近若干年国际政治及经济竞争格局的新变化,敢于和善于开拓利于我国的国际利益领域。

特别是,应有效加强维护境外经济利益的力量建设。维护疆土国防安全,我们有强大的军队;维护基本政治制度稳定,我们有党委、政府、人大、政协、公检法等组织,甚至还有工青妇、科协等组织。但维护我国在境外的国家经济利益,现阶段我们对相应的"国家战略力量"还缺少系统规划和建设。值得关注的是,美国为维护其在境外的经济利益,国家经济战略布局到哪里,国家外交、情报就跟随到哪里。这对我们应有重要的启示。在我国目前情况下,在国家战略利益指向的国际区域,有必要充分发挥国家情报、外交、商务等多类部门及单位的协同作用,同时应充分发挥民间力量如非政府组织(NGO)的作用。

(2)国家经济利益维护能力的特点

一是作用的基础性。即国家经济利益维护能力是主权国家维护、修复、拓展国家经济利益的基础。在和平与发展并存、合作与竞争并存的经济全球化时代,主权国家也需要拥有这类能力。特别是新兴国家若无这类能力,则在早期发达国家已经切割完全球资源版图、已经为全球经济运行及发展制定并实践了相关规则的背景下,将难以追逐和实现本国的国家经济利益的最大化。我们作为世界上最大的新兴发展中国家,更需要凭借这类能力来维护我们的核心经济利益、重大经济利益和重要经济利益。

二是构成的多元性。即国家经济利益维护能力是由多种类要素、资源、手段及其作用途径和机制构成的。这至少包括科技、经济、法律、文化、行政、外交、军事、国际法等资源和手段。其中，科技、经济、军事是相对物质化的要素、资源和手段，文化、行政、外交是非物质化的要素、资源和手段，法律则是制度化的要素、资源和手段。作为主权国家，我们需要将各类要素、资源和手段，按照一定的逻辑整合到同一框架之内，使其相互协同与助力，才可能形成有效维护国家经济利益的整体能力。

三是提升的实践性。即国家经济利益维护能力的强弱是动态的。将国家经济利益维护能力用于维护、修复、拓展国家经济利益，也会形成一定程度的能力耗损。相应地，国家也需要在实践中历练、提升这类能力。只有在该类能力的"自学习、自改善、自提升"机制的作用下，国家经济利益维护能力才可能得到长足的提升。换言之，在一定时期内，主权国家不必担心自己这类能力的不足，而不敢适时"亮剑"。主权国家需要根据内外部条件的变化，以及维护具体层面、特定领域国家经济利益的难易程度，适时调整并提升相关能力要素及其作用机制。

7.2.2 明确维护国家经济利益的战略及策略

（1）国家经济利益战略及其特点

为有效维护国家经济利益，我们必须有清晰而系统的战略、政策和策略。

国家经济利益战略是主权国家考虑全体国民共同的利益诉求、自身现有基础、可能做出的努力、国内外环境的许可程度，特别是国家间竞争、相关条件的支撑程度等，所作出的谋求相应经济利益的战略性安排。在结构上，国家经济利益战略应呈现维护国家经济利益的长期愿景、阶段性目标、重要里程碑、重点领域、主要任务、保障措施,是综合运用科技、经济、法律、文化、行政、外交、军事、国际法等资源,应对挑战与威胁,维护国家经济利益的总体构想和实践。

国家经济利益战略至少应有以下特点:

第一,符合伟大复兴的基本诉求。实现中华民族的伟大复兴是中国人民的共同梦想。"复兴"的核心内涵是中国综合国力的全面提升,中华民族自立于世界强国之列,全体国民共享文化、科技、经济、社会发展的硕果。这正是全体国民共同利益所在。相应地,我们的国家经济利益战略必须符合民族复兴的前述内涵。

第二,合理兼顾各利益级组间的关系。即国家经济利益战略应全面覆盖前述各级组的国家经济利益,同时应关注各级组国家经济利益之间的有机联系,避免顾此失彼,避免因为某些主客观原因造成某些方面利益的过大损失,特别是不能因强调较高层次利益的重要性,而轻视较低层次利益的基础性和保障性。

第三,关注国内利益相关方的共生性。国内不同利益群体(群类、区域)都是国家经济利益的"利益相关方"。相应地,既应尊重不同利益群体的利益诉求,更应强调在不同群体"利益共生"基础上维护国家整体经济利益。因为国家经济利益本质上是全体国民共同的利益,也是不同利益群体共同的利益;兼顾了不同群体的利益,并使其处于和谐状态,才有助于国家整体利益的最大化。

第四,尊重国际上利益相关者的合理诉求。一国国家经济利益的实现,既是该国国内各种力量共同努力的结果,也是与国际上相关国家博弈的结果。这类博弈可能是共赢的,某些时候也可能是单赢的。既然我们处在经济全球化时代,只要其他国家与我博弈的行为不侵害我方主权,我们即应尊重别人的博弈行为。

第五,重视实施层面的可操作性。国家经济利益战略固然是国家层面的宏观构想和安排,但也必须是可以通过步步为营的努力而"可实施、可实现"的。相应地,在战略安排的内在结构上,既应有长期愿景、中短期目标、重点领域,也应有阶段性推进的重点任务、里程碑、保障措施,以期能够通过扎实努力,阶段性地实现相应的目标和长期愿景。

(2)应针对不同利益级组设计相应政策和策略

首先应围绕国家经济利益基本内涵的所有方面,具体作出相应的政策设计及策略安排。同时鉴于我国的国家经济利益可分为三个级组:第一等级的是国家核心经济利益,涉及基本经济制度与国家经济主权两个范畴;第二等级的是国家重大经济利益,涉及国家经济基础与国家发展战略两个范畴;第三等级的是国家重要经济利益,涉及国家经济环境及现实经济运行两个范畴。故为维护各个级组的国家经济利益,应明确设计有差别的组合性政策和策略。

在具体策略上,应坚持坚定性与灵活性结合的原则;同时鉴于三个级组的国家经济利益具有系统性、共生性两个特点,还应关注维护不同级组国家经济利益的政策及策略的衔接和协调。

更进一步讲,维护国家核心经济利益,事关基本经济制度的,必须有坚定性,应综合使用经济、行政、法律的手段;事关国家主权的,也必须有坚定性,应综合使用经济、行政、外交、国际法、军事的手段。维护国家重大经济利益,应坚持基础观、综合观、长期观及灵活性,综合使用经济、法律、科技、外交等手段。维护国家重要经济利益,涉及经济运行与发展环境的,必须有时空上的全局观及灵活性;涉及宏观经济四大运行目标的,必须有实时观、适时性及灵活性;总体上应综合使用经济、法律、科技等手段。

(3)明确不同时期维护国家经济利益的重点任务

各个级组、各个方面国家经济利益的实现,是需要长期努力的。不同时期各个级组、各个方面国家经济利益的实现程度及被影响程度是有差异的，故需要根据具体情况，明确不同时期维护国家经济利益的重点领域和任务，并应有明确的保障措施，且应具体化为政府各个职能部门应采取的行动方案。

近中期地看，现阶段面对世界百年未有之大变局，针对外部环境的复杂多变和不确定性及不稳定性，维护国家经济利益的重点，在国家核心经济利益级组，重点任务应是坚定地维护基本经济制度不被伤害，确保国家经济主权和发展利益不被伤害，应对个别西方国家涉及我国经济主权的不合理要求作出理性回应，有效应对诸如美国要求我国进行结构化改革的诉求。在国家重大经济利益级组，重点任务应是夯实我国经济运行与发展的物质基础，积极推进科技自立自强，促进企业走上国际产业链的高端环节，增强企业在国际供应链中的主动权，增强重要企业面对重大冲击的抗风险能力。在国家重要经济利益级组，重点任务应是确保各个年度宏观经济运行四大目标的实现；鉴于我国是人口大国，各类社会群体对国家的信任感很高、依赖性很强，故在四大目标中应把"充分就业"放在第一位。

7.3 强化国家经济利益维护能力建设

7.3.1 重视维护国家经济利益的制度建设

任何战略及政策思路，只有切实实施了才可能产生所期待的效果，故必须以制度建设保障相关政策思路的有效实施。这其中，最为重要的是应建立"重大事项对于国家经济利益影响评估制度"。

（1）重大事项对于国家经济利益影响评估制度

所称重大事项包括重大国际事件、国家事件、国家行为、政府行为和企业行为。所谓"重大事项对于国家经济利益影响评估制度"，即建立一套制度化的办法，在某些重大国际事件、国家事件发生之后，某些重大国家行为、政府行为或企业行为发生之前，由政府有关部门牵头，组织专家对特定事件、特定行为可能对国家经济利益造成的正负面影响进行分析评估，为政府提供评估报告，进而供高层决策及采取相应对策及措施时参考。

重大国际事件及国家事件，重大国家行为、政府行为及企业行为，往往会从不同方向、不同程度影响国家经济利益。其中一些影响可能是正面的，一些影响可能是负面的。我们需要"扬其利、抑其弊，两利相权取其重，两害相权取其轻"。例如，对于重大国际事件，我国持什么态度？具体态度有可能影响我国与其他国家的政治或经济关系，进而有可能影响我国某些方面的经济利益。政府制定并颁布实施的重大经济、社会、科技发展规划计划，是国家有关战略的具体化，多数涉及面广、覆盖期长、影响深远，进而有可能影响我国经济发展的实际态势。政府制定、颁布的重大经济、社会、科技及其他政策，重要技术标准和经济指标，多数涉及面广、影响深远，也有可能影响国家经济运行和发展的大局。

各级政府推动并实施的重大公共工程，诸如重大国土资源开发工程、水资源工程、能源工程、交通运输工程，既要耗费巨额资金，又会影响生态环境，牵动国民经济发展的重大战略布局。企业推动的重大产业投资项目，既涉及未来整个国家产业区域布局的合理性，又涉及未来整个国家产业结构的合理性，还会涉及国家人财物力的许可程度。

所有这些重大国际事件、国家事件、国家行为、政府行为和企业行为，在决策适当、实施有效的前提下，对于维护国家经济利益是有利的。但如有失误，则可能负面影响国家经济利益。历史上已有一些教训。例如，前些年一些地方政府重大公共工程建设的决策失误，对国家层面的经济利益造成了伤害；一些企业重大产业投资项目的决策失误，造成了产业运行与发展的混乱，甚至破坏了当地的生态环境，或扭曲了国家或区域的产业结构。若能明确建立"重大事项对于国家经济利益影响评估制度"，防患于未然，我们就可能做得更好一些。

（2）建立重大事项对于国家经济利益影响评估制度的逻辑

值得借鉴的是，美国在国家和政府重大行为及政策评估上采用的是"建立在关系树和权重矩阵基础上的综合评价法"。这套方法论是普林斯顿大学20世纪70年代中期的研究成果，其对此后美国各项重大政策和行为的评估影响深远。

该综合评价法有七个步骤：一是确定评估对象所涉及的主要问题，将这些问题作为核心输入变量引入"影响分析"；二是根据"步骤一"所提出的问题设计相应"对策方案"；三是评估（如果）执行"步骤二"所设计的方案"将产生的影响"；四是寻找候选方案的替代方案；五是评估执行替代方案将产生的影响；六是比较候选方案与替代方案谁优谁劣；七是综合考虑最终方案的执行过程和步骤。

我国建立"重大事项对于国家经济利益影响评估制度"，可以采取如下原则性思路：一是明确评估范围。主要对重大国际事件、国家事件的发生，政府颁布实施的重大经济、社会、科技发展规划计划，政府颁布实施的重大经济、社会、科技发展政策，各级政府推动并实施的重大公共工程，企业推动的重大产业投资项目等，进行"国家经济利益影响评估"。二是设计合理的评估框架。宜先将"国家核心经济利益、重大经济利益、重要经济利益"具体为"利益条目"，然后交由专家分析评价具体事项对这些"利益条目"的"影响"。三是采用科学的评估方法。为了把握"影响大小"，需要将"质性评估"与"量化测算"结合起来，以期就实践中国家对"负面影响的可承受程度"作出研判。

7.3.2 加快提升维护国家经济利益能力

系统整合相关各类资源和手段，构建强大的"国家经济利益维护能力"，我们才可能更为有效地维护我们的国家经济利益。

（1）我们维护国家经济利益的能力明显不足

国家维护自身经济利益的能力，是其经济发展成果和实力展示以及国家间竞争的阶段性成果的"积累"。但因诸多历史原因，我国恰恰缺少这种"积累"，导致我们维护国家经济利益的能力明显不足。

一是前三次产业革命和两次世界大战形成的全球经济利益格局使然。中国错过了第一、二次产业革命，是第三次产业革命的跟跑者，且是两次世界大战的受害者，这就使得我们很难积累与当今中国国家规模（人口、国土等）相对应的国家实力规模及全球经济利益份额。

二是现行国际经济规则、贸易和投资及金融体系等是早期工业化国家创立的。矿产能源资源获取权、大宗货物的国际市场定价权、产品技术标准体系等，也是早期工业化国家的贸易和投资活动日积月累形成的。全球产业链的国际分工，是早期工业化国家主导的企业间竞争形成的。这些都加剧了"一"之失衡。

三是少数发达国家特别是美国不惜伤害他国利益，动辄综合运用经济、政治、军事、外交等手段维护自身国家经济利益，这更加剧了中国等新兴国家维护自身国家经济利益的难度。始发于2018年的美对华贸易挑衅即是例证。基于此，我们必须通过优化的制度安排和资源配置来提升国家经济利益维护能力的短板。

（2）现阶段我国国家经济利益能力的短板

现阶段我国这方面的能力短板主要体现在以下三个方面：

一是除了"硬实力"不足，我们维护国家经济利益的"软实力"也不足。长期以来我们对于国家经济利益的认识不清晰、重视不到位。在缺少对国家经济利益清晰界定的背景下，一些地方政府和主管部门把局部利益"伪装"成国家利益，往往把社会各层面的认识搞乱了。同时，社会各类人群对于国家经济利益的认识出现了离散化的倾向，部分人甚至漠不关心。

二是我国搞市场经济时间不长，融入全球经济时间更短。因为前者，我们缺少在市场经济体制机制和环境下维护国家经济利益的经验；因为后者，我们缺少在全球化背景下维护中国经济利益的国际经验。例如，应对与发达国家的贸易摩擦，我们更多讲的是"正常经贸对双方有益"的道理，但人家拿出的是他们详尽的法律条款。这样双方的交流磋商就很难在同一个频道上。

三是我们还没有有效整合和发挥多种类资源、手段、力量在维护中国国家经济利益上的作用。我们亟待努力提升综合运用科技、经济、法律、文化、行政、外交、国际法、军事等资源和手段维护国家经济利益的效果和效率。

（3）有效发挥多类企业和机构在维护国家经济利益中的作用

我们亟待将科技、经济、法律、军事、文化、行政、外交等类资源和手段，按一定逻辑整合到同一框架内，相互协同，以期形成有效维护国家经济利益的整体上的硬实力。一是应加强顶层设计，规划力量建设，抓好微观落实；二是应特别关注发挥三类企业、三类机构在维护国家经济利益中的作用。

三类企业指中央企业（简称"央企"）、开发性金融机构、新经济民企。央企应在维护国家经济主权、落实国家发展战略、提供全民共同福利等方面发挥基础性作用；开发性金融机构应在落实国家发展战略、维护经济稳定、经济"反周期调节"等方面发挥导向和支撑作用；新经济民企应在维护国家产业利益和民生供给利益上起到活跃、导向和拓展的作用。

三类机构指基础性科研院所、产业共性关键技术研究机构、研究型高校。我们想加强国家战略性科技力量，实现国家科技自立自强，首先应发挥基础性科研院所和研究型高校的基础性作用，发挥产业共性关键技术研究机构的攻坚作用。

第 **8** 章

发挥企业在维护国家经济利益中的作用

8.1 央企在维护国家经济利益中的基础性作用

8.1.1 央企及其改革与发展

（1）中央企业

中央企业（以下简称央企）指在我国，由国家资本独资或控股的工商实业企业和金融企业，它们在关系国家安全和国民经济命脉的主要行业和关键领域占据主导地位，是我国国民经济的基干力量和重要支柱。

央企有狭义和广义之分。狭义央企通常指由国务院国资委监管的企业，主要包括：提供公共产品的企业，如军工、电信企业；提供自然垄断产品的企业，如石油天然气企业；提供竞争性产品的企业，如一般工业、建筑、贸易企业。广义央企包括四类：第一类是狭义央企；第二类是由国务院其他部门或群众团体管理的企业，如烟草、黄金、铁路客货运、港口机场、广播电视、文化出版等行业的企业；第三类是由银保监会、证监会监管的金融类企业，如五大国有控股银行（中国工商银行、中国农业银行、中国银行、中国建设银行、交通银行）和三大政策性金融机构（中国进出口银行、中国农业发展银行、国家开发银行），以及其他投资类央企；第四类是"在国家经济社会发展中承担较为特殊责任"，由国务院直管的"正部级企业"，如国家铁路总公司等。

（2）央企的改革与发展

20世纪90年代中期起，国务院先后推动央企进行了一系列改革。这对当时的政府来说无疑是"最难啃的骨头"。从1997年开始，为实现包括央企在内的"国企三年脱困"的目标，国家除了要求企业本身进行改革外，还出台了诸多配套措施，剥离包括央企在内的国企的负担，再加上国家注资、资本市场融资、债转股、中央储备金入资、贴息贷款等，国家累计花了2万多亿元。

到2006年，央企实现利润超过1万亿元，其中，利润超过100亿元的央企有19家，同时有19家企业进入《财富》杂志遴选的世界500强，比2003年增加了10家。到2008年，在国有企业创造的利润中，央企占比80%。截至2010年底，120家中央企业资产总额达到24.4275万亿元，比上年增长16%；实现营业总收入16.78万亿元，比上年增长32.9%；实现净利润8522.7亿元，比上年增长42.8%。

央企改革的另一个举措是企业重组（更多的是合并）。2003年国务院国资委成立之初，监管狭义央企196家。至重组后的2015年3月，国资委直接监管的狭义央企112家。再加上银保监会、证监会直接监管的金融类央企，共为124家央企。到2015年12月12日，国资委监管的狭义央企调整为106家。截至2023年12月29日，国资委监管的狭义央企调整为96家（见表8-1）。

表8-1 狭义（国资委监管）央企名录（截至2023年12月29日）

序号	企业（集团）名称	序号	企业（集团）名称
1	中国核工业集团公司	9	中国航空发动机集团有限公司
2	中国航天科技集团公司	10	中国融通资产管理集团有限公司
3	中国航天科工集团公司	11	中国石油天然气集团公司
4	中国航空工业集团公司	12	中国石油化工集团公司
5	中国船舶集团有限公司	13	中国海洋石油总公司
6	中国兵器工业集团公司	14	国家石油天然气管网集团有限公司
7	中国兵器装备集团公司	15	国家电网有限公司
8	中国电子科技集团公司	16	中国南方电网有限责任公司

续表

序号	企业（集团）名称	序号	企业（集团）名称
17	中国华能集团公司	50	中国旅游集团有限公司[香港中旅（集团）有限公司]
18	中国大唐集团有限公司	51	中国商用飞机有限责任公司
19	中国华电集团公司	52	中国节能环保集团有限公司
20	国家电力投资集团有限公司	53	中国国际工程咨询有限公司
21	中国长江三峡集团公司	54	中国诚通控股集团有限公司
22	国家能源投资集团有限责任公司	55	中国中煤能源集团有限公司
23	中国电信集团公司	56	中国煤炭科工集团有限公司
24	中国联合网络通信集团有限公司	57	中国机械科学研究总院集团有限公司
25	中国移动通信集团公司	58	中国钢研科技集团有限公司
26	中国电子信息产业集团有限公司	59	中国化学工程集团有限公司
27	中国第一汽车集团公司	60	中国盐业集团有限公司
28	东风汽车集团有限公司	61	中国建材集团有限公司
29	中国第一重型机械集团公司	62	中国有色矿业集团有限公司
30	中国机械工业集团有限公司	63	中国稀土集团有限公司
31	哈尔滨电气集团公司	64	中国有研科技集团有限公司
32	中国东方电气集团有限公司	65	矿冶科技集团有限公司
33	鞍钢集团公司	66	中国国际技术智力合作集团有限公司
34	中国宝武钢铁集团有限公司	67	中国建筑科学研究院有限公司
35	中国铝业集团有限公司	68	中国中车集团有限公司
36	中国远洋海运集团有限公司	69	中国铁路通信信号集团有限公司
37	中国航空集团有限公司	70	中国铁路工程集团有限公司
38	中国东方航空集团有限公司	71	中国铁道建筑集团有限公司
39	中国南方航空集团有限公司	72	中国交通建设集团有限公司
40	中国中化控股有限责任公司	73	中国信息通信科技集团有限公司
41	中粮集团有限公司	74	中国农业发展集团有限公司
42	中国五矿集团有限公司	75	中国林业集团有限公司
43	中国通用技术（集团）控股有限责任公司	76	中国医药集团有限公司
44	中国建筑集团有限公司	77	中国保利集团有限公司
45	中国储备粮管理集团有限公司	78	中国建设科技有限公司
46	中国南水北调集团有限公司	79	中国冶金地质总局
47	国家开发投资集团有限公司	80	中国煤炭地质总局
48	招商局集团有限公司	81	新兴际华集团有限公司
49	华润（集团）有限公司	82	中国民航信息集团有限公司

续表

序号	企业（集团）名称	序号	企业（集团）名称
83	中国航空油料集团有限公司	90	华侨城集团有限公司
84	中国航空器材集团有限公司	91	南光（集团）有限公司[中国南光集团有限公司]
85	中国电力建设集团有限公司	92	中国电气装备集团有限公司
86	中国能源建设集团有限公司	93	中国物流集团有限公司
87	中国安能建设集团有限公司	94	中国国新控股有限责任公司
88	中国黄金集团有限公司	95	中国检验认证（集团）有限公司
89	中国广核集团有限公司	96	中国汽车技术研究中心有限公司

来源：中央企业负责人2022年度薪酬信息披露，国资委考核分配局，2023-12-29。

8.1.2　发挥央企作用的依据：央企的基本职能

央企持有的资产是全民资产，故央企在中国经济社会有四大职能，即两个"基础性职能"和两个"保障性职能"。其中，两个"基础性职能"，一是作为社会主义政治制度的经济基础，二是作为中国特色社会主义市场经济制度的产业基础。央企若不能充分有效地履行两个"基础性职能"，则中国特色社会主义即为空谈。央企还有两个"保障性职能"，一是作为国家发展战略最为基本的保障力量，国家相关经济发展战略在很大程度上有赖于凭借央企的实力来付诸实施，二是作为全民共同福利重要的来源保障，央企要通过多种途径和形式来提供全民共享的福利。

（1）央企的两个基础性职能

截至2015年底，央企职工人数约为1250万人。央企是中国社会主义政治制度的经济基础、中国特色社会主义市场经济制度的产业基础。这主要表现在：

一是国务院国资委直接监管央企的资产分布在国民经济重要行业部门。其中，60%的资产分布在电力、石油石化、建筑、军工和通信五大行业。2015年时资产总额47万亿元、净资产15.9万亿元；实现营业收入22.7

万亿元，实现利润总额 1.25 万亿元，实现增加值 6 万亿元，上缴税费 2 万亿元。

二是央企的体制机制越来越适应社会主义市场经济制度。截至 2010 年底，实现主营业务整体上市的央企有 43 家，央企控股的境内外上市公司有 336 家，全国国有控股上市公司户数达 988 家。至 2017 年，央企 52.88% 的资产总额、68.05% 的净资产、59.65% 的营业收入在上市公司。董事会规范运作制度趋于完善，外部董事队伍建设加强，董事会在重大事项决策、经营风险防范和加强内控等方面的作用凸显。

（2）央企的两个保障性职能

央企是国家经济发展战略最为基本的保障力量，是全民共同福利重要的来源保障。央企资产是真正的全民资产，其利润自然应更多地用于提升全民共同福利，特别是用于社会保障体系的建立和完善。央企积极"整合、联合、融合"，以更加积极的姿态全方位发展，大大提升了对于国家战略和全民福利的贡献。

一是履行国家战略保障职能取得重要进展。1998 年国家部委改制之后，部分产业管理部委转制为央企，迅速融入产业序列，快速扩大了央企规模。1250 多万央企职工辛勤劳动，增强了国家经济实力，直接或间接地惠及全体国民。近年来，央企围绕做大做强主业，积极调整重组，缩短管理链条，改制分离辅业，释放了全民资产、国家资本的活力。

紧跟国家改革开放发展的进程，央企加快"走出去"步伐，积极实施境外战略，勇于开发境外资源，拓展产业运行链条，开发境外深层次市场，努力提升全球配置资源能力。截至 2008 年底，央企在全球 127 个国家和地区共设立对外直接投资企业 1791 家，累计对外直接投资 1165 亿美元，占中国对外直接投资累计净额的 63.3%，为国家拓展境外利益奠定了先期基础。截至 2010 年底，约 100 家央企在境外（含中国港澳地区）设立了子公司或管理机构，纯境外单位资产和营业收入迅速增长。

二是积极拓展提供全民共同福利的途径与方式。2011年起，国务院将5个中央部门（单位）和2个企业集团所属的共1631家企业，纳入中央国有资本经营预算实施范围，提高中央企业国有资本收益收取比例。这为全民福利增长提供了新的贡献途径。按照现行规定，央企税后利润收取划分为三类：第一类为烟草、石油石化、电力、电信、煤炭等具有资源垄断性特征的行业企业，国家收取国有资本收益比例为10%；第二类为钢铁、运输、电子、贸易、施工等一般竞争性行业企业，国家收取国有资本收益比例为5%；第三类为中国储备粮总公司、中国储备棉总公司等政策性公司，暂不收取。特别是，按党的十八届三中全会部署，到2020年该比例要提高到30%。除了"扩范围"和"提比例"，有关部门还在研究国有资本经营预算支出向政府公共预算和社保预算调出，央企红利有望更多地用于补充社保基金。

央企贡献全民共同福利的另一个重大举措是划转部分国有资本充实国家社保基金。2017年底国务院印发《划转部分国有资本充实社保基金实施方案》，旨在通过划转部分国有资本来弥补企业职工基本养老保险基金的缺口。2018年中央层面分两批进行划转，包括18家中央管理企业和6家中央金融机构，涉及国有资本1300多亿元。其中，2018年5月中国再保险集团第二大股东财政部将其所持股权的10%一次性划转给全国社保基金理事会持有。2018年12月中国人保发布消息称，将财政部持有该公司股权的10%一次性划转给社保基金理事会。

2019年7月10日国务院常务会议决定，全面推开将中央和地方国有及国有控股大中型企业和金融机构的10%国有股权，划转至社保基金会和地方相关承接主体，并作为财务投资者，依照规定享有收益权等权利。此后，又有35家中央企业实施划转，总计59家央企涉及6600亿元资产划转给社保基金会。这59家央企是央企中经营比较好、规模比较大的企业，粗略计算10%的股权资本规模有2.7万亿元。2020年1月，全国社保基金会接收财政部一次性划转中国农业银行股份137.2亿股A

股、中国工商银行股份123.3亿股A股、交通银行股份19.7亿股A股，分别占各自总股本的3.92%、3.46%、2.65%，交由全国社保基金会持有。

8.1.3 有效发挥产业央企维护国家经济利益的基础性作用

基于央企的四大职能，产业央企应在维护国家核心经济利益、重大经济利益、重要经济利益等领域发挥基础性作用。

（1）维护国家核心经济利益

产业央企是维护社会主义政治制度和基本经济制度最为核心的资产，故必须确保产业央企资产的保值增长，尤其应保证产业央企资产不流失或被任何人或组织非法侵占；特别是应确保产业央企境外资产安全，不发生任何形式的流失。产业央企还应为维护国家经济主权作出贡献。在相当程度上，产业央企持有的资产是我国相当部分产业经济活动的基础，更是我国作为独立主权国家，与其他国家及国际组织平等交往的产业基础，也是我国维护总体国家利益的经济权利基础。

（2）维护国家重大经济利益

经济运行及发展的基础稳固和国家发展战略得以有效实施，是我国的重大经济利益。产业央企应在确保我国经济发展的物质基础稳固，诸如资源能源可靠且有效供给、技术体系及产业体系完整、重要产业健康发展、抑制外资在华恶意并购我行业龙头企业或敏感产业企业、增加国家外汇储备、落实国家重大发展战略及规划等方面发挥基础性作用。在国家实施的自主创新、创新驱动发展、中国制造2025等重大发展战略中，产业央企更应起到基础性、排头兵的作用。当今全球竞争的本质是科技实力的竞争，科技基础及发展进程对一国国际竞争力的提升及在技术上赶超发达国家至关重要，故在重要基础材料、重大系统产品技术攻关、重大工程技术创新上，产业央企更应起到排头兵及主力军的作用。

（3）维护国家重要经济利益

生态环境是经济社会可持续发展的"自然保障"。产业央企的生产经营及投资活动必须强化生态环境意识和责任。国际经济关系影响我国经济长、中、短期运行及发展，产业央企的国际化经营必须为维护良好的国际经济关系作出贡献，在所投资东道国要做"守法的国民企业"。国家经济发展及相关战略实施，是以年度经济运行为基础的，故产业央企应努力为年度国家宏观经济运行四大目标的实现作出贡献。特别是，产业央企应通过稳定企业运营，助力国家规避和防范各种因素导致的宏观经济运行的大起大落，尤其应在"反周期调节"中保有定力，为增强国家经济和市场运行的韧性作出贡献。

8.2 政策性金融机构在维护国家经济利益中的调节性作用

8.2.1 金融央企与政策性金融机构

（1）金融央企

由银保监会、证监会监管的中央企业，属于金融央企，如五大国有控股商业银行（中国工商银行、中国农业银行、中国银行、中国建设银行、交通银行）和三大政策性金融机构（中国进出口银行、中国农业发展银行、国家开发银行），以及一些投资、资管及保险机构，如中国投资有限责任公司、中国长城资产管理公司、中国人民保险集团股份公司等（见表8-2）。

这些金融央企除了守规经营之外，也应通过规范执行政府的监管政策、履行相关社会责任、执行政府相关调控政策等,特别是通过恰当履行央企四大职能,为维护国家经济利益作出贡献。尤其是在金融危机和经济萧条期间,商业银行更应该依照政府的调控政策,为经济稳定和复苏作出贡献。影子银行已成为影响经济正常运行的重要因素,商业银行应努力使影子银行的资金回归表内业务,使银行更多业务进入监管部门的视野。不少金融央企有较多的境外金融资产,保护这部分资产安全是金融央企义不容辞的责任。洗钱对国家金融安全有着很大的负面影响,金融央企应致力于杜绝各种洗钱现象。资管和保险机构应以合规经营来维护金融稳定,促进经济活跃。

表 8-2 金融央企名录(截至 2015 年 8 月)

序号	企业名称	序号	企业名称
1	中国投资有限责任公司	13	中国信达资产管理公司
2	国家开发银行	14	中国出口信用保险公司
3	中国农业发展银行	15	中国人寿保险(集团)公司
4	中国进出口银行	16	中国太平保险集团公司
5	中国工商银行	17	中国再保险(集团)公司
6	中国农业银行	18	中国人民保险集团股份公司
7	中国银行	19	中国银河金融控股有限公司
8	中国建设银行	20	中国银河投资管理有限公司
9	交通银行	21	中信集团公司
10	中国华融资产管理公司	22	中国光大(集团)总公司
11	中国长城资产管理公司	23	建银投资有限责任公司
12	中国东方资产管理公司	24	中央国债登记结算有限公司

(2)政策性金融机构

国家开发银行、中国进出口银行、中国农业发展银行等属于政策性金融央企。依据 2015 年 4 月国务院对三家政策性金融机构改革方案的《批复》,国开行要坚持政策性金融机构定位,进一步完善开发性金融运作模式,适应市场化、国际化新形势;充分利用服务国家战略、依托信用支持、市场运作、保本微利的优势,积极发挥在稳增长、调结构等方面的重要作用，加大对重点领域和薄弱环节的支持力度。

中国进出口银行要强化政策性职能定位，坚持以政策性业务为主体；要贯彻执行国家产业政策、外经贸政策、金融政策和外交政策，为扩大中国机电产品、成套设备和高新技术产品出口，推动有比较优势的企业开展对外承包工程和境外投资，促进对外关系发展和国际经贸合作；要充分发挥在稳增长、调结构、支持外贸发展、实施"走出去"战略中的作用。

中国农业发展银行要坚持以政策性业务为主体，按照国家的法律法规和方针政策，以国家信用为基础筹集资金，承担农业政策性金融业务，代理财政支农资金的拨付，为农业和农村经济发展服务；要建设成为具备可持续发展能力的农业政策性银行。

不难看出，政策性金融央企不同于一般意义上的产业央企和金融央企，它们既有着央企普遍的两个"基础性职能"和两个"保障性职能"，还有着第五个职能，即作为政府实施宏观经济调控的"传感器"，以及依据政府政策为业界提供资金，进而助推经济发展的"赋能器"。

8.2.2 充分发挥政策性金融机构的调节作用

（1）政策性金融机构的共同点

三家政策性金融机构的共同点：一是服务国家战略，把落实"国家意志、政府意图"放在第一位；二是在国务院规定的业务范围内，为相关经济活动提供政策性、开发性金融支持；三是市场运作、保本微利的经营原则。

以国开行为例，成立20多年来，国开行认真贯彻国家宏观政策，发挥宏观调控"传感器"作用，支持国家经济发展和经济结构调整，在关系经济发展命脉的基础设施、基础产业和支柱产业重大项目及配套工程建设中，发挥了长期投融资主力银行的作用。特别是，国开行聚焦基本功能，有所为有所不为，很好地履行了央企共有的四大职能；同时发挥了政策性金融机构独有的政府宏观调控的"传感器"和助推经济发展的"赋能器"职能；"规划先行"成为国开行独特的业务竞争力，在国家重点领域发挥了骨干作用，在薄弱环节发挥了引领作用，关键时期发挥了"逆周期调节"的作用。

（2）政策性金融机构职能的集中表现

如果将政策性金融央企的五大职能和三个共同点作个归纳，则可看到，它们的职能集中表现为维护国家经济利益，业务范围和方式涉及维护三个级组国家经济利益的大部分内容。

三大政策性金融央企成立以来，夯实业务基础、保持职能定力，以开发性金融为手段，创造性地维护了相关领域的国家经济利益。其中，国家开发银行在服务国家战略、"逆周期调节"等方面发挥了积极作用。中国进出口银行在服务对外投资与贸易、中国企业"走出去"、中国产品实现其国际市场价值等方面发挥了积极作用。中国农业发展银行则在促进农村发展、保障农业发展、强化粮食安全和生态环境安全等方面发挥了积极作用。

（3）积极发挥政策性金融机构的调节作用

今后为更好地维护国家经济利益，应充分发挥政策性金融央企在维护国家经济利益中的调节性作用。

一是应将更多的政策性金融服务提供给"有助于提高全社会对社会主义基本经济制度认同感"的项目。特别是有助于促进老少边穷地区经济发展和社会稳定的项目，以及缓解区域发展不平衡性的项目。

二是应紧紧围绕国家中长期发展规划及目标，以政策性金融服务于2035年基本实现社会主义现代化，服务于2050年建成富强民主文明和谐美丽的社会主义现代化强国。特别是，鉴于国家范围的交通运输等基础设施已达到相当高的水平和规模,而不少实体经济行业的发展程度仍是"短板",故今后政策性金融应重点支持短板实体经济行业发展。

三是服务于党的十九大报告确立的国家重大战略,如科教兴国战略、自主创新战略、创新驱动发展战略、乡村振兴战略、区域协调发展战略、可持续发展战略等,提供"抓重点、补短板、强弱项"的开发性金融服务,重点支持大科学项目、新技术应用大工程项目、科技创新大系统项目、"大三农"项目及大海洋项目等。

8.3 民营企业在维护国家经济利益中的搞活和拓展作用

8.3.1 民营企业及其改革与发展

(1) 民营企业

民营企业简称民企。广义的民营企业是指非国有独资企业。狭义的民营企业仅指私营企业和以私营企业为主体的联营企业。支持民营企业发展是党中央的一贯方针。改革开放40多年来,我国民营企业蓬勃发展,在推动经济社会发展、促进科技强国创新、增加多类型就业、改善民生供给和扩大对外开放等方面发挥了不可替代的积极作用。中国经济能够创造持续快速增长的奇迹,民营经济功不可没。特别是,不少民营企业与国有企业形成了完整的产业链。国有企业多处于产业链上游,在基础产业和重型制造业等领域发挥着骨干作用,民营企业越来越多地提供制造业产品特别是最终消费品,两者高度互补、互相合作与支持,有助于国有企业与民营企业进一步协同加速发展。

(2)政府对民营企业的政策

党的十八大以来,党中央出台了一系列扶持民营经济发展的改革举措,推动民营经济不断发展壮大。习近平总书记明确指出"民营经济只能壮大、不能弱化""要不断为民营经济营造更好发展环境,帮助民营经济解决发展中的困难,支持民营企业改革发展"。2019年12月4日,中共中央、国务院印发了《关于营造更好发展环境、支持民营企业改革发展的意见》,着眼于进一步激发民营企业活力和创造力,充分发挥民营经济在推进供给侧结构性改革、推动高质量发展、建设现代化经济体系中的重要作用,并明确提出了支持民营企业改革与发展的一系列措施。这对推动民营企业改革创新、转型升级、健康发展,促进民营企业的创造活力充分迸发,为实现"两个一百年"奋斗目标和中华民族伟大复兴的中国梦作出更大贡献,皆具有重要意义。

8.3.2 大型民企在拓展国家经济利益中的作用

(1)大型民企在我国的地位

一些大型民营企业在我国经济中占有举足轻重的地位。2019年8月,全国工商联发布了"2019中国民营企业500强榜单"[①]。近年来以"新技术、新模式、新业态"为核心特征的新经济产业在我国迅速兴起并蓬勃发展,这些大型民企是重要推动力量,它们在培育和发展新经济中作用巨大,进而对推动产业结构转型升级和经济高质量发展起到了十分积极的作用。这些企业有如下特点:

一是不少企业资产及营收超千亿元。2018年民营企业500强中共有12家企业营业收入超过3000亿元,其中华为营业收入突破7000亿元,

---

① 此次榜单调研数据以2018年度营业收入总额在5亿元人民币(含)以上的私营企业、非公有制经济成分控股的有限责任公司和股份有限公司为调研对象,共有4612家民营企业参与了调查。

位居榜首；有 76 家企业资产总额超过 1000 亿元，比上年增加 15 家。

二是发展迅猛，盈利水平高。2018 年 500 强民营企业的营业收入总额达 28.50 万亿元，增长 16.44%；资产总额达 34.61 万亿元，增长 22.77%；税后净利润为 1.29 万亿元，增长 13.87%。其中，民营企业制造业 500 强入围门槛高达 85.63 亿元；民营企业服务业 100 强入围门槛高达 241.13 亿元。此外，有 20 家民企 500 强入围世界 500 强。

三是企业创新能力增强，产业优化升级，一些已成为高质量发展的引擎。在 500 强企业中，研发人员超过 3% 的企业有 328 家，超过 10% 的企业有 184 家。研发投入强度超过 3% 的企业有 69 家，超过 10% 的企业有 6 家。不少企业产业升级步伐加快，着力提升自身发展质量。2018 年榜单中，第三产业入围企业有 157 家，资产规模和营业收入分别占 500 强的六成和四成，比重均比上年有所提升。

四是对社会的贡献日益增大。2018 年民营企业 500 强纳税总额达 1.31 万亿元，占全国税收总额的 8.38%，较上年增长 0.78%；员工总数达 1057.41 万人，占全国就业人员的 1.36%，较上年增长 0.14%。

（2）引导大型民企拓展国家经济利益

总体上看，不少大型民营企业发展迅猛，盈利水平高；不少大型民营企业创新能力增强，产业优化升级加快；一些企业对社会的贡献日益增大，已成为高质量发展的引擎。故在政策上，我们一方面应注意抑制个别企业的盲目扩张，另一方面应加强对这些企业的引导，促使这些企业关注国家经济利益，站在民族利益的高度拓展国家经济利益。所谓引导大型民企拓展国家经济利益，就是要引导这些企业更多地做利国利民的事情：

一是引导它们积极发展新经济产业。新世纪以来，以"新技术、新模式、新业态"为核心特征的新经济产业在我国迅速兴起并蓬勃发展，数字经济、智能经济、创意经济、流量经济、绿色经济、共享经济等成为推动我国产业结构转型升级和经济高质量发展的重要力量。2017年全国"三新"经济增加值为12.96万亿元,占全国GDP的比重达到15.7%,2018年、2019年又有所提升。其中阿里、腾讯、百度、小米等成为具有重要国际影响力的企业。有效发挥它们的作用,无疑有助于增强我国在新经济领域的国际影响力。

二是应有效发挥它们在拓展国家产业发展利益方面的作用。2018年美对华贸易挑衅以来,我国在国际上的产业发展利益受到伤害。一些企业在国际产业链上的地位受到影响,一些供应链国际化的企业的原材料、零部件、元器件采购受到抑制。基于此,有必要鼓励一些大型民企扩大与外国公司的合资合营范围,借助"你中有我、我中有你",力争突破国外对我们某些产业及企业的限制。

三是应有效发挥它们在解决关键核心技术"卡脖子"问题上的重要作用。大型民企有很强的创新能力,研发投资强度高(500强民企中,研发投入强度超过3%的企业69家,超过10%的企业有6家),同时对研发人员有到位的激励机制,故依托这些企业解决我国所面对的部分"卡脖子"技术难题,是可期待的。

8.3.3 中小民企在搞活国家经济利益中的作用

(1) 中小民企在我国的地位

尽管中小民企个体对国家的贡献很有限,但中小民企作为整体,在我国经济中发挥着十分重要的作用。它们贡献了我国40%以上的GDP,贡献了30%以上的纳税额,贡献了50%以上的技术创新,贡献了60%以上的城镇劳动就业。

我国政府高度重视中小企业发展。在2018年10月18日召开的国务院促进中小企业发展工作领导小组第二次会议上,刘鹤副总理曾指出,必须坚持基本经济制度,充分发挥中小微企业和民营经济在经济社会发展中的重要作用；要采取精准有效措施，大力支持中小微企业和民营经济发展；提高中小微企业和民营经济自身能力，不断适应市场环境变化，努力实现高质量发展。①

在 2021 年 1 月 21 日召开的国务院促进中小企业发展工作领导小组第七次会议上，刘鹤副总理再次提出，要鼓励、支持、引导民营经济和中小企业健康发展，围绕抓好政策体系、服务体系、发展环境三个领域，聚焦着力缓解中小企业融资难、融资贵，着力加强中小企业合法权益保护两个重点，大力支持民营经济和中小企业健康发展。②

（2）引导中小民企搞活国家经济利益

中小民企作为整体，对我国 GDP、国家税收、产业技术创新、城镇劳动就业等的贡献，证明它们也是搞活国家经济利益的重要力量，它们在稳定经济增长、促进创新、增加就业、改善民生等方面发挥着不可替代的作用。中小民企的韧性是我国经济韧性的重要基础。如果没有民营中小企业的发展，就没有整个中国经济的稳定发展，就没有现代产业体系，就没有我国经济发展质量的持续提高。所谓引导中小民企搞活国家经济利益包括如下几个方面：

一是要进一步解放思想、提高认识，把握好政策的连续性、稳定性和可持续性，创造和持续优化适宜中小民企发展的营商环境，积极引导并大力支持中小民企健康发展，使它们有更强的能力去搞活国家经济利益。

二是基于中小民企的经营领域高度重叠，是保市场主体、保就业的主力军，是提升产业链、供应链稳定性和竞争力的重要环节，是构建新发展格局的有力支撑等特点，应引导它们在维护国家重大经济利益中"确

---

① 参见：《刘鹤主持召开国务院促进中小企业发展工作领导小组第二次会议》，中国政府网，2018 年 10 月 18 日。
② 参见：《刘鹤主持召开国务院促进中小企业发展工作领导小组第七次会议》，新华网，2021 年 1 月 22 日。

保经济发展的物质基础稳固"方面发挥积极作用。特别是中小民企创新频繁,可通过相关政策进一步激发它们的创新潜能,促进"自主创新、创新驱动发展"等国家战略的更好实现。

三是基于中小民企经营活跃、增加就业的特点,应尽可能多发挥它们在这些方面的作用,以期促进国家重要经济利益中"年度国家宏观经济运行四大目标"的实现。

第 9 章

维护国家经济利益：国开行的实践案例

国家开发银行（简称国开行）作为国家出资、锐意创新和进取的开发性金融机构，在维护国家经济利益方面发挥了重要作用。

9.1 国开行的成功实践

9.1.1 国开行已成为全球领先的政策性金融机构

（1）国开行已成为全球最大的政策性金融机构

国开行成立于1994年，是直属国务院领导的政策性金融机构。2008年12月改制为国家开发银行股份有限公司。2015年3月，国务院明确国开行定位为开发性金融机构。

国开行注册资本4212.48亿元，股东是中华人民共和国财政部、中央汇金投资有限责任公司、梧桐树投资平台有限公司和全国社会保障基金理事会，持股比例分别为36.54%、34.68%、27.19%、1.59%。

国开行旗下还拥有国开金融、国开证券、国银租赁和中非基金等子公司。成立近30年来，国开行通过开展中长期信贷与投资等金融业务，为国民经济重大中长期发展战略服务。截至2015年底，资产总额为12.62万亿元，贷款余额为9.21万亿元；累计本息回收率为98.78%，连续16年保持高位；净利润为1027.88亿元，ROA为0.90%，ROE为11.74%，资本充足率为10.81%，可持续发展能力和抗风险能力进一步增强。穆迪、标准普尔等专业评级机构连续多年对国开行的评级与中国主权评级保持一致。

国开行已成为全球最大的开发性金融机构，中国最大的对外投融资合作银行、中长期信贷银行和债券银行。2015年，在美国《财富》杂志世界企业500强中排名第87位。

（2）国开行创造了可供其他新兴国家借鉴的开发性金融范例

国开行成立的1994年3月，恰好是我国进入工业化中期的20世纪90年代中期的时间节点。成立以来，在为我国经济社会中长期发展提供金融支持、化解紧迫的民生性建设的资金瓶颈过程中，国开行同时也创造了其他新兴国家可以借鉴的开发性金融的范例。

一是作为中央政府投资的开发性金融机构，国开行与我国经济市场化的进程与时俱进，把国开行的融资优势与各级政府的组织优势相结合，将引导经济社会发展方向、建设市场与提供资金支持相融合，既保障了国家总体发展目标的实现，也促进了地方政府实现当地的发展目标。

二是在中国日益融入全球经济体系的背景下，作为中国的国家级开发性金融机构，国开行在开发性金融领域开展了诸多符合国际行业范式的成功实践。从资金支持范围到业务品类及业务模式，对其他新兴国家有着一定程度的借鉴价值（见表9-1）。

三是在为国内发展提供市场化的金融支持的同时，也通过支持国内企业"走出去"，或直接为对我国有战略意义的友好国家企业提供金融支持，加深了中国经济与全球经济相融的程度，同时加速了有利于我国国家经济利益的战略布局。

表9-1　国开行业务族谱

业务大类	业务细类
规划业务	规划先行，国开行在全面参与各级政府经济社会发展规划和重点企业客户发展规划研究编制的基础上，着力开展配套的系统性融资规划研究和设计，为政府和企业客户提供高水平"融智"服务

续表

业务大类	业务细类
信贷业务	以信贷支持新型城镇化建设、产业转型升级、棚户区改造、扶贫业务、现代农业、水利业务、养老业务、助学贷款、国际合作业务
中间业务	开展金融合作与创新等子公司业务
资金业务	开展国内融资、外币及境外融资、债券创新、代客业务、债券承销
营运业务	支付结算业务、跨境人民币结算业务、结售汇业务、外汇合规管理
综合业务	国开金融、国开证券、中非发展基金、国银金融租赁、国开发展基金

（3）国开行创造性地开发了"开发性金融"的国际业务

2005年以来，国开行积极发挥开发性金融的引领性作用，通过"投棋布子"，主动拓展国际业务，引导和支持中资企业扩大对外投资合作；在有效促进中国经济提升对外开放发展水平，扩大与发展中国家、发达国家及多边经贸合作的同时，也为合作国的经济社会发展作出了积极贡献。

截至2014年底，国开行的国际业务项目已遍布全球115个国家和地区，贷款余额2762亿美元，约占全行本外币贷款余额的1/4，其中外汇贷款余额2670亿美元，跨境人民币贷款余额折合92亿美元。外汇贷款余额从2005年的162亿美元增长至2014年末的2670亿美元，增长近16倍。2009年，国开行以979亿美元的贷款余额跃居国内同业首位，连续6年保持国内同业第一，成为中国最大的对外投融资合作银行和全球资产规模最大的开发性金融机构。同时形成了1家分行（香港）、5家代表处（开罗、莫斯科、里约热内卢、加拉加斯、伦敦）、50多个工作组的境外业务布局网络。

（4）规划先行是国开行独特的竞争优势

"规划先行"是国开行独创的"开发性金融理论"的重要组成部分。国开行在全面参与各级政府经济社会发展规划和重点企业客户发展规划研究及编制的基础上，着力开展配套的系统性融资规划研究和设计，为政府和企业客户提供高水平"融智融资"服务,这已成为国开行促进业务发展、防控风险的独特优势。

自2003年时任董事长陈元提出"规划先行"以来,国开行规划工作的品种从行内业务发展规划,逐步拓展到参与区域、行业、客户的经济发展合作,逐步形成涵盖国内外、行内外的规划工作体系,与有关部委以及地方政府、央企和其他骨干企业开展了规划合作,形成了别具特色的规划研究体系。

2015年后,国开行贯彻落实国家战略部署,在行内,重点开展中长期业务发展规划编制工作,描绘长期可持续发展的蓝图,为未来发展奠定了坚实基础;在行外,围绕"四大板块""三个支撑带"等国家重大战略,与国家有关部委和地方开展规划合作,积极参与国家重点规划研究,为国家级新区、扶贫开发等有关规划开展配套性融资规划研究及编制;以推动"一带一路"倡议规划实施、服务产能转移和企业"走出去"为主线,组织推动重点国际规划咨询合作。

在各项规划合作中,国开行积极加大力度支持批量开发重大项目,推动规划与后续环节衔接,推进相关规划落地实施,为开发性金融准确发力,为持续服务国家相关战略提供支撑。

9.1.2 国开行对中国经济社会发展的独特作用

1994年组建以来,国开行先后按照"开发性政策性金融""政府开发性金融"的市场定位,在支持国家基础设施和基础产业、支持支柱产业项目、支持中国企业利用国外市场和资源、促进战略性新兴产业发展等方面发挥了重要作用,即支持作用、倡导作用、补充作用、服务作用,有效促进了社会主义市场经济制度的构建,促进了经济社会发展和国家相关战略的实施。

国开行坚持将自身发展与国家战略、人民利益紧密联系在一起,以"增强国力、改善民生"为使命,以"建设国际一流开发性金融机构、具有持续创新的生机活力、具有全球领先的重要影响力、具有基业长青的强大抗风险能力、为经济社会发展提供永续支持"为愿景，在我国经济社会发展中起到了独特作用。

（1）在重点领域发挥骨干作用

国开行界定的重点领域，多数是我国经济社会发展的基础领域和骨干领域。国开行集中支持关系国家安全、国民经济命脉的重点行业、重大项目建设，推进国际合作，成为国家战略实施金融支持的主力银行。

一是主动服务国家"一带一路"倡议。国开行2005年全面启动国际业务。作为中国对外投融资合作的主力银行，国开行主动服务于"一带一路"倡议项目和中国企业"走出去"，致力于"以市场化方式"促进国际合作，服务合作国政府关注的重大项目。从深化与各国政府、企业和金融机构在基础设施、农业、民生、能源等重点领域的项目合作，到积极推动落实"上合银联体""金砖国家银行合作机制""中国—东盟银联体"等多项多边金融合作成果，再到发挥"国开金融""中非发展基金""中葡基金""中巴联合投资公司"等对外投资平台作用，向海外项目提供一般股权投资产品及结构化夹层投资产品，国开行以其开发性金融的独特优势，逐渐成为服务中国开放型经济发展的金融主力军。

二是国开行着力推进国际装备制造合作，重点推进重大项目实施，助力钻井平台等高端装备制造"走出去"。2015年给海外核电、高铁等制造业的贷款余额即达到1345亿元。截至2014年6月底，国开行国际业务贷款余额达到3065亿美元，业务遍及全球115个国家和地区，资产质量保持良好，继续保持中国最大的对外投融资合作银行的地位。①

助力产业结构调整与优化升级。国开行持续发挥开发性金融在市场

---

① 参见：《为开放型经济挺起金融脊梁——国开行服务国家"走出去"战略纪实》，《国际商报》，2014年9月29日。

建设、创新发展、资金引领等方面的功能和优势,把信贷结构优化与服务"中国制造2025"相结合,增强资金支持力度,优化投资结构,增加有效投资。仅以2015年为例,全年即安排专项建设基金1173亿元,支持重点产业发展;促进工业化与信息化深度融合,加快产业智能改造升级,全年向制造业投放各项贷款3742亿元。

特别是,国开行以创新驱动发展战略为导向,加大对重大创新工程的投融资支持,支持高端装备、智能制造、新能源汽车、新材料等领域重大科技创新工程及科技成果转化项目,2015年全行发放战略性新兴产业领域的贷款余额达7877亿元。为激发传统优势产业活力,国开行重点支持传统产业特别是产能过剩行业大型骨干企业兼并重组、技术改造、品牌建设和产品升级,2015年全行发放各项并购的贷款余额达527亿元。

三是助力基础设施建设,优化城市空间布局。截至2015年12月底,国开行发放城市建设的贷款余额即达到11239.4亿元(其中,向市政基础设施建设行业发放的贷款余额为8599亿元),当年累计发放市政基础设施贷款1077亿元。与住建部签署《共同推动城市地下综合管廊建设战略合作协议》,贷款授信额约271亿元,支持城市地下综合管廊建设。

国开行助力新型城镇化,服务国家重大区域发展战略。截至2015年12月底,国开行累计发放城镇化贷款约9.41万亿元;当年发放1.4万亿元,占国开行当年人民币信贷发放的65.4%;贷款余额为5.59万亿元,占比同期人民币贷款余额的78.7%。

四是助力国家重点水利项目及民生性水利项目建设。成立20多年来,国开行重点支持了长江三峡水利枢纽工程、南水北调工程、小浪底水利枢纽工程、广西大藤峡水利枢纽工程、新安江流域综合治理工程等国家及地区重点项目;推动并支持了陕西灌区改造工程等农田水利基础设施工程,甘肃扶贫重点县农村饮水安全工程等农村水利工程,以及病险水库除险加固、城市防洪、水利应急贷款等民生水利工程。这些工程皆对促进地区水资源有效配置,解决当地人民群众生活、生态用水问题,加快地方经济发展等起到了积极作用。

特别是，2014年国务院第48次常务会议对加快推进172项重大水利工程建设作出了重要部署，国开行即积极落实水利建设融资计划。截至2015年11月，为广西大藤峡水利枢纽工程、新疆阿尔塔什水利枢纽工程等44项工程（单体项目73个）发放贷款1032亿元。通过国开发展基金支持国家重大水利项目46个，累计投放基金117亿元。截至2015年11月，国开行累计发放水利贷款6372亿元，累计支持水利项目近2500个，贷款发放占全国金融机构水利贷款50%以上，成为水利建设融资的主力银行。

五是助力国家产业布局优化，促进区域经济协调发展。中央推进京津冀协同发展战略部署后，国开行即为京津冀协同发展重大领域、重点项目建设提供金融支持。2015年底，国开行在同业中率先明确2015—2017年向京津冀协同发展领域安排融资2.1万亿元。截至2017年6月底，国开行向京津冀地区发放贷款1.77万亿元，重点支持了雄安新区建设、北京城市副中心、北京新机场等重点项目，成为推动京津冀协同发展强有力的"金融引擎"。

产业升级转移和科技创新是京津冀协同发展的重点领域之一。"十三五"期间，国开行向河北产业转移升级领域投放资金至少270亿元，重点支持河北钢铁"走出去"等项目建设。2015年，国开行与湖北省签署《开发性金融合作备忘录》，围绕长江经济带等重大战略，重点在长江经济带综合立体交通枢纽建设、高新技术产业等多领域合作，助力湖北加快建成促进中部地区崛起的重要战略支点。国开行在湖北累计发放贷款超过5000亿元，连续多年保持湖北省全国性金融机构支持首位。2015年国开行与陕西省签署《全面深化战略合作备忘录和合作协议》，与陕西省加强"十三五"全面合作，支持陕西建设"丝绸之路经济带"重要节点，截至2015年5月底，国开行在陕西省发放贷款余额2414亿元，居省内同业前列。"十二五"期间，国开行累计向广东提供各类融资约

2300亿元，重点支持广东省高速公路网、省部合作铁路和城际轨道交通、产业转型升级、企业"走出去"和保障性住房等领域建设。

东北经济振兴，重大基础设施改造是重要一环。国开行为辽宁提供铁路贷款项目22个，签订借款合同616亿元，占全省铁路行业中长期贷款余额的65.98%。国务院下发《长江经济带发展指导意见》后1个月，国开行即研究制定《关于支持长江经济带发展的意见》，支持上海闸北区土地改造、安徽省巢湖生态保护修复二期工程、江苏省徐州市新机场、四川南部至成都高速公路等一批重点工程，成为推动长江经济带建设中不可或缺的金融"助推器"。截至2015年1月底，国开行在长江经济带覆盖省市的13家分行本外币贷款余额约达2.6万亿元，占全行1/3。

（2）在薄弱环节发挥引领引导作用

在经济社会发展和融资瓶颈并存的薄弱领域，国开行履行社会责任，坚持雪中送炭，创新产品和信贷模式，成为社会资金进入薄弱领域的引导性力量。

一是以"改善民生、增强国力"为己任，积极支持扶贫。截至2015年11月底，国开行扶贫贷款业务覆盖了832个国家级贫困县和集中连片特困县中727个县，累计发放贷款1.34万亿元，重点支持贫困地区基础设施建设、特色产业发展、农户脱贫致富以及教育卫生等领域项目建设。

在为扶贫开发提供长期信贷资金支持的同时，国开行坚持"银政合作"，凝聚各方合力，着力加强扶贫开发机制建设。坚持模式创新，发挥中长期融资优势，大力支持贫困地区基础设施改善。按照"政府主导、机制建设、统借统还"方式，支持农村公路、安全饮水、农村电网和危旧房改造等与贫困人口生产生活密切相关的基础设施项目。与国务院扶贫办签署开发性金融扶贫合作协议，共同探索支持贫困乡村发展特色产业、扶贫小额信用贷款等"精准扶贫"模式。

坚持规划先行，加强融智服务，着力推动贫困地区科学发展。发挥专家作用及行业优势，国开行与地方政府及客户开展规划合作，系统设计相应融资方案，为甘肃省政府编写《甘肃省扶贫开发咨询报告》，为贵州省政府编写《关于开发性金融助推贵州省统筹城乡发展、加快实现小康的方案》等，提高了扶贫开发的战略性、前瞻性和指导性。国开行坚持精准扶贫，以"批发方式"支持贫困乡村和农户发展特色产业，促进持久脱贫。

国开行积极探索，建立以"管理平台、融资平台、担保平台、公示平台、信用协会"为主要内容的"四台一会"贷款模式，通过发挥财政资金的杠杆作用和开发银行的批发融资优势，支持贫困农户发展生产。在贵州，国开行贷款19亿元，利用地方财政扶贫资金2亿元，作为贷款贴息，支持当地茶叶、中药材、牛羊等特色产业发展。国开行把教育扶贫作为重点，按照"应贷尽贷"原则，为贫困地区大学生发放助学贷款，支持贫困地区"校安工程"建设，与西部人才开发基金会合作开展"彩烛工程"。

二是开办国家助学贷款业务。2004年起，国开行开办了"国家助学贷款"业务。截至2015年底，国开行累计发放助学贷款879亿元，覆盖全国26个省（市），2011个县（区），2819所高校，支持家庭经济困难学生1524万人次。国开行携手教育部门，探索建立"政府主导、教育主办、开发性金融支持"的助学贷款模式，弥补了国家助学贷款领域的市场缺失。

同时，国开行在机制建设、制度建设、信用建设、IT建设和服务方面成效显著，形成了符合国情的、可持续发展的助学贷款模式。其间，国开行投入上千万元，研发了全国首个专业助学贷款信息管理系统，实现了全流程信息化管理。为方便学生办理贷款，国开行开发了"学生贷款在线服务"系统，学生可以直接在网上提交申请，现场申请办理时间由此前的20分钟缩短至5分钟，服务质量和服务效率大大提高。

三是持续支持棚户区改造。从2005年支持辽宁"棚户区"改造起步，国开行持续加大对以棚户区改造为主的保障性安居工程建设的支持力度。截至2015年12月底，累计发放棚改贷款15550亿元，有力地支持了全国580万套棚改建设任务。重点加大对中西部和东北地区采煤沉陷区、国有工矿、林区、垦区、资源枯竭型城市、三线企业集中地区棚改的信贷倾斜力度，发放棚改贷款占比62%，推动完成东北采煤沉陷区棚改项目194亿元整体授信，实现黑龙江四煤城采沉区项目100%开工。

国开行深化"银政合作"，与住建部建立棚户区改造工作协作机制，保障棚改项目融资需求，通过创新模式完成项目授信3038亿元。同时，推广"债贷组合、银团贷款"等方式，积极引导社会资金参与"棚改"，发行国内首笔棚改资产证券化100亿元。截至2015年底，累计引导社会资金2549亿元支持棚改。同时，结合棚户区改造，国开行积极推进棚改货币化安置。取消货币安置比例限制，配合各地完善安置办法和补偿方案，做好棚改安置与存量商品房衔接。截至2015年底，当年发放2588亿元用于货币化安置，同时支持全国消化库存商品房约1亿平方米。

四是促进现代农业发展。农业现代化是国家"四化同步"战略的重要组成部分，也是国开行的支持重点。国开行紧紧围绕农产品供给充足、价格稳定、质量安全的"三保障体系"建设，创新融资模式，加大对现代农业的支持力度。在高标准农田等农业基础设施建设、国家现代农业示范区建设、农业产业链建设、农业"走出去"等重点领域和薄弱环节精准发力，为保障加快农业现代化建设、促进农民致富增收作出积极贡献。截至2015年11月底，国开行累计发放现代农业贷款1824亿元，贷款余额为623亿元。

特别是，国开行将高标准农田建设作为支持现代农业发展的重点，与财政部联合开展"将财政资金与信贷资金结合"支持高标准农田建设试点。截至2015年11月底，国开行累计支持逾100万亩高标准农田建设，发放贷款21.6亿元，贷款余额为21.1亿元。以农业基础设施建设项目为主的中长期农业贷款余额约为436亿元，占全部农业贷款余额的70%，大力支持农业产业链建设。在国家粮食主产区、畜牧业大省和特色农产品生产区，国开行因地制宜支持了一批区位优势明显、技术条件成熟、品牌效应显著的"规模化种养加工"项目，如黑龙江五常水稻种植、山东寿光出口蔬菜基地、河北丰宁奶牛养殖小区建设等。

将农产品加工业作为拉动现代农业发展、促进一、二、三产业融合的引擎，国开行支持首农集团、北京德青源、河南中鹤等一批农产品加工龙头企业发展壮大。截至2015年11月底，国开行累计支持1300余个农产品加工项目，发放贷款约450亿元，贷款余额约为150亿元。以国家现代农业示范区为突破口，探索开发性金融支持现代农业发展的思路。创新"管理平台+操作平台+担保平台+公示平台+信用协会"的"四台一会"模式，批量支持示范区项目建设和新型农业经营主体发展。积极配合农村土地制度改革，在黑龙江庆安、吉林榆树和白城、四川成都、广西百色等示范区，探索推进土地承包经营权抵押贷款试点。

积极稳妥推进中国农业"走出去"。坚持规划先行，编制"亚洲、非洲、南美洲等地区25个国家农业资源开发规划"。为"走出去"的中资涉农企业提供全面融资、融智服务；支持重庆粮油集团在阿根廷种植大豆、广垦集团海外种植橡胶、光明集团收购英国第二大谷物食品公司等一批国际合作项目。这对提升我国农业企业国际竞争力、保障国家重要农产品安全等发挥了积极作用。

促进发展养老创新业务。国开行积极应对我国人口老龄化，加大融资支持养老服务体系建设。根据我国"以居家为基础、社区为依托、机构为补充"的养老服务体系建设，积极探索覆盖95%以上"居家社区养老群体的支持模式"。2015年以来，国开行已新增承诺养老贷款70余亿元，涵盖养老安居工程、养老医疗、老年文化、社区服务等各个方面，为改善民生、促进社会和谐发展作出了积极贡献。

在江西，国开行以赣州主城区的章贡区为试点，以PPP模式实施章贡区社区（村）居家养老服务中心项目，以1.3亿元贷款资金和1300万元专项建设基金，支持全区72个社区的居家养老服务中心建设。在吉林，国开行投入 1400 万元专项建设基金和 480 万元贷款资金，联合省民政厅推动以政府采购模式，实施"幸福里"居家养老试点项目。这些项目建成后可覆盖 220 个城镇社区，日服务能力 20 余万人次。

（3）在关键时期发挥"逆周期调节作用"

一是以中长期投融资配合国家宏观调控政策实施。国开行持续精准发力，"顺境隐于市、逆境托举市"，积极发挥"逆周期调节作用"，为维护国家经济运行利益作出了重要贡献。特别是，近年来我国经济进入"增速换挡期"，支撑发展的要素条件发生了深刻变化，周期性因素与结构性因素相互交织，经济增长动能不足，下行压力加大，总体上"三驾马车"动力偏弱，保持经济平稳运行的难度增大。国开行将服务稳增长作为中心任务，积极处理好服务稳增长与促改革、调结构、惠民生的关系，精准发力，优化投向，加大信贷支持力度，助推国家各项宏观调控政策落地实施。

二是走更加注重经营质量和效益、可持续内涵式发展道路。鉴于近年来经济增速放缓，银行业规模高增速、业绩高指标、利润高增长的时代基本结束，拼规模和高资本消耗的经营模式难以为继，金融领域很多高速增长期被掩盖的风险因素开始暴露，国开行理性摒弃规模和速度情结，调整经营理念和模式，强化精细管理，平衡"服务战略、管控风险、合理盈利"的关系，努力开辟多元化、低成本的资金来源，走更加注重经营质量和效益、可持续内涵式发展道路，为"逆周期调节"培育自身必备能力。进而，国开行优化资源配置，加大对重点领域的支持。诸如全力支持棚户区改造、大力支持国家重大工程建设、培育新的区域经济增长极、实施科技创新行动计划、推进国际合作重大项目。同时完善金融服务，提高对实体经济的支持效力。例如：加大资源统筹调度，按照"突出重点、有保有压"的原则加大资源统筹；对国家稳投资重点项目，建立绿色审批通道，加快项目转化和贷款发放；多方引导社会资金，继续大力开展银团贷款，稳步推进信贷资产证券化常态化发展，积极开展信贷资产流转业务；创新市场化运作机制，探索引导保险资金、社保资金、住房公积金等社会资金支持实体经济发展。

9.1.3 国开行很好地履行了央企应有的四大职能

国开行成立以来聚焦基本功能，有所为而有所不为，很好地履行了央企应有的四大职能。

（1）国开行履行了央企的两个基础性职能

国开行作为开发性金融央企，是社会主义政治制度的政治基础。这主要表现为国开行拥有两大资产：一是国开行员工招收门槛很高，对新入职员工有较高的政治素质要求，员工队伍整体上有很高的政治素养；二是国开行有着健全的党组织，有着庞大而严密的组织体系。目前国开行在中国大陆31个省市自治区均设有分行机构；在部分对国家经济社会发展有独特作用的城市设有分支行机构；在很多国家，国开行设有办事机构。

国开行是开发性金融央企，也是社会主义政治制度的经济基础，还是中国特色社会主义市场经济制度的金融基础。这主要表现在：一是国开行是我国开发性金融的主体部分。目前我国有三大开发性金融机构，即国开行、农发行、进出口银行。其中，国开行是资产规模、业务规模、网络体系最大的开发性金融机构。二是有别于国际上的开发性金融机构，国开行规范化市场化运作。三是国开行对于我国社会主义市场经济的运行和发展起到了重要的支撑作用。这由前文"国开行在国民经济重点领域发挥骨干作用、在薄弱环节发挥引领引导作用、在关键时期发挥逆周期调节作用"中可见一斑。

（2）国开行履行了央企的两个保障性职能

作为国家经济发展战略的保障力量，国开行着力服务国家系列战略。成立至今，国开行积极服务于国家产业结构调整升级及布局调整战略，服务于国家城市化战略。20世纪90年代以来，国开行积极服务于中国企业"走出去"战略。近若干年，又主动服务于"一带一路"倡议；为工商企业"走出去"实施海外并购、开发海外资源、延伸产业链条等提供巨额资金支持。为配合国家创新驱动发展战略，国开行加大对重大创新工程的投融资支持，支持高端装备、智能制造、新能源汽车、新材料等领域重大科技创新工程及科技成果转化项目。

作为全民共同福利的来源保障，国开行积极开展助学贷款业务，帮助在校大学生走出"缺钱难上学"的状态；积极推动区域扶贫工程建设，创造和谐社会生态；组织信贷服务于生态环境保护及改善，持续支持棚户区改造，持续加大对以棚户区改造为主的保障性安居工程的支持力度，促进养老业务发展。

9.2 维护国家经济利益：国开行的突出贡献

9.2.1 国开行对维护国家核心经济利益的贡献

在我国，国家核心经济利益主要指对内维护公有制为主体的基本经济制度不被伤害，对外确保国家经济主权完整并不被伤害。

（1）对内维护公有制为主体的基本经济制度

为维护公有制为主体的基本经济制度，一是鉴于央企是维护社会主义基本经济制度和政治制度最为核心的资产保障，国开行在贷款发放上，给骨干企业以较大力度的优先保障。二是鉴于地方发展涉及社会稳定，国开行携手地方政府，帮助地方政府创新融资模式，有效促进地方经济社会和谐发展。三是鉴于重大公共项目建设惠及面广泛，有利于提升国民的"制度自信"，国开行对列入国民经济社会发展规划的项目建设，皆给予了重点资金保障。

（2）对外确保国家经济主权完整并不被伤害

国家经济主权至少包括国土资源开发、经济调控与发展、对外经济活动等方面的决策与实施权等。为确保国家经济主权完整并不被伤害，国开行付出了极大努力：一是参与地方和部门、领域的发展规划研究，确保相关规划的原则和思路符合国家整体利益；二是严格审查涉外贷款，对面向中国企业"走出去"的贷款项目，确保这些贷款符合国家整体利益；三是对涉外贷款项目，贷款后加强跟踪管理，确保资金使用不出现异常情况。

（3）维护国家安定团结的社会环境

这主要表现为以开发性金融支持西藏、新疆提升自我发展能力，同时着力维护两岸关系和谐。国开行一直高度重视支持西藏及四省藏区经济社会发展。中央第五次西藏工作座谈会后，国开行认真贯彻落实党中央、国务院部署，举全行之力支持西藏和四省藏区跨越式发展，累计向西藏及四省藏区发放贷款近1500亿元，年均增幅超过27%，有效地支持了西藏及四省藏区重大基础设施、特色优势产业、城镇化建设、社会发展及民生等领域建设。

国开行积极助力南疆社会稳定和长治久安。积极参与喀什经济开发区建设，鼎力支持南疆棚户区改造、公共基础设施、水利、电力等领域建设，为南疆地区稳定与发展提供优质金融服务。仅2015年，国开行喀什分行即与新疆喀什地区签署了《全面深化战略合作备忘录》，签订了 7 项借款合同，总额达 58.8 亿元，涉及水利、棚户区改造、开发区基础设施建设等领域。截至 2015 年 7 月底，国开行向新疆喀什、和田以及克孜勒苏柯尔克孜等 3 个地州发放贷款 195 亿元，为南疆经济社会和谐稳定发展提供了有力支持。

国开行于 2005 年、2012 年、2016 年三次与国台办签署《促进两岸经济融合发展合作协议》，携手助推两岸企业发展和经贸合作，促进产业提质增效和经济共同发展。国开行聚焦支持大陆台资企业转型升级和两岸青年合作创业创新，支持两岸新兴产业、科技产业、健康养老和现代服务业等优势产业合作，扩大两岸经济合作重点区域建设，支持台湾企业参与"一带一路"建设以及两岸企业赴第三地合作投资，提升国际竞争力。国开行重视大陆台资企业发展和两岸产业合作，不断增加对台资企业的信贷支持，优化台资企业发展环境。截至 2015 年底，国开行累计向 1130 多个台资项目发放贷款 1500 多亿元，为台塑化工、古雷炼化一体化、超准能源、奇美光电、日月光封装测试、仲利国际租赁、大发纸业、聚陇山生态农业、闽南古镇文化中心等大陆台资企业投资项目提供了有力支持。

9.2.2 国开行对维护国家重大经济利益的贡献

国家重大经济利益至少包括：确保经济发展的物质基础稳固，如资源能源可靠有效供给、技术体系及产业体系完整、重要产业健康发展、科技体系持续提升、财政金融稳定、信息安全得到保障；抑制外资在华恶意并购我国内行业龙头企业或敏感产业企业；确保经济发展必须实施的战略、规划、途径、手段等有效实施，确保中国经济可持续发展。就此而言，国开行主要开展了以下相关工作：

（1）支持农业稳定发展和水利基础设施建设

1994 年组建以来，国开行先后按照开发性政策性金融和政府开发性金融的市场定位，在支持国家发展基础项目建设及提升方面作出了积极贡献。

一是创新服务"三农"融资模式，加大"三农"中长期信贷投放，提升国家粮食安全水平。国开行充分发挥开发性金融优势，在黑龙江、吉林、四川等粮食主产省试点"农村土地承包经营权抵押贷款"，将涉农财政资金与信贷资金有效整合，为黑龙江肇东国家现代农业示范区高标准农田建设提供10亿元信贷支持。聚合银、政、企多方资源，打造市场化融资主体，融资16亿元支持江苏无锡、沛县等示范区生态、高效设施农业项目。截至2014年底，国开行累计支持旱涝保收高标准农田建设、粮食仓储物流设施建设等粮食生产和流通领域项目900余个，发放贷款350亿元。截至2015年底，国开行涉农贷款余额为9980亿元，占全部贷款余额的13%，先后为全国31个省区市、400多个地级市（州、区）、1000多个县市提供了开发性金融服务。

二是积极助推农业生产及发展方式转变。国开行将农产品加工业作为拉动现代农业发展的引擎，与农业部共同推进北京、河北、福建、广东、四川等12省市农产品加工业重点项目试点，支持中粮集团、首农集团、雨润集团、北京德青源等一批农产品加工龙头企业发展壮大。2013年起国开行连续5年向中粮集团提供300亿元融资，支持中粮集团加快粮油食品业务发展，完善全产业链布局，提升粮油食品加工和流通能力。截至2014年底，累计支持首农集团、雨润集团、北京德青源等农产品加工龙头企业1300余个农产品加工项目，发放贷款440亿元，贷款余额为137亿元，有效发挥了农产品加工对上下游产业的带动作用。

在实地调研基础上，国开行提出"创新投融资平台、生产建设平台、加工物流平台＋政府补贴、银行贴息＋政策性农业保险"的设施蔬菜产业融资模式，有效支持河北、山西、江苏等省设施农业建设及发展。截至2014年末，国开行累计发放贷款680亿元，支持"菜篮子"农产品生产和加工，同时助推高效、生态农业发展。典型的是，国开行融资80

亿元，支持山东泉林纸业秸秆制浆造纸综合利用项目，打造了循环经济发展的样板。

三是基于水利是农业发展和社会运行的命脉之一，国开行高度重视水利事业发展，支持了一大批重点水利项目。例如：重点支持了长江三峡水利枢纽工程、南水北调工程、小浪底水利枢纽工程、广西大藤峡水利枢纽工程、新安江流域综合治理工程等国家及地区重点项目；推动并支持了陕西省灌区改造工程等农田水利基础设施工程，甘肃省扶贫重点县农村饮水安全工程等农村水利工程，以及病险水库除险加固、城市防洪、水利应急贷款等民生水利工程。这对促进地区水资源的有效配置，加快地方经济发展，解决生活及生产用水问题起到了积极作用。2014年国务院第48次常务会议对"加快推进172项重大水利工程建设"作出部署后，截至2015年底，国开行累计发放水利贷款6667亿元，贷款余额为4069亿元，累计支持水利项目2500个。国开行水利项目贷款发放占全国金融机构水利贷款50%以上，成为水利建设融资的主力银行。

（2）支持交通运输和新兴能源提速发展

国开行一直把交通基础设施领域作为支持重点。截至2016年底，国开行累计向公路、铁路、民航、轨道交通、港口等行业投放贷款超过5万亿元，重点支持了国家高速公路网、高速铁路网、重大区域干线等工程建设，在交通基础设施融资领域保持着中长期主力银行地位。到了"十三五"时期，2017年3月，国开行又与交通运输部签署《"十三五"开发性金融合作协议》，承诺将为交通运输体系建设提供不少于2万亿元的融资支持。

一是国开行始终把铁路作为优先支持的重点领域。截至2017年5月，国开行对中国铁路总公司贷款余额突破6300亿元。近年来，国开行大力支持"八纵八横"高铁网建设，切实保障中西部及扶贫铁路项目的资金需求。2017年5月，国开行与中铁总签署《开发性金融合作协议》，承诺将重点在铁路基础设施建设、机车车辆、铁路沿线土地综合开发、铁路物流、铁路"走出去"等方面深化银企合作,加大投融资支持力度,助力铁路行业发展;积极推动印尼雅万高铁和俄罗斯莫喀高铁等"一带一路"重点项目融资合作。据统计,截至 2017 年,国开行累计发放铁路贷款 9000 多亿元,累计支持铁路建设里程近 6 万公里,约占全国通车铁路里程的 50%。国开行对中国铁路总公司系统贷款余额超过该公司对外贷款的 1/3,担当了支持我国铁路事业大发展的主力银行。

二是国开行较大力度支持了中国的远洋运输。2017 年 1 月,国开行与中国远洋海运集团签订《开发性金融合作协议》,助力中远海运集团发展壮大。国开行配合实施"海洋强国"战略,积极与中远海运集团深化战略合作,融资助力中远海运集团打造"以航运、综合物流及相关金融服务为支柱,多产业集群协调发展"的全球领先综合性物流供应链服务集团。

与此同时,国开行积极支持核电发展。"十二五"期间,国开行与中广核在核电、新能源、铀资源、金融控股等四大板块以及"走出去"领域展开合作,支持了中广核集团投资的绝大部分核电项目。2017 年 9 月,国开行又与中广核签署《"十三五"战略合作协议》。据协议,国开行"十三五"期间要以长期、大额、稳定的资金,优先保障中广核重点项目的资金需求;向中广核提供"融资+融智"服务,助推"十三五"期间再打造一个中广核。

(3)服务于制造业转型升级并做大做强

改革开放以来我国实施的"国企改革、自主创新、发展战略性新兴产业、创新驱动发展"等重大政策思路或战略,基本战略意图是将制造业等做大做强,同时实现产业结构转型升级。国开行相应提供了以下开发性金融支持:

2014 年国开行设立"国家集成电路产业投资基金"。"十二五"期间,国开行累计向制造业发放贷款超过 1.8 万亿元,重点支持新兴产业,壮大创新发展先导力量，聚焦新一代信息技术、生物、高端装备制造与新材料、绿色低碳、数字创意等产业。国开行聚焦高新技术领域，加大对重大创新工程的投融资支持，支持高端装备、智能制造、新能源汽车、新材料等领域重大科技创新工程及科技成果转化项目。2015年全行战略性新兴产业领域各项贷款余额达7877亿元。

在航空工业领域，国开行2017年1月与中国商飞总公司签署《开发性金融合作协议》，国开行承诺为中国商飞的研发制造、生产运营、产业链布局提供全程金融服务，运用"投、贷、债、租、证"等金融产品，为其"度身定制"具有针对性的综合金融服务方案，助力中国商飞跻身国际航空制造业前列。在船舶工业领域，2015年底，国开行与厦门船舶重工公司签署协议，通过卖方信贷、预付款保函等综合金融服务，累计为该公司授信17.4亿元，签订合同15.28亿元，发放贷款10.28亿元，助力该公司转型升级，开拓国际市场。

在集成电路领域，对在武汉国家存储器基地的长江存储公司，早在2008年，国开行即为现"长江存储"全资子公司的"武汉新芯"，独家提供外汇贷款8.5亿美元，支持该项目顺利建成投产。此后，国开行又为其提供外汇贷款8000万美元，支持引进先进的BSI立体集成电路制造技术。2016年12月，国开行又提供了25.6亿美元的大额授信。

在显示产业领域，大力发展平板显示产业有助于夯实我国彩电、手机、PC等相关行业发展基础。2010年前后起，国开行倾力扶持平板显示行业龙头企业京东方在合肥建设6代线、8.5代线及10.5代线。其中，国开行为6代线项目牵头筹组75亿元银团贷款；对8.5代线，国开行通过其子公司国开证券，帮助股东通过公开市场筹集资金，先后发行私募、中票等金融债券，成功筹集项目前期所需100亿元资金。随后，国开行又为该项目提供授信18.5亿美元，填补了项目资金缺口。对10.5代线，国开行继续发挥"投、贷、债、租、证"综合金融服务优势，为之提供全方位资金支持。

在机床工业领域，2015年4月国开行与沈阳机床集团签署《开发性金融合作协议》，承诺与沈阳机床集团在技术改造及完善产业链、科技创新、兼并重组、"走出去"等重点领域深入合作。此前的1994年，国开行辽宁分行即为"沈阳机床"提供4.5亿元配套贷款，助力沈阳机床集团成功争取到4.5亿元世界银行贷款，使该集团在国内率先形成了批量生产数控机床的能力。随后授信9亿元、国际化并购贷款6600万欧元，支持沈阳机床集团搬迁改造、产业升级。"十二五"期间，国开行辽宁分行又与沈阳机床签署100亿元的战略合作协议。在2015年4月的"合作协议"中，国开行辽宁分行又授信2亿欧元支持沈阳机床集团欧洲研发项目，助力该集团实现"德国研发、中国制造、全球销售"的国际化运营模式。截至2016年3月，国开行累计向沈阳机床集团提供授信本外币合计71亿元，贷款余额14亿元。

（4）积极扶持有前景的新兴高新技术企业

截至2016年10月底，国开行累计发放科技贷款4782亿元，支持科技类项目1031个。国开行积极研判相关产业和技术发展趋势，注重企业发展前景，向华为、中兴、比亚迪、京东方、中芯国际、华大基因等一大批新兴高新企业提供融资。同时动员多方力量共同参与项目筛选、贷款发放、贷款监督、风险防控等环节，支持这些企业所在园区；通过"园区+产业链""投贷研""投贷保""投贷创"等模式创新，加大对技术研发、园区建设和产业链上下游的支持。

国开行还针对科技创新企业的发展水平和业务需求，加强以知识产权、股权等无形资产为主的信用结构创新，并在贷款期限、利率、资本金比例等方面提供相应产品和服务；通过国开行母子公司协同，向科技企业提供"投、贷、债、租、证"全方位服务。特别是通过国开金融、国开发展基金，投贷联动支持科技企业发展。

国开金融通过直投以及发起设立VC母基金和PE母基金等方式，

运用固定收益产品、夹层投资、pre-IPO 等多种产品投资科创企业，累计出资 556 亿元，投资科创类项目 75 个。国开行还以北京中关村、武汉东湖、上海张江三个国家自主创新示范区为重点，开展科技金融创新试点，从组织保障、制度保障、资源保障、创新产品等方面，支持示范区先行先试，支持企业创新发展。

（5）服务于中国区域经济协调发展

助力区域产业布局优化，促进区域经济协调发展，是国开行服务国家需求的重要举措。

一是促进京津冀协同发展。2014 年 2 月，习近平总书记首次提出"要将京津冀协同发展提高到重大国家战略层面"。国开行迅速作出回应。

在环京环保节能领域，国开行率先向北京平原地区百万亩造林工程发放中长期贷款，助力北京空气质量改善。着力加快污水处理项目评审，努力缓解北京城区污水处理压力。在城市群基础设施建设领域，国开行推动政府与社会资本合作的 PPP 模式试点，助力百万吨海水淡化进京、秦皇岛西港综合管廊、廊坊地表水厂、天津生活废弃物处理等 26 个 PPP 模式试点示范项目。

在三地互联互通方面，国开行支持京津冀地区高速公路基本覆盖北京六环路、京津高速路、京石高速路等在内的所有地区重点项目，以及国道 107 项目、农村公路建设项目等多等级公路建设。2014 年，国开行在京津冀地区为公路项目新增发放贷款 248 亿元。截至 2014 年底，在京津冀地区公路行业表内外贷款余额达 1335 亿元。2015 年底，国开行专门出台《关于开发性金融支持京津冀协同发展的意见》，从重点领域、规划带动、机制保障、模式创新、风险管控、差异化支持等方面提出具体举措。

截至 2017 年 6 月底，国开行在京津冀地区累计发放贷款 1.77 万亿元，本外币贷款余额 1.02 万亿元，重点支持雄安新区建设、北京城市副中心、北京新机场等重点项目；曹妃甸协同发展示范区基础设施建设、中芯北方12英寸集成电路生产线、京港澳高速改扩建、京张及京唐城际、渤化集团"两化"搬迁改造、引黄入冀补淀工程；天津滨海新区轨道交通Z4、B1线一期工程等重点项目，北京通州区潞城镇棚改土地开发项目（一期）、京津风沙源治理、三北防护林等区域生态环保建设项目、京唐钢铁；中关村国家自主创新示范区与天津滨海、河北曹妃甸共建中关村产业园等三地对接协作项目，首都食品安全产业链项目等，成为推动京津冀协同发展强有力的"金融引擎"。

二是助推东北老工业基地振兴。自2003年"东北振兴"大幕开启以来，国开行积极支持东北重点领域建设，持续加大对产业转型升级、交通网络体系、现代农业、文化旅游等重点领域和重大项目的支持力度。为支持全国最后一个尚未搬迁改造的"一五"老工业区吉林省吉林市城北哈达湾老工业区整体搬迁改造，国开行提供了10.5亿元资本金和74亿元的贷款。2003—2015年，国开行辽宁分行配合沈阳市"东搬西建"，支持铁西企业整体搬迁、技术升级、土地腾挪、资源整合等，累计向铁西区发放贷款203亿元。对辽宁的铁路项目建设，国开行成为沈阳铁路局最大的中长期贷款银行。截至2014年底，国开行辽宁分行铁路行业贷款项目达15个，合同签订额为330.2亿元，表内贷款余额为240.8亿元，占全省铁路行业中长期贷款余额65.98%。

国开行是东北产业升级发展的主力金融推动力量。多年来，国开行辽宁分行针对装备制造业"高端封顶、低端挤压"的严峻形势，积极探索符合装备制造业融资特点的新思路、新方法、新模式。通过支持龙头企业升级改造，助力辽宁加快转型。支持沈阳机床集团技术改造、完善产业链、科技创新、兼并重组、"走出去"等重点行动，累计向"沈阳机床"提供授信本外币合计58亿元。"十二五"期间，国开行还与北方重工集团签署了100亿元的战略合作协议，开创了总体评审、大额承诺、分项核准的融资模式。在黑龙江，国开行重点支持"农垦北大荒"等农业龙头企业和粮食仓储物流中心建设,同时积极为"两大平原"现代农业综合配套改革试验提供融资支持,以"土地流转"为切入点,为庆安县两万多亩土地提供13年期的土地流转贷款,帮助当地实现了土地规模化经营。

三是助力中部崛起及西部大开发。截至2015年5月底,国开行为湖北省公路、铁路、轨道交通等重大基础设施项目提供融资近250亿元,发放棚户区改造专项优惠贷款169亿元,是湖北省中长期投融资主力银行。2015年6月,国开行又分别与湖北省政府、武汉市政府签署《开发性金融合作备忘录》,助力湖北加快建成促进中部地区崛起的重要战略支点。此前国开行已给湖北累计发放贷款超过5000亿元,连续多年保持湖北省全国性金融机构融资首位。

截至2015年5月底,国开行给陕西省发放贷款余额2414亿元,非个人中长期贷款余额2120.73亿元,外汇贷款余额14.3亿美元,均居省内同业前列。其中,在西安市表内贷款余额1888亿元、银团和信托等表外业务余额605亿元、债券承销和融资租赁等直接融资业务余额556亿元,为促进当地经济社会发展发挥了重要作用。2015年6月,国开行又与陕西省政府、西安市政府分别签署《深化战略合作备忘录和合作协议》,支持陕西建设"丝绸之路经济带"重要节点,加大对重大基础设施、能源资源、棚户区改造、新型城镇化等重点领域、薄弱环节的融资支持力度,助力陕西省和西安市经济社会发展。

四是助力珠三角和长江经济带转型发展。广东是珠三角龙头,2013年8月,国开行与广东省签署《开发性金融合作备忘录》,明确深化向广东提供贷款、投资、债券、租赁和证券相结合的综合金融服务,引领社会资金支持广东省城市基础设施、综合交通网络、现代产业体系、棚户区改造和产城结合等重点领域建设,全方位支持广东打造经济升级版,加快实现"三个定位、两个率先"的总体目标。"十二五"期间,国开行向广东累计提供各类融资约2300亿元,重点支持了广东省高速公路网、省部合作铁路和城际轨道交通、产业转型升级、企业"走出去"和保障性住房等领域建设。

长江经济带东起上海、西至云南，涉及上海、江苏、浙江等九省二市，面积约205万平方公里，GDP总量约占全国的41%。打造长江经济带是统筹我国东、中、西部发展的全局性战略。国务院2014年下发《长江经济带发展指导意见》1个月后，国开行即研究制定了《关于支持长江经济带发展的意见》，依托相关领域重点项目，发挥开发性金融的引领导向作用，使国开行成为推动长江经济带发展的主力银行。重点支持上海市闸北区土地改造、安徽省巢湖生态保护修复二期工程、江苏省徐州市新机场、四川南部至成都高速公路等重点工程，以及浙江杭州、湖南长沙、云南省、湖北武汉、四川成都等省市的棚户区改造。截至2015年1月底，国开行在长江经济带覆盖省市的13家分行，给当地的本外币贷款余额约2.6万亿元，占全行的1/3。

（6）支持中国企业利用国外资源、开发国外市场

国开行在支持中国企业利用国外资源、开发国外市场方面发挥了积极作用。特别是2005年以来，国开行"投棋布子"，主动拓展国际业务，引导和支持中资企业扩大对外投资合作。

截至2015年底，国开行国际业务项目遍布全球115个国家和地区，贷款余额为2867亿美元，约占全行本外币贷款余额的1/4，其中外汇贷款余额为2760亿美元、跨境人民币贷款余额为690亿元。外汇贷款余额从2005年的162亿美元增长至2015年底的2760亿美元，增长近17倍。

特别是，在农业领域，国开行立足两个市场、两种资源，积极稳妥地推进农业国际合作，累计促成317个农业国际合作项目；成功支持光明集团收购英国第二大谷物食品生产公司，支持广垦集团东南亚橡胶种植等一批重点、重大农业国际合作项目。这对提升涉农企业国际竞争力、保障国家粮食安全产生了积极影响。

9.2.3 国开行对维护国家重要经济利益的贡献

国家重要经济利益涉及经济环境与经济运行两个范畴,具体指确保经济运行与发展有良好的生态环境、国际环境及产业布局;确保经济运行稳健和谐,实现宏观经济运行的四大目标。围绕相关领域,国开行也作出了突出贡献。

(1)服务于中国新区模式的国土资源开发

开发建设高新区、经开区、自贸区、新城区、城市副中心等,是改革开放以来我国国土资源开发的新模式。在诸多新区模式的国土资源开发中,国开行皆给予了"开发性金融"支持。典型的是,北京城市副中心建设是疏解北京非首都功能的重要举措,国开行仅用一个月时间,即对北京副中心建设核心项目通州区潞城镇棚改土地开发项目(一期)给予贷款支持,惠及17个村庄、1.7万名群众,疏解人口40万。截至2017年6月底,已累计发放贷款140亿元。

建设"雄安新区"是新时期区域发展的重大举措,国开行及时响应中央部署,高水平高起点支持雄安新区建设。一是加强组织领导。总行成立雄安新区规划建设领导小组,对重大事项和项目进行专项研究和调度,特事特办、简化流程,最大限度提高审批效率。二是加强规划合作。积极配合国家发改委、河北省政府,参与编制雄安新区总体规划、起步区控制性规划、启动区控制性详细规划及白洋淀生态环境治理和保护规划,及时提供规划贷款,并制定相应的配套融资规划。三是加强融资服务。发挥国开行"投、贷、债、租、证"综合金融服务优势,为新区征地、拆迁、安置等起步阶段提供融资服务。同时,国开行积极引导社会资本,支持符合雄安新区定位的高端高新产业发展,为新区规划建设的不同阶段提供融资服务。四是迅速与河北省签署《合作备忘录》,给河北新增贷款,支持雄安新区建设。截至2017年3月底,在已累计为河北省投放贷款超过8000亿元的基础上,2017年4月国开行进一步明确新增贷款 1300 亿元，支持雄安新区对外骨干交通路网建设、起步区基础设施建设和产业布局、白洋淀环境综合治理和生态修复。

（2）服务于中国分享经济全球化的利益

改革开放之"开放"，就是要使中国贡献于世界的同时，也要使中国能够分享经济全球化的利益。国开行相应提供了以下开发性金融支持。

一是通过境外融资，为国内筹集资金。经过多年探索，国开行积极发展国际合作业务，形成了包括外汇注资、外币债券发行、外汇借款、外汇存款等渠道的一揽子外汇筹资模式，迅速成为中国对外投融资的主力银行之一。

以 1996 年为例，国开行在境外发行 300 亿日元"武士债"，首次进入国际资本市场筹资。其后于 1997 年、2004 年、2005 年先后赴境外发行了首笔"扬基债""全球美元债"和"全球欧元债"。凭借准主权债信和优良的经营业绩，国开行历次境外发债均受到国际投资者热捧。2015 年国开行重启境外发债，成功发行 10 亿美元债和 5 亿欧元债，为国家相关战略的实施筹集了外币资金。

二是拓展国际合作业务，支持国内企业走出去。国开行成功运作"中委大额融资"等一批重大项目，支持中石油、中石化、国家电网，以及中信泰富、铜陵有色、金风科技、西电国际等企业开拓海外市场。

国开行还通过设立"中非发展基金"，支持和鼓励中国企业对非洲投资。基金初始设计规模 50 亿美元，2007 年 6 月开始运营。2015 年 12 月为支持中非"十大合作计划"的实施，中非发展基金增资 50 亿美元，总规模提升为 100 亿美元。该基金自设立以来，积极支持中非经贸合作，重点投资了一批农业、基础设施、加工制造、产业园区和资源开发等项目，有效促进了中国企业走向非洲、谋求发展，同时推动了中非产业对接和产能合作。

2009 年国开行以 979 亿美元的贷款余额跃居国内同业首位，之后连续 6 年保持国内同业第一。截至 2010 年底，国开行外汇贷款余额为 1413 亿美元，贷款项目遍及全球 90 多个国家和地区。截至 2014 年底，国开行外币贷款余额为 2670 亿美元。截至 2015 年底，国开行国际业务项目遍布全球 115 个国家和地区，贷款余额为 2867 亿美元，约占全行本外币贷款余额的 1/4；外汇贷款余额从 2005 年的 162 亿美元增至 2015 年底的 2760 亿美元，增长了近 17 倍。

三是主动服务"一带一路"倡议及实际建设。国开行参与设立"丝路基金"，发挥"上合银联体"和"中国—东盟银联体"的平台支持作用，促进沿线项目取得进展。截至 2016 年底，支持"一带一路"项目 302 个，贷款余额占全行国际业务贷款余额的 35%。

四是为中国"优势产品、强势行业"走向国际提供金融支持。国开行持续推进国际产能和装备制造合作，重点推进重大项目实施，助力钻井平台等高端装备制造"走出去"。2015 年为海外核电、高铁等制造业贷款余额达 1345 亿元。同时，积极推进基础设施、清洁能源、中小企业等领域的国际合作，推动五矿联合体收购秘鲁拉斯邦巴斯铜矿等一批重大项目实施。

国开行积极贯彻国家高铁"走出去"战略，将境内多年铁路投融资经验运用于海外项目合作，加大对我国境外高铁项目的支持力度。截至 2014 年底，国开行累计为境外铁路项目承诺中长期贷款折合 75.21 亿美元，支持了包括委内瑞拉北部平原铁路、安哥拉铁路升级改造、南非 Transnet 机车采购、阿根廷贝尔格莱诺货运铁路修复一期和阿根廷贝雷格拉诺客运铁路升级改造项目在内的一系列重点铁路项目，形成贷款余额折合 18.91 亿美元，成为支持我国铁路项目"走出去"的主力银行。

（3）以"逆周期调节"作为维护经济运行重要抓手

国开行以发挥"逆周期调节作用"，"顺境隐于市、逆境托举市"，为维护国家经济稳健运行作出了独到的贡献。特别是，近年来我国经济进入"增速换挡期"，周期性因素与结构性因素相互交织，保持经济平稳运行的难度增大，国开行及时将服务稳增长作为中心任务。

一是积极处理好服务稳增长与促改革、调结构、惠民生的关系，优化信贷投向，推动各项宏观调控政策落地实施。国开行加大对重点领域的支持，如全力支持棚户区改造、大力支持国家重大工程建设、培育新的区域经济增长极、实施科技创新行动计划、推进国际合作重大项目等。

二是以"服务国家经济稳健运行"为宗旨，弥补市场失灵。国开行以国家信用为依托，以市场运作为基本模式，以"保本微利"为经营原则，提高对实体经济的支持效力，从弥补市场失灵、提高社会资源配置效率的角度，为"熨平经济周期性波动"发挥了独特作用。例如：大力开展银团贷款，稳步推进信贷资产证券化常态化发展，积极开展信贷资产流转业务；创新市场化运作机制，探索引导保险资金、社保资金、住房公积金等社会资金支持实体经济发展；按照"突出重点、有保有压"的原则加大资源统筹，对国家稳增长投资重点项目建立绿色审批通道，加快项目转化和贷款发放。

三是坚持"稳中求进总基调"，认真落实"三去一降一补"任务。在"去产能"方面，压减煤炭、钢铁行业授信，减少钢铁贷款余额。在"去库存"方面，2016年发放棚改货币化安置贷款5435亿元，助力消化存量商品房。在"去杠杆"方面，积极稳妥推进专项基金业务，加强投贷协同。在"降成本"方面，减免中间业务收费约30亿元。在"补短板"方面，加大对扶贫、棚改、科技创新、生态环保、基础设施等领域的支持力度。2016年发放新型城镇化贷款1.59万亿元、扶贫贷款3153亿元、环保和节能减排贷款2391亿元、战略性新兴产业贷款2368亿元。

（4）以为客户削减融资成本助力关键期企业经营

在"供给侧改革"极为关键的2014年，国开行多措并举，降低企业融资成本，进而帮助企业降低运行成本，助力企业在关键期持续经营。

一是切实降低企业融资成本。按照国务院办公厅2014年《关于多措并举着力缓解企业融资成本高问题的指导意见》，国开行坚持"依托国家信用、资金运用保本微利"经营理念，调整优化业务结构，将贷款利率降低到银行同业水平之下。2014年之后，国开行新发放贷款平均执行利率远低于全国平均水平。

二是对政策性战略性领域实行优惠定价政策。在棚户区改造方面，2014年4月2日国务院第43次常务会议之后，国开行对棚户区改造项目贷款执行优惠利率，并停止收取相关中间业务费。在铁路建设方面，国开行对中国铁路总公司本部借款采取优惠利率政策，并在铁路债券承销、铁路贷款证券化等方面主动让利。在小微企业方面，对小贷公司实行名单制管理，严格监督小贷公司贷款流向；对小微企业和小贷公司贷款平均执行利率均低于市场平均水平，对小微企业免收贷款承诺费、财务顾问费。

三是引导小贷公司合理定价、适度让利。严禁超出国家规定的利率水平发放贷款；为已贷款支持的小微企业做好续贷工作，提高流动资金循环贷款和续贷的审批效率，避免因"倒贷"间接造成小微企业融资成本增加；做好中小企业贷款担保机构管理工作，加大政策性担保合作力度，完善"抱团增信"等合作模式，引导与国开行合作的担保机构取消对小微企业的不合理收费项目，并降低部分过高的收费标准。

四是在可承受范围内持续加大对企业"走出去"的支持力度。国开行自2014年8月18日起，对中央直属工矿（林区、垦区）企业作为借款人的棚改项目，新发放的贷款实行利率优惠。对由政府作为借款人的棚改项目，免收贷款承诺费、财务顾问费等中间业务收费。免收客户常年财务顾问费、国内保理融资手续费、买方信贷及卖方信贷的管理费和承诺费、境内人民币贷款承诺函及承诺费。同时，积极探索缓解企业融资成本高的问题的长效机制。

9.2.4 国开行维护国家经济利益的自我保障措施

(1) 以参与客户规划研编来确保国开行恰当放贷

在我国社会主义市场经济体制下,各级政府的经济社会发展规划和重点企业的发展规划,是对国家重大政策思路与战略分级分层的具体化。国开行长期坚持"规划先行"的理念,通过参与各级政府经济社会发展规划和重点企业客户发展规划的研究和编制,开展国开行的配套融资规划研究和融资活动。实践证明,这种做法有助于确保国开行恰当放贷,进而也确保了地方政府与企业有能力还款。

自2003年时任董事长的陈元提出"规划先行"理念以来,国开行规划工作的品种从行内开展"自身业务发展规划",逐步拓展到"参与区域、行业、战略客户等国内合作规划以及国际合作规划",逐步形成涵盖国内外、行内外的规划工作体系。国开行与有关部委以及地方政府、央企和其他骨干企业开展了规划合作,形成了相对完善的规划组织体系。诸如参与京津冀、长江经济带及国家"十三五"等重点规划,编制完成省市县新型城镇化融资规划、省级棚户区改造融资规划等。

特别是2015年以来,为贯彻落实国家相关战略部署,国开行在行内重点开展"十三五"业务发展规划编制工作,描绘长远可持续发展的蓝图,为未来发展奠定坚实基础;在行外,围绕"四大板块""三个支撑带"等国家重大战略,国开行与国家有关部委和地方政府开展规划合作,积极参与国家"十三五""十四五"及京津冀、长江经济带等重点规划研究和实施,为国家级新区、扶贫开发等有关规划开展配套系统性融资规划编制研究;以支持"一带一路"倡议实施、服务产能转移和企业"走出去"为主线,组织推动重点国际规划咨询合作。

特别是,通过规划合作,国开行加大力度批量开发重大项目,推动地方、行业、重点企业等的规划与国开行后续放贷规划衔接,进而推进"政银规划实施衔接、企银规划实施衔接"。这既保障了地方、行业、重点企业等的规划确有资金保障，也使国开行的放贷恰到好处，不致出现大的失误。

（2）通过中间业务引导社会资金服务国家发展

国开行成立以来，以国家信用为依托，通过市场化发债，把商业银行储蓄资金和社会零散资金转化为集中长期大额资金，然后由国开行以放贷等方式支持国家、地方、企业的融资。

国开行发行金融债券的主要场所是银行间债券市场，同时不断拓展其他渠道。自1998年9月尝试"市场化发债筹资"，到2000年国开行即实现了"完全市场化发债"。国开行发挥自身中长期投融资优势，把政府信用和市场力量连接起来，动员和引导社会资金服务国家重大中长期发展项目。例如，2013年获准在上海证券交易所试点发行金融债券，2014年获准通过商业银行销售渠道向个人和非金融机构投资者发行金融债券。截至2015年底，国开行累计在境内发行人民币金融债券11.8万亿元，债券存量达到6.6万亿元。

再以服务"棚户区改造、京津冀协同"等的融资需求为例，国开行以证券化手段引导社会资金。2015年首家发行棚改专项产品100亿元、京津冀协同发展专项产品50亿元，为拓展开发性金融融资作出了有益探索。

同时，国开行积极与商业银行（招商、中信、华夏、广发、平安、北京等银行）及保险公司合作，签署《合作协议》，为"棚户区改造"专项筹集资金。以此种方式组织银团贷款204笔，合同金额达人民币6640亿元。国开行与人保集团、太平集团签署合作协议，与平安、人保等10家财险公司开展代理业务，引导保险资金进入地方重点发展项目（如甘肃核桃峪项目）。2015年引导到位资金15亿元。

（3）严格控制国开行自身的信贷资产质量

国开行通过参与客户（地方政府、产业部门、重点企业）的发展规划研编，确保寻找到恰当的可放贷项目，进而科学地安排放贷计划；通过程序化、组织化的内控机制，确保银行本身在审贷、放贷、贷后管理上不出现技术性失误，这就大幅提升了国开行的信贷资产质量。

典型的是 2014 年前三季度，国开行发放新型城镇化领域贷款 9218 亿元、铁路贷款 809 亿元、公路贷款 1793 亿元，新增中西部和东北老工业基地贷款 4281 亿元（占全部新增人民币贷款的 63%），发放战略性新兴产业贷款 1484 亿元、生态环保贷款 1317 亿元、扶贫开发贷款 1572 亿元，发放农业贷款 211 亿元、水利贷款 726 亿元、中小微企业贷款 454 亿元。在如此大规模的贷款投放之下，截至当年（2014 年）9 月底，国开行不良贷款率仅为 0.53%，连续 38 个季度控制在 1% 以内，不良贷款率、不良贷款额实现"双降"。

2015 年，国开行新发放人民币贷款 2.15 万亿元，发放表内外汇贷款 1274 亿美元。其中，发放棚改贷款 7509 亿元、中铁总铁路贷款 1090 亿元、水利贷款 797 亿元；发放脱贫攻坚贷款 2122 亿元，覆盖 727 个连片特困地区县和国家级贫困县；发放战略性新兴产业贷款 2530 亿元、节能环保贷款 1919 亿元；全年新增发放助学贷款 145 亿元，新增支持学生 240 万人次。同样是在如此大规模的贷款投放之下，截至 2015 年底，不良贷款率仅 0.8%，连续 43 个季度控制在 1% 以内。

正是基于前述举措，国开行既有效地维护了国家经济利益，又规避了国开行本身的风险，使国开行成为全球领先的政策性金融机构。

参考文献
References

[1] 2002年中国的国防.白皮书.

[2] 2011年中国的和平发展.白皮书.

[3] Amstutz, M. R.（2012）. International Conflict and Cooperation.

[4] Beard, C. A., & Smith, G. H.（1934）. Idea of national interest.

[5] Cline, R. S.（1975）. World Power Assessment: A Calculus of Strategic Drift, 1975. Westview Press.

[6] Clinton, W. D.（1994）. The two faces of national interest. LSU Press.

[7] Dougherty, J. E.（1981）. Contending theories of international relations: A comprehensive survey.

[8] Duchacek, I. D.（1970）. Nations and men: an introduction to international politics. Holt, Rinehart and Winston.

[9] Frankel, J.（1969）. International relations. Lane, Allen.

[10] George, A., & Keohane, R.（1980）. The concept of national interests: uses and limitations. Presidential Decisionmaking in Foreign Policy, 217-238.

[11] Morgenthau, H. J.（1952）. Another "Great Debate": The National Interest of the United States. American Political Science Review, 46（04）, 961-988.

[12] Nuechterlein, D. E.（1991）. America recommitted: United States national interests in a restructured world. University Press of Kentucky.

[13] Nye, J. S.（1990）. Bound to lead: The changing nature of American power. Basic Books.

[14] Osgood, R. E. (1953). Ideals and Self-Interest in America's Foreign Relations the Great Transformation of the Twentieth Century.

[15] Rosenau, J. N. (Ed.). (1961). International politics and foreign policy: A reader in research and theory. Free Pr.

[16] Seabury, P. (1963). Power, freedom, and diplomacy: the foreign policy of the United States of America (Vol. 394). Random House.

[17] Shannon, W. W. (1980). DONALD E. NUECHTERLEIN. National Interests and Presidential Leadership: The Setting of Priorities. Pp. xvi, 246. Boulder, CO: Westview Press, 1978. The ANNALS of the American Academy of Political and Social Science, 449 (1), 170-171.

[18] Von Vorys, K. (1990). American National Interest Virtue and Power in Foreign Policy.

[19] 薄贵利：《国家战略论》，北京：中国经济出版社，1994年。

[20] 程晓勇：《建国以来中国国家经济利益的演变分析》，天津市社会主义学院学报，2012年第2期。

[21] 邓春、赵海英：《西方国际政治学视野中的国家利益概念辨析》，河北学刊，2012年第2期。

[22] 《邓小平文选》（第三卷），北京：人民出版社，1993年。

[23] 恩斯特·本达：《全球化时代的国家主权》，《世界经济与政治》2004年第2期。

[24] 方长平：《国家利益的建构主义分析》，北京：当代世界出版社，2002年。

[25] 高伟凯：《自由贸易与国家利益》，北京：中国社会科学出版社。

[26] 高兴伟：《当代中国国家利益观研究》，辽宁大学，2012年。

[27] 郭宝宏．略论国家利益的概念及其阶级本质．《井冈山大学学报（社会科学版）》，2011年第4期。

[28] 郭宏宇：《经济全球化对国家利益的影响》，《河北工程大学学报（社会科学版）》2007年第2期。

[29] 汉斯·摩根索：《国家间政治》，北京：北京大学出版社，2005年。

[30] 贺玮：《经济全球化背景下中国国家利益的实现途径》，《理论学刊》，2006年第8期。

[31] 亨利·基辛格：《大外交》，海口：海南出版社，2006年。

[32] 洪兵：《国家利益论》，北京：军事科学出版社，1999 年。

[33] 胡锦涛：《在庆祝中国共产党成立 90 周年大会上的讲话》，人民日报，2011-7-2。

[34] 胡锦涛：《在中国共产党第十七次全国代表大会上的报告》，人民日报，2007-10-15。

[35] 《江泽民文选》（第三卷），北京：人民出版社，2006 年。

[36] 蒋悟真、李晟：《社会整体利益的法律维度——经济法基石范畴解读》，载《法律科学（西北政法大学学报）》，2005 年第 1 期。

[37] 金英忠，倪世雄：《国际关系理论比较研究》.北京：中国社会科学出版社，1992 年。

[38] 孔祥富：《经济全球化的系统分析》，《新东方》，2002 年第 5 期。

[39] 倪世雄、王义桅：《中美国家利益比较》，北京：时事出版社，2004 年。

[40] 倪世雄等：《当代西方国际关系理论》，上海：复旦大学出版社，2001 年。

[41] 雷家骕，陈亮辉：《基于国民利益的国家经济安全及其评价》，《中国软科学》，2012 年第 12 期。

[42] 雷家骕：《关于国家经济安全研究的基本问题》，《管理评论》，2006 年第 7 期。

[43] 李红杰：《国家利益与中国的中东政策》，北京：中央编译出版社，2009 年。

[44] [美] 李侃如：《治理中国——从革命到改革》，北京：中国社会科学出版社，2010 年。

[45] 李少军：《论国家利益》，《世界经济与政治》，2003 年第 1 期。

[46] 李友根：《社会整体利益代表机制研究——兼论公益诉讼的理论基础》，《南京大学学报（哲学·人文科学·社会科学）》，2002 年第 2 期。

[47] 刘虎．《国家利益与媒体国际报道：以〈联合早报〉中美关系报道为例》，广州：暨南大学出版社，2007 年。

[48] 刘薇：《中国共产党的国家利益观及其实践研究》，吉林大学，2014 年。

[49] 刘鑫：《私法视角下的国家利益》，《行政与法》，2011 年第 6 期。

[50] 刘志云：《当代国际法的发展：一种从国际关系理论视角的分析》，北京：法律出版社，2010 年。

[51] 卢新德：《经济全球化的新特征及中国的对策》，《当代亚太》，2003 年第 5 期。

[52] 《毛泽东外交文选》，北京：中央文献出版社，1994 年。

[53] 《毛泽东选集》（第五卷），北京：人民出版社，1997 年。

[54] [美] 肯尼斯·沃尔兹：《国际政治理论》，上海：上海人民出版社，2008 年。

[55] [美] 西奥多·A. 哥伦比斯、杰姆斯沃尔夫．《权力与正义——国际关系学导论》，北京：华夏出版社，1990 年。

[56] 倪同木：《法学视野中的国家利益研究》，南京大学，2014 年。

[57] 《十六大以来重要文献选编（上卷）》，北京：中央文献出版社，2005 年。

[58] 石光荣：《略论"国家利益"的基本内涵和本质特征》，《华中理工大学学报（社科版）》，1997 第 3 期。

[59] 宋涛、宋连雨．《政治全球化及对我国外交战略的影响》，《青海社会科学》，2002 年第 5 期。

[60] 岳建勇：《加入全球化与中国国家利益》，《广东经济》，2001 年第 2 期。

[61] 孙其明：《试论建国前后一边倒政策形成的主要原因》，《党史研究与教学》，1996 年第 2 期。

[62] 孙笑侠：《法的现象与观念》，北京：群众出版社，1995 年。

[63] 谭雅玲、王中海：《国际金融与国家利益》，北京：时事出版社，2003 年。

[64] 汤燕：《试析国家利益的复杂性——兼论国家利益的属性》，《南方论刊》，2008 年第 3 期。

[65] 王爱娟：《论国家利益的性质》，《前沿》，2006 年第 10 期。

[66] 王宏强：《论国家利益及其实现途径》，《国际关系学院学报》，2003 年第 5 期。

[67] 王辑思：《中国学者看世界》之"国家利益卷"（王逸舟主编），北京：新世界出版社，2007 年。

[68] 王逸舟：《国家利益再思考》，《中国社会科学》，2002 年第 2 期。

[69] 王逸舟：《全球政治与中国外交》，北京：世界知识出版社，2003 年。

[70] 王子昌、郭又新：《国家利益还是地区利益：东盟合作的政治经济学》，北京：世界知识出版社，2005 年。

[71] [美] 塞缪尔·亨廷顿：《我们是谁——美国国家特性面临的挑战》，新华出版社，2005 年。

[72] [美] 塞缪尔·亨廷顿：《文明的冲突和世界秩序的重建》，北京：新华出版社，2010 年。

[73] 小约瑟夫·S. 奈（Joseph S. Nye, Jr.）：《重新界定美国国家利益》，《战略与管

理》，1999 年第 6 期。

[74] 许嘉：《中国国家利益与影响》，北京：时事出版社，2006 年。

[75] [美] 亚历山大·温特：《国际政治的社会理论》，上海：上海人民出版社，2008 年。

[76] 严怡宁：《国家利益与国际舆论：美国涉华舆论实证研究》，北京：中国传媒大学出版社，2009 年。

[77] 阎学通：《中国国家利益分析》，天津：天津人民出版社，1997 年。

[78] 杨洁勉：《中国共产党和中国特色外交理论与实践》，北京：中国出版集团东方出版中心，2011 年。

[79] 杨玲玲：《"国家利益"的基本内涵和本质特征》，《国际关系学院学报》，1997 年第 4 期。

[80] 杨玲玲：《当代中国对外开放中的国家利益》，济南：山东人民出版社，2004 年。

[81] 张琏瑰：《国家利益辨析》，《中共中央党校学报》，1998 年第 4 期。

[82] 张文木：《全球化进程中的中国国家利益》，《战略与管理》，2002 年第 1 期。

[83] 张文木：《世界地缘政治中的中国国家安全利益分析》，济南：山东人民出版社，2004 年。

[84] 张啸天：《国家利益拓展与军事战略》，北京：时事出版社，2010 年。

[85] 张玉国：《国家利益与文化政策》，广州：广东人民出版社，2005 年。

[86] 赵英：《大国天命——大国利益与大国战略》，北京：经济管理出版社，2001 年。

[87] 周恩来：《政府工作报告》（1975 年 1 月 9 日），中国新闻社，1999 年 8 月 20 日。

[88] 江泽民：《论"三个代表"》，北京：中央文献出版社，2002 年。

[89] 朱炳元：《全球化与中国国家利益》，北京：人民出版社，2004 年。